政治過程論

伊藤光利・田中愛治・真渕 勝［著］

まえがき

　自由民主党は，38年間の長きにわたり，なぜ，どのように，政権政党でありえたのだろうか。また，90年代の自民党の野党への転落と政権への復帰は，なぜ，どのように起こったのだろうか。こうした政治的展開はどのような意味をもっているのだろう。政治過程論は，政治学のなかでこのような政治的現実をダイナミックにかつ実証的に分析することを課題とする分野である。

　かつて，政治過程分析の多くは，一方で，事実発見的で，政治的出来事の個別的な記述に関心があり，記述的研究としていくつかの優れた研究があったものの，多くは理論的一般化の乏しい実態分析にとどまっていた。他方では，外国で開発された政治過程に関する理論の理解や紹介が精力的になされたが，その理論の有効性を実証分析によって検証するという作業はあまりなされなかった。すなわち，事実への関心と理論への関心が十分にはリンクしていなかったのである。

　これに対して，今日の政治過程論は，現実の分析や説明の手段としてできるだけ明示の共通の枠組，モデル，理論を利用して政治現象を実証的に分析し，さらに逆にそうした実証研究を通してそれらの枠組，モデル，理論を発展，洗練さらには修正させていこうとする志向をもつ。そして研究論文では，いかなるモデルや理論にもとづき分析を行ったか，さらに分析結果が，どのようにモデルや理論の修正ならびに発展に貢献したか，を明示的に示すのが一般的なスタイルとなっている。なかでも投票行動の研究は，比較的早い時期から実証研究と理論的一般化を結びつける努力をしてきた分野である。

　このように，政治過程論は，かつての事実発見的な段階を越えて方法論に自覚的になり，かつ洗練され，政治的現実の説明がより明晰になされるようになった。学問としての方法が制度化・標準化し，研究

成果の評価のルールも透明化してきたといえる。こうした学問状況のためであろう，政治過程論の分野では，若い優秀な研究者がぞくぞくと新規参入して学問の発展に貢献し，お互いに刺激を与えつづけている。

　本書の3人の著者は，以上のような政治過程論の研究の特徴，自由で活発な研究分野，および方法論的自覚にもとづいた現実分析の醍醐味を学生諸君に感じて理解してもらいたいという願いで共通していた。本書はこうした立場から大学の基礎科目ないしは専門科目としての「政治学」とくに「政治過程論」の中級向きの教科書として書かれており，さらにゼミ報告のための準備や，よりレベルの高い学習のためのガイドとしても利用してもらうことを目指している。

　執筆に際して，内田満，秋月謙吾，池谷知明，大西裕，大山礼子，川人貞史，河野勝，久米郁男，坂元一哉，品田裕，鈴木基史，スティーブン・リード，建林正彦，辻中豊，西澤由隆，待鳥聡史，松並潤，吉野孝，笠京子の各氏から貴重な助言をいただいた。記して，謝意を表します。

　本書の完成には予想以上に年月がかかったが，それは政治過程論の研究分野そのものがたえずダイナミックに発展しつづけていることも1つの理由であった。眼前の研究発展をフォローし，十分に開拓されていない領域を補うことにしばしばたじろいだ著者たちに，たえず叱咤激励のエールを送りつつ，文字どおり辛抱強く待っていただいた編集者の大前誠氏に心から感謝します。

2000年1月

伊藤光利

田中愛治

真渕　勝

◆ 著者紹介

伊藤 光利（いとう みつとし）……**1・7・9・12・13・終章** 担当

1947年 生/1970年 京都大学法学部卒業/1974年 京都大学大学院法学研究科修士課程修了/専攻 政治学

現在　神戸大学・関西大学名誉教授

著作　『地方議員の研究』（共著, 日本経済新聞社, 1986）/『戦後日本の圧力団体』（共著, 東洋経済新報社, 1986）/『日本の政治〔第2版〕』（共著, 有斐閣, 2001）/『ポリティカル・サイエンス事始め〔第3版〕』（編, 有斐閣, 2009）

田中 愛治（たなか あいじ）……………**1・4・5・6・8章** 担当

1951年 生/1975年 早稲田大学政治経済学部卒業/1985年 オハイオ州立大学大学院政治学研究科博士課程修了（Ph.D.）/専攻 政治過程論・投票行動論

現在　早稲田大学総長

著作　『年金改革の政治経済学』（共編, 東洋経済新報社, 2005）/「国民意識における『55年体制』の変容と崩壊」『日本政治学会年報・55年体制の崩壊』（岩波書店, 1996）/「『政党支持なし』層の意識構造」『レヴァイアサン』No. 20（木鐸社, 1997）

真渕　勝（まぶち まさる）…………**1・2・3・10・11章** 担当

1955年 生/1980年 京都大学法学部卒業/1982年 京都大学大学院法学研究科修士課程修了（博士）/専攻 行政学・公共政策分析

現在　立命館大学政策科学部特別任用教授

著作　『大蔵省統制の政治経済学』（中央公論社, 1994）/『大蔵省はなぜ追いつめられたのか』（中央公論社, 1997）/『変化をどう説明するか：行政篇』（共編, 木鐸社, 2000）/『はじめて出会う政治学〔第3版〕』（共著, 有斐閣, 2009）

政治過程論：目　　次

まえがき　i／著者紹介　iii

第Ⅰ部　政治過程の理論・方法・概念

第1章　政治過程の理論と方法　2

1　政治過程論 ……………………………………………………… 2

　　伝統的政治学と政治過程論の登場　2　　大衆と利益集団　4

2　政治過程論の方法 ……………………………………………… 5

　　経験的アプローチ　5　　行動科学の影響　6

3　政治過程研究の指針 …………………………………………… 7

　　推　　論　9　　観察可能な含意　12　　記述的推論と因果的推論　14　　因果的推論の方法　16

4　権力の概念 …………………………………………………… 23

　　多元主義的権力概念　23　　非決定権力論　24　　3次元的権力概念　25　　権力の諸形態　26　　ポジティヴ・サムとしての権力関係　27　　権力構造論　28　　むすび　30

　　設　　問／第1章のキーワード／読書ガイド／引用文献　　30〜33

第 2 章　政策決定過程　　34

1　個人による政策決定……………………36

合理モデル　36　　満足モデル　37　　漸増主義モデル　38

2　組織による政策決定……………………39

合理モデル　40　　組織過程モデル　41　　組織内政治モデル　42

3　社会による政策決定……………………44

4　政策過程論の論点……………………46

政策の分野によって参加者は異なる：政策類型論　46　　影響力は制度によって左右される：新制度論　47　　政府は自律的なアクターである：国家論　48　　地方自治体も政治アクターである：政府間関係論　48　　むすび　51

設　問／第 2 章のキーワード／読書ガイド／引 用 文 献　51～53

第 3 章　課題設定・政策実施・政策評価　　54

1　課題設定過程……………………54

地域権力構造論争　55　　非決定権力　56　　課題と課題設定　58　　争点の定義と再定義　59

2　政策実施過程……………………61

政策実施論の問題意識　61　　政策実施論のアイデンティティ　62　　予測を超える反応　63　　非政治的な障害物　64

3　ゴミ缶モデル……………………65

課題が先か，政策が先か？　65　　組織化された無秩序

　　　　66　　偶然に左右される政策決定　68

4　政策評価……………………………………………70

　　アウトカム重視　71　　目的‐手段の連鎖　72　　情報公開　72　　むすび　74

　　設　問／第3章のキーワード／読書ガイド／引用文献　　74～76

第Ⅱ部　政治過程における個人

第4章　政治システムと個人　　78

　　デモクラシーは非西欧社会に可能か？　79

1　デモクラシーとパーソナリティ……………………80

　　一般大衆の登場とデモクラシー　80　　行動科学革命の出現　80　　権威主義的性格の研究：ナチズムへの反動　81　　政治的指導者の心理分析　82　　政治学におけるパーソナリティ研究の衰退　84

2　政治システムを支える個人…………………………86

　　システム・アプローチの出現　86　　デモクラシーの必要条件：政治システムの正統性と有効性　88

3　デモクラシーと政治文化，および政治的社会化…90

　　アーモンドとヴァーバの比較政治文化研究　90　　アーモンドらの政治文化研究への批判　92　　アーモンドとヴァーバの政治文化研究の貢献　93　　政治的社会化：政治意識の形成過程　94　　政治的社会化研究の意義　95

4　政治システムにおける価値観・人間関係資本の役割……98

　　「脱物質主義的価値観」の登場とニュー・ポリティクスの

出現 98　人間関係資本（social capital）と政治システムの業績 100　むすび 101

設　問／第4章のキーワード／読書ガイド／引用文献　103〜106

第5章　世論と投票行動　　107

経済状況と選挙結果　107

1　投票行動研究と世論研究　108

世論調査データと集計データ　109　世論調査データと集計データによる分析対象　110

2　社会学モデル　111

投票行動の社会学モデル　111　アメリカにおける社会学モデル：コロンビア学派とエリー調査　111　欧米の社会学モデル　113　日本における社会学モデル　114

3　心理学モデル　115

アメリカにおける心理学モデル：ミシガン・モデル　115
政党支持研究の新動向：アメリカの動向と日本での展開　118

4　有権者の合理性をめぐる論争　121

争点投票論争：有権者に「合理性」はあるのか？　121
争点投票から業績投票へ：有権者の「合理性」の確認　123　個人投票：候補者の地元への貢献の評価　124
日本における「有権者の合理性」：争点投票と業績投票　125

5　合理的選択モデル　126

合理的選択モデルの投票行動への応用：ダウンズの理論　128　合理的選択モデルと選挙経済循環の実証研究　130
むすび　131

設　問／第5章のキーワード／読書ガイド／引用文献　133〜137

第6章　選挙制度と政治参加　138

選挙制度と参加をめぐる疑問　138

1　選挙制度　139

選挙区制による類型化　139　　投票方式による類型化　140　　代表制による類型化　141　　日本の小選挙区比例代表並立制　143　　海外の折衷型の選挙制度　146

2　選挙制度の特徴——合理的選択論の視点から　147

合理的選択モデルにもとづく中選挙区制（SNTV）の分析　147　　中選挙区制（SNTV）と比例代表制との比較　148

3　選挙における投票参加　149

合理的選択モデルと投票参加　150　　投票コストとデモクラシーを守る価値意識　151　　投票コストの再検討：心理的バリアーと制度的要因　152　　心理学的要因と投票参加　154

4　投票とそれ以外の形態の政治参加——心理学的視点から　156

社会学的・心理学的要因と政治参加　157　　オールド・ポリティクスとニュー・ポリティクス　158　　住民投票　159　　むすび　160

設　問／第6章のキーワード／読書ガイド／引用文献　160〜164

第Ⅲ部　政治過程における組織化

第7章　利益団体　166

1　団体の分類と形成……………………………………………167

利益団体と圧力団体　167　　団体の分類　168　　団体の形成と存続　170

2　多元主義とネオ・コーポラティズム………………………173

3　利益団体の戦術と影響力……………………………………176

団体のリソースと戦術　176　　利益団体の行動と政治システム　177　　団体別の圧力行動　181

4　日本の利益団体………………………………………………184

利益団体の日本的特殊性？　184　　1980年代の利益団体　184　　日本の団体の影響力と政治体制　186　　むすび　188

設　問／第7章のキーワード／読書ガイド／引用文献　188〜192

第8章　政　党　193

選挙制度と政党システム　194

1　政党の機能……………………………………………………195

政策形成の機能：利益表出と利益集約の機能　195　　政治的指導者の選抜と政府の形成　196　　政治家の人材発掘と人材登用　198　　国民の政治教育　199

2　政党システム──政党間の関係……………………………199

政党システムの類型　199　　政党システムの変動と再編

成：具体的事例 201　　政党システムと合理的選択論 205

3　政党組織——政党内の構造……………………………………207

幹部政党 208　　大衆政党 209　　間接政党 209　　包括政党 210　　ネットワーク型政党 210　　政党組織の他の側面 210

4　日本の政党……………………………………………………………211

日本の政党システム 211　　日本の政党組織：自民党を中心に 214　　自民党派閥間における疑似政権交代 217　　派閥・政党間の連立政権：合理的選択モデル 219　　むすび 222

　　設　　問／第 8 章のキーワード／読書ガイド／引用文献　223〜227

第IV部　政治過程における制度

第9章　議会と立法過程　230

1　議会と立法過程………………………………………………………230

議会の衰退？ 231　　政策影響力と執政府 - 議会関係 232　　議会のアクター 233　　大統領制における執政府 - 議会関係 234　　議院内閣制における執政府 - 議会関係 235　　議院内閣制における執政府 - 議会関係の多様性 235　　変換議会とアリーナ議会 237

2　各国の立法過程………………………………………………………238

アメリカ議会 238　　イギリス議会 239　　ドイツ議会 241

3 日本の国会……………………………………………………242

　　国会無能論　242　　国会機能論とヴィスコシティ　243
　　与党内審議と族議員　245

4 議会研究の新しい潮流——合理的選択制度論………………247

　　む　す　び　248

　　設　　　問／第9章のキーワード／読書ガイド／引用文献　249～251

第10章　官僚制と政策過程　252

1 政策決定過程における官僚の行動様式………………………252

　　ダウンズの類型化　252　　予算極大化モデル　253　　組
　　織形整モデル　255

2 官僚と「公共の利益」…………………………………………258

　　シューバートの3類型　259　　日本官僚の公益観　260
　　公益観の逆機能　261

3 官僚と政治家……………………………………………………262

　　官僚優位論と政党優位論　263　　プリンシパル・エージ
　　ェント論　264　　官僚と政治家の収斂？　267

4 政策実施過程における官僚の行動様式………………………268

　　官僚制の逆機能　269　　第一線公務員の行動様式　270
　　む　す　び　272

　　設　　　問／第10章のキーワード／読書ガイド／引用文献　272～275

第Ⅴ部　政治過程における統合

第11章　政策ネットワーク　　278

1　行政国家，多元主義国家，ネットワーク国家……280

行政国家と多元主義国家　280　　半主権国家あるいはネットワーク国家　281

2　マクロレベルの類型化……282

政治体制論　282　　国家の強さ：属性と関係　283

3　メゾレベルの類型化……285

類型化の基準　285　　政策共同体　286　　イシュー・ネットワーク　286　　メゾレベルのネットワークの変容　287　　創発的ネットワーク　287　　創造的ネットワーク　288　　閉鎖的ネットワーク　288

4　中央地方の政策ネットワーク……289

むすび　291

設　問／第11章のキーワード／読書ガイド／引用文献　293〜295

第12章　執政集団とリーダーシップ　　296

1　組織論におけるリーダーシップ論……297

集団機能としてのリーダーシップ　297　　リーダーシップ・スタイル　298　　コンティンジェンシー・モデル　299　　パス・ゴール・モデル（通路-目標モデル）　300　　特性論の再評価　300

2　政治的リーダーシップ……302

チーフ・エグゼクティヴのリーダーシップ　302　　政治的リーダーシップ研究の困難さ　303　　政治的リーダーシップの過去と現在　304　　相互作用アプローチ　305

3　政治的リーダーシップの環境……………………………………307

　　　制度要因　307　　制度の効果　308　　制度論の特徴　311　　社会状況的要因　312

4　リーダーシップの個人的要素……………………………………313

　　　リーダーシップにおける野心とスタイル　313　　野心とスタイルの源　315　　政策過程におけるリーダーシップ　316　　中曽根首相のリーダーシップ　318　　むすび　319

　　設　　問／第12章のキーワード／読書ガイド／引用文献　320〜322

第13章　国際化における政治過程　　323

1　日米経済摩擦………………………………………………………325

　　　日米コメ交渉　325　　日米経済摩擦の変遷　327　　構造問題協議と日米包括協議　328

2　経済の国際化と経済摩擦…………………………………………329

　　　IMF-GATT体制：国際経済のルール　331　　国際公共財と相互依存の管理　331　　覇権による管理　332　　ガットの強化　332　　管理貿易と相互主義　333　　政策協調　334

3　相互依存の政治経済へのアプローチ……………………………334

　　　現実主義的国際政治観　334　　リベラリズム：複合的相互依存モデル　335　　敏感性と脆弱性　336　　ツゥーレベル・ゲーム　337

4　対外政策の国内政治過程…………………………………………338

アリソンのモデル 339　　諸モデルの相互連関 340　　アメリカにおける経済摩擦の政治過程 341　　日本における経済摩擦の政治過程 342　　首相の役割 344　　むすび 344

　　設　　問／第13章のキーワード／読書ガイド／引用文献　　345〜347

終章　政治過程論の発展と課題　　348

1　政治過程論の発展……………………………………348

行動論的政治学 349　　多元主義 350　　ヨーロッパの政治学 351　　多元主義への懐疑と政治過程論の革新 352　　政策帰結と国家論の復活 353　　政治の重要性と因果的説明 354　　政治経済学 355　　国家-社会関係と自由民主主義の類型 356　　アクター間の相互作用 357

2　政治過程論の課題と展望……………………………358

第2の敗戦：挫折した日本 358

3　政治学の現実的有意性と学問的有意性……………361

4　自己認識としての社会科学…………………………362

　　設　　問／終章のキーワード／読書ガイド／引用文献　　363〜365

事項索引　367
人名索引　372

Column

① ポパーと反証可能性　8
② 方法論としての多元主義　26
③ 政策決定と因果関係　44
④ 中央と地方のゲーム　50
⑤ マスメディアの課題設定能力　60
⑥ 自治体における行政評価の試み　73
⑦ 個別的事象の説明 vs. 一般的パターンの説明　84
⑧ 政治意識のジェネレーション・ギャップ——社会党支持と反権威主義　96
⑨ 日米における業績投票のパターン——事例からの直感的理解　127
⑩ 演繹的アプローチと合理的選択理論　129
⑪ ドント式——比例代表制における議席配分方式　144
⑫ 定数是正と選挙区の区割り　149
⑬ 公共利益団体とNPO/NGO　169
⑭ 利益集団自由主義　180
⑮ 大統領制と議院内閣制における政府首班の選び方　197
⑯ アナウンスメント効果とバッファー・プレイヤー　221
⑰ 議会研究の発展　239
⑱ 国会改革論　245
⑲ 行政改革の謎　257
⑳ 取引費用——一般競争入札と指名競争入札　292
㉑ 執政集団と日本における政治的リーダーシップ研究　302
㉒ 危機管理　313
㉓ 世界金融不安と日本　330
㉔ NGOのトランスナショナルな動き　335
㉕ 政治的近代化論　352
㉖ 信頼性の発見と政治文化論の「再生」　359

図表一覧

図1-1　教育程度，政治参加の程度および親の所得の間の関係　20
図4-1　政治システムの概念図式――イーストン・モデル修正版　87
図4-2　政治システムの正統性と有効性の関係――リプセットの概念図式　89
図5-1-A　投票行動の理論モデル：社会心理学モデル（ミシガン・モデル）　116
図5-1-B　投票行動の理論モデル：業績評価モデル　116
図5-2　政党支持の変化：1962-98　119
図5-3　政党帰属意識（Party ID）の3次元モデル　120
図6-1　参院選投票率の形態別比較――東京都の1995年と1998年　154
図6-2　衆参選挙の投票率の変化：1980-98　156
図8-1　各国の政党システムの累計と変容――政党別下院議席数　202
図8-2　ダウンズの2大政党制モデル　206
図8-3　戦後日本の政党の変遷　212
図8-4　日本の政党の衆議院内での議席率の推移：1955-96　213
図8-5　自民党の派閥の変遷：1957-99　218
図9-1　日本の立法過程（自民党の1党優位制時代）　246
図13-1　ツゥーレベル・ゲーム　338

表1-1　選挙区A：偶然の事例　16
表1-2　選挙区B：属性がコントロールされた事例　17
表1-3　教育と政治参加　18
表1-4　教育と政治参加（親の所得が高い場合）　19
表1-5　教育と政治参加（親の所得が低い場合）　19
表5-1　投票行動研究と世論研究に利用可能なデータの種類　109
表6-1　比例代表制における議席配分の原理（定数10の場合）

　　　　　　——算術的比例配分結果と最大剰余法比例配分の比較
　　　　　142
表6-2 ドント式配分による比例代表制の議席配分の原理（定数10の場合）　143
表7-1 圧力団体の影響力行使の方法　178
表7-2 団体の影響力・リソース　185
表9-1 ポルズビーの議会類型　237
表10-1 政治家と官僚：役割の発展　268
表12-1 政治的リーダーシップの相互作用アプローチの諸要因　306
表12-2 各国の政治的リーダーシップのパターン　308
表12-3 リーダーシップの2次元的類型　315
表13-1 日米構造協議の指摘事項（1990.2現在）　328

本書のコピー，スキャン，デジタル化等の無断複製は著作権法上での例外を除き禁じられています。本書を代行業者等の第三者に依頼してスキャンやデジタル化することは，たとえ個人や家庭内での利用でも著作権法違反です。

第Ⅰ部　政治過程の理論・方法・概念

第1章 政治過程の理論と方法

> 政治過程論とは，政治家，政党，官僚，利益団体，市民などの政治アクターの相互作用の動態を記述し，説明するアプローチのことである。発祥の地はアメリカである。そこでまず，アメリカにおいてどのような問題意識のもとに，どのような経緯を経て，政治過程論が生まれたのかをみておこう。

1 政治過程論

伝統的政治学と政治過程論の登場

20世紀初頭までの政治学において最も重要な問いは，どのような制度をつくれば，良い政治を生み出すことができるかというものであった。政治学者は，議会について，そして議会と大統領や内閣などの執政部との関係について，憲法をはじめとする法制度の起源とフォーマルな規則を詳細に記述し，研究した。その意味で，当時の政治学は，

規範的，法学的，制度論的であった。

しかし，他方で，すでに19世紀末頃から，このようなアプローチの仕方に対して批判も投げかけられるようになる。たとえば，ローウェル（Lawrence Lowell, A.）は，1889年には「様々な国の憲法をいわば静的に研究することが，実際，これまであまりにも一般的でありすぎた。そして，それが，政府内の様々な要素の性質，構成，力などを，それらのそれぞれの作用の現実の範囲やそれら相互のコントロールの程度について知ろうと努めることなしに叙述するという習慣を生んできた」と指摘し，さらに「政府の真の機構は，実際に活動している政府を検討することによってのみ理解できる」と主張した。彼は，政治学者が関心を向けるべきは，政治的装置や制度が「行うと考えられている」ことではなく，「現実に行っている」ことであると主張したのである（内田，1986）。

このような考え方にもとづいて，最初に政治の実態を体系的に分析したのが，ベントレー（Bentley, A. F.）である。ベントレーは，『統治過程論』（Bentley, 1908）において，政治は社会に存在する様々な利益集団の利害の対立と調整の過程であり，「集団が十分に解明されれば，すべてのことが解明される」と論じ，利益集団の活動を分析の中心に据えた政治過程論を展開したのである。この研究に直接・間接の刺激を受けて，これ以降，ビアードの『アメリカ憲法の経済的解釈』（Beard, 1913），オデガードの『圧力団体－反酒場同盟の研究』（Odegard, 1928），シャットシュナイダーの『政治，圧力および関税法』（Schattschneider, 1935）など，利益集団の圧力活動に焦点を当てた事例研究が数多く出された。これらの事例研究にもとづいて，利益集団政治の一般理論の構築を目指して書かれたのが，トルーマンの『統治過程論』（Truman, 1951）である。

政治過程論は，このように，まず利益集団に焦点を当てた集団理論（group theory）として登場した。その背景は次のようなものである。政治過程論は現実の政治において何が起こっているかを明らかにしよ

うとする。そのとき最初に研究対象となったのは、立法活動である。ある法律が制定される過程を明らかにすれば、政治の実態をかなりの程度明らかにできると考えられたからである。したがって、調査の対象は議会であり、議員ということになる。だが、議会における議員の議論をとり出して、そこで何が論じられているかだけをみてもあまり意味はないことが、まもなく明らかになる。議員は国民の代表として自由な立場で自律的に法案審議を「行うと考えられている」が、「現実に行っている」ことはその法案の内容によって生活を左右される特定の人々の意向を法案に反映させることだったからである。こうして、立法活動に焦点を当てて、現実の政治の実態を明らかにするために、議員という公的アクターよりも、むしろその背後にいる私的アクターをみるようになる。

大衆と利益集団

私的なアクターと一口にいっても、実は2通りのものが考えられる。第1はもっぱら選挙のときだけに政治過程に登場する有権者という名の一般大衆であり、第2は日常的に議員たちに働きかける利益集団である。しかしながら、伝統的政治学においては、大衆と利益集団は重要な研究対象とはなっていなかった。

まず、政治過程論が生まれた20世紀の初め頃、一般大衆は政治過程における実質的な政治アクターとは考えられなかった。古典的デモクラシーの前提の一つは、人間は合理的な存在であるということである、すなわち、ひとは政治的意見をもちうるほどに理解力をもち、討論によって意見の一致に達しうるほどに自制力をもつとされた。こうしてはじめて「合意による支配」が理論化しえたのである。しかしながら、ドイツのワイマール体制の崩壊＝ナチズムの台頭の過程でみられた民衆は、必ずしも合理的な存在ではなかった。多くの人々は閉鎖的な社会から解放されるにしたがって不安を感じ、環境に情緒的に反応するようになっていた。個人が原子化し情緒化したのであり、こうした人々は大衆と呼ばれた。かつて、私的領域に封じ込められていた非

合理性が,産業社会の発達にともなって,公的領域に噴出したのである。

こうした非合理性をもつ大衆はデモクラシーと両立しうるであろうか。こうした問題意識から,大衆の態度や行動がおもに社会心理学的な方法により研究され始めた。合理的人間を前提とした形式的な制度論的研究では,現実政治を十分に解明できなくなったのである。大衆に関する研究がどのように発展したかは,第Ⅱ部「政治過程における個人」で検討される。

同様に,公式の制度を研究すれば政治が理解できると考える伝統的な政治学の観点からみれば,法によってつくられたわけではない利益集団は視野に入らないものである。しかし,集団理論は,利益集団の指導者を含む政治エリートこそが政治過程の実質的な参加者であるとみなした。こうして,議員の立法活動を通して政治の実態を明らかにするためには,特定の利益を追求するために組織された利益集団とその活動を分析しなければならないということになった。

そこで,政治過程論は,それまでの政治に対する静態的で規範的なアプローチを改め,動態的かつ実証的に政治の実態を分析しようとした。政治過程論を理解するには,その方法論上の特徴を理解しておく必要がある。以下,いくつかの観点から説明しておこう。

2 政治過程論の方法

経験的アプローチ　政治過程論は,経験的(empirical)に知識を獲得することを基本とする。経験的アプローチは,観察可能な領域と宗教,教義,価値判断など観察できない領域を区別し,前者のみが研究の対象となると考える。つまり,社会科学の方法論を自然科学の方法論ときわめて近似的なものと考える。

自然科学であれ,社会科学であれ,科学の仕事は,外界に存在する

規則性を発見し（記述的推論…後述），それを因果的に説明することである（因果的推論）。これらの結果は仮説として定式化される。仮説が，体系的に洗練されれば，それは法則，モデル，さらにはより高度で一般的な理論にまで高められる。このように事象の観察から一定の仮説を引き出す手続きを帰納法という。

経験的アプローチでは仮説が構築されると，それは説明と予測の基礎となる。過去の事象に向けられるとき説明となり，未来の事象に向けられるとき予測となる。特定の事象の観察をもとに抽出した仮説や理論にもとづいて，他の事象を説明し，予測することを演繹法という。そして，仮説や理論が現実を適切に説明・予測したか否かを確かめることを検証という。

科学における理論とは，混沌とした事実のなかから，一定の視点に立って意味のある事象を取り出し，体系的に分析するのに不可欠なものである。こうして政治過程論は，帰納法と演繹法の双方に依拠する。

ところで，科学の仮説・理論は，真理というよりもむしろ暫定的な性格をもつものである。科学における仮説や理論は，検証に耐えることによって信頼性が高まる。その仮説や理論に反する事象に直面すれば，修正されたり，否定されるからである。そのような手続きが「反証（falsify）」である。科学的命題にとって重要なのはこの「反証可能性（falsifiability）」である。経験的に検証できない仮説・理論は，科学的命題ではなく，ドグマ（独断的教義）にすぎない。

こうした手続きによって，われわれは確かな政治知識を蓄積していくことができる。

> 行動科学の影響

政治学における経験的アプローチを推し進めたのが，1950年代にアメリカに起こった **行動論的政治学** である。行動論的政治学は，政治学に先行して科学的な方法論を確立したと考えられた心理学や社会学などの学問（行動科学）を基礎として，個人行動を研究単位として，権力，政策決定，役割，集団，組織，制度，文化，システム等の概念をつくりだし，政治分析

を発展させた。

　行動論的政治学の指導的学者であったイーストン（Easton, D.）は，行動論的政治学の特徴として，規則性の発見，実証性，データ収集の技術性，測定と数量化，倫理的評価と経験的説明の区別，調査と理論の統合性，などを指摘している。前述のトルーマンの集団理論，サイモン（Simon, H.）の組織論，アーモンドとヴァーバ（Almond, G. and S. Verba）の政治文化論などは行動論的政治学の代表的成果である。

　しかしながら，行動科学的分析の適用が容易な政治学の領域とそうでない領域があることが早くから指摘されていた。行動科学的分析がとくに有効なのは，政治的態度や投票行動など個人を対象とするミクロの分析である。これらの研究分野は上記のイーストンの指摘した特徴をそのまま適用しやすい分野であり，今日でも最も政治「科学」的といえる分野であろう。

3　政治過程研究の指針

　社会科学研究の方法論を論じたものとしてキング，コヘイン，ヴァーバの共著『社会的調査の設計』（King, Keohane and Verba, 1994）がある。アメリカでは3人の著者の頭文字をとってKKVの著書として，政治学専攻の大学生や大学院生にも広く読まれている。卒業論文を抱える学生や大学院生が自分で調査を行い，それをもとに論文を書く際の指針を，この本は明確に示してくれているからである。本書にとっても，良い社会科学研究とはどのようなものでなければならないかを知るために，そこで展開された思想とそれを実践する手続きは，大いに参考になる。

　以下では，KKVの本を参考にして，政治過程論研究のための実践的な指針をいくつか述べておこう。

Column ① ポパーと反証可能性

　本論に登場する「反証可能性」という概念を提起したのは、ポパー (Popper, K.) である。たとえば、ポパーは次のように書いている。

　「私に最も強い感銘を与えたのは、アインシュタイン自身が、もし自分の理論が一定のテストに落第したならば支持しがたいものと認めると、はっきり言明したことであった。たとえば、彼はこう書いた。『もし引力ポテンシャルに起因するスペクトル線の赤色偏倚が存在しないとすれば、一般相対性理論は支持できないであろう』。

　ここには、マルクス、フロイト、アードラーの独断的態度とはまったく異なった、そして彼らの追従者たちの独断的態度とはさらにいっそう異なった態度があった。アインシュタインは決定実験を求めた。その決定実験は彼の予測と一致しても彼の理論をけっして確立しはしないであろうが、一致しない場合には、彼がまっ先に強調したように、彼の理論が支持されえないことを立証するであろう。

　これこそ、真の科学的態度である、と私は感じた。それは、自分のお気に入りの理論に対するもろもろの『実証』が存在すると絶えず公言する独断的態度とは、まったく異なっていた」(ポパー, 1978)。

　KKV もまた、理論は「間違いうる (could be wrong)」ものでなければならないと述べている。ただ、一つでも反証があれば、その理論を放棄しなければならないとするのは、社会科学では厳しすぎる態度であるともいう。物理学などの自然科学では、理論から論理的に導き出せる仮説の一つでも、その理論に対する反証が見つかれば、その理論は否定されるか、どういう条件下でその理論通りの現象が起きるかを特定しなくてはならない。その意味で、理論が経験的事実によって正しいと認められることはなく、反証が現れない間は、その理論が棄却されていないことにすぎない。しかし、政治学では、ここまで厳密に理論とその検証を意味づけるわけにはいかないからである。たとえば、合理的選択論は個々の多くの場面で反証されるであろうが、同様に多くの問題を明らかにする力がある限りは、すなわちそこから何事かを学べるのであれば、ただちに放棄する必要はない。要は、柔軟で批判的な姿勢が重要であるということである。

> **推　論**

推　論　彼らの方法論における第1のキーワードは「推論（inference）」である。

KKVは様々な表現で「推論」を定義しているが，日常的な表現でいえば，推論とは「私たちが知らないことについて学ぶために，私たちが知っている事実を用いること」である。「知っている事実」というのは，たとえば世論調査結果や投票結果であり，官僚の出身大学・学部に関する調査結果であり，さらにはある政策の決定過程に関する事例研究が含まれることもある。一般にデータと呼ばれる情報が「知っている事実」である。

社会科学研究において，これらのデータを集めることは重要な作業である。しかし，研究の目的はデータ収集を超えたところにある。世論調査を行うのは，調査を行った日の国民の政党支持率の分布そのものを知りたいからだけではなく，たとえば，ある一定期間における国民の政党支持率の分布を知りたいからである。官僚の出身大学や学部を調査するのは，それ自体を知りたいだけでなく，たとえば出身大学や学部が官僚の意識に対してどのような影響を与えるかを知りたいからである。ある政策の決定過程について調査をするのは，その政策にどのような人が参加し，どのような行動をし，誰と連携したかということを知るためだけではなく，たとえばどのような政治的リソースが有効であるか，首相の発言はどの程度決定的かを知りたいからである。あることを調査するのは，対象となっていることそのものについて知ることだけではなく，その向こうにある，もっと一般的な知識を得たいからである。この作業を「一般化（generalization）」と呼ぶ。

調査をしてデータを集め，それを分析することによって，データを「生み出した世界について学ぶこと」が，「推論」であり，これこそが（社会）科学の目的である。

データの種類　注意しなければならないのは，ここでいうデータというのは，集めたばかりの生の資料をさすだけでなく，一定の加工を経たものも含むということである。事例研究をする際に新聞記事を集

めたりインタビューを行う。そして、それにもとづいて当該政策の決定過程を再現する。この段階では、新聞記事やインタビュー結果は「知っていること」すなわちここでいうデータである。そして、事例研究をすることは、これらのデータを用いて当該政策の決定過程という「知らない世界」について学ぶことである。ここで、もちろん推論は行われている。

さて、事例研究によって、その政策問題について首相が強い指導力を発揮したことがわかったとしよう。しかし、このような発見は、ある時点において、ある首相が、ある政策問題について指導力を発揮したことを教えてくれるだけであり、それ以上のことは教えてはくれない。首相が常に政策決定において強い指導力を発揮しているなどとは、この事例研究からは決していえないからである。当該事例の研究からわかること以上のこと、たとえば、首相が強い指導力を発揮できる政策領域は何かを知ろうとするとき、事例研究の成果という「知っていること」から、首相が指導力を発揮できる条件という「知らない世界」を学ぶという、次の段階に移ることになる。このとき、われわれは、事例をデータのひとつとして利用して、そこから推論をしようとしているのである。

以上の議論から、2つの示唆を引き出すことができる。

調査目的 一つは、私たちがデータを集めて分析する際には、そこから何を知ろうとしているのかについて自覚的でなければならないということである。ある政策の決定過程に関する新聞記事を集める、関係者にインタビューをするなどしてデータを集め、それから何を知ろうとしているのか、時々立ち止まって考える必要がある。

その政策決定がどのように行われているのかという個別的な知識を得ることが目的であれば、その必要はないかもしれない。しかし、それ以上のことを目指すのであれば、何を知りたいのか、自分に問いただしてみる必要がある。たとえば、大嶽秀夫は日本政治研究においても数多くの事例研究がなされてきていること、そしてそれ自体は評価

すべきであることを指摘した後，次のように続けている。「大学院生による優れたケース・スタディも少なくない。その一つの理由は，政策過程についての実証研究が，理論的，方法的な考察や技術的なトレーニングがなくても比較的手軽にできるところにある。しかしそれだけに，その後の理論的展開に苦慮することになる」(大嶽，1990)。政策決定過程は，現状において，事例研究によって何事かを発見してはいるが，そこから一歩進めて一般的な知識にまで高める努力，すなわち「理論的展開」をする努力を怠っていることが多いと指摘しているのである。

調査設計 2つ目は，何かを知ろうとするときに，どのようなデータをどのように集めればよいのかについて，よく考える必要があるということである。データを集めるということは，「世界」の一部を切り取ることである。たとえば，現在の有権者の政党支持率の分布を知るため，ある時点で調査をする。「現在」は時間的に幅があるが，調査そのものは時間的には「点」で行われる。調査は「現在」の一部を切り取った「〇月×日」に行われるのである。また，調査は有権者全体を対象に行われることはなく，その一部を対象にして行われる。調査は「有権者」の一部を切り取った「サンプル」を対象に行われるのである。

重要なのは，切り取ったデータから，「世界」について何事かを知ろうとするためには，その切り取り方が適切でなければならないということである。もっとも重要なのは，「偏り (bias)」がないことである。たとえば，年収1000万円以上の有権者だけを対象に政党支持率を調査した結果から，有権者全体の政党支持率という「世界」について知ることはできない。サンプルに偏りがあるからである。また，上記の政党支持を知るための調査を行った日に政党の大スキャンダルが発覚したが，2日後にそれが誤報だったと報道されたとすれば，その〇月×日は，特殊な日ということになり，一般的な政党支持を知るために切り取るには，「偏り」がある日ということになる。このように，

研究対象の世界を切り取った事実（データ）が，偏りがなく，何回も同様の調査を行ってもほぼ同じ結果が得られることを，信頼性（reliability）があると呼ぶ。

さらに，切り取ったデータが，分析する者にとって本当に知りたい「世界」についての情報を提供していれば，妥当性（validity）があるといえる。たとえば，日本の官僚制の研究をしている研究者が，日本の代表的な官庁として大蔵省と通産省，経済企画庁の官僚だけを対象にさまざまなインタビューを行って，その結果を「日本の官僚制の特質」と一般化して発表したとすれば，その切り取ったデータ（インタビュー）は，日本の経済省庁の官僚制の特質としては妥当性があるが，日本の官僚制のデータとしては妥当性を欠いていることになろう。

観察可能な含意　「観察可能な含意」　KKVの方法論における第2のキーワードは「観察可能な含意（observable implications）」である。社会科学における理論は，それ自体は観察して，真偽を確かめることができない性質のものであることから，観察可能な形に置きかえたうえで，真偽を確かめる必要があるのである。

たとえば，「日本は官僚優位の国である」という理論は，このままでは真偽を確かめることはできない。この理論の意味を，官僚制は政党よりも政策決定に対してより強い影響力をもっていると，もう少し特定して述べても，事態はそれほどかわらない。これを検証するためには，そこから観察して確かめることができるような「含意」を引き出して，その含意の真偽を確かめるという，間接的な方法によらなければならないのである。言いかえれば，理論が意味する抽象的な概念（たとえば，「官僚優位」という概念）を観察可能な形のモノサシ（指標）に置きかえて，事実を切り取る必要があるのである。このような理論における抽象的な概念を観察可能なモノサシに置きかえる作業を，操作化（operationalization）と呼ぶ。

たとえば、「日本では国会に提出され、議決される法案の大部分は、議員提出法案ではなく、（官僚がつくった）内閣提出法案である」かどうかは、観察して確かめることができる。そして、もしこれが正しければ、立法活動は実は官僚によって行われているという推論を経て、「日本は官僚優位の国である」と主張することができるかもしれない。この場合、「日本において成立した法律の大部分は内閣提出法案である」という事実は、「日本は官僚優位の国である」という理論の「観察可能な含意」であるということができる。あるいは、「与党の国会議員の多くは官僚出身である」かどうかも、観察して確かめることができる。もしこれが正しければ、官僚出身議員は出身官庁の意向を与党における議論や国会審議において代弁するであろうという推論を経て、「日本は官僚優位の国である」と主張することができるかもしれない。この場合、「与党の国会議員の多くは官僚出身である」という事実は、「日本は官僚優位の国である」という理論の「観察可能な含意」であるということができる。理論を検証するとは、理論そのものを検証するというよりもむしろ、その理論のもつ「観察可能な含意」を検証することなのである。

　ある理論を検証するために、「観察可能な含意」をその理論から引き出した後、次に行うべきことが、議員提出法案と内閣提出法案の数や与党議員の出身別構成比に関するデータを集めることである。

「観察可能な含意」の妥当性　このように、理論とデータは「観察可能な含意」によって結びつけられる。

　いずれにせよ、理論は、それに関連する「観察可能な含意」ができるだけ多くつくられ、データによって検証されればされるほど、その確かさを高めていくのである。

　ここで注意しなければならないのは、理論に適合する「観察可能な含意」をつくることは容易ではないということである。たとえば上であげた例でいうと、内閣提出法案の数が多いことは、「官僚優位」という理論にとって「観察可能な含意」をもつとはいえないかもしれな

い。なぜなら,官僚が法案を作成するときに,与党議員の考えを全面的に取り入れていれば(官僚が「予測的対応」を行っていれば——「予測的対応」については,本章の4節「権力の概念」を参照),官僚はたんに与党議員の手伝いをさせられただけであり,自分たちの考えを政策に反映させてはいないかもしれないからである。もし,そうであるとすれば,内閣提出法案の数の多さは,「官僚優位」という理論にとって「観察可能な含意」をもたないことになる。したがって,これは「官僚優位」という概念を計るためには,「妥当性」を欠いたモノサシ(指標)ということになるのである。

理論を適切に検証するための「観察可能な含意」を引き出すことは,なかなか難しい作業なのである。

記述的推論と因果的推論

さきに社会科学の目的は推論であると述べた。より詳細にいえば,推論には2つの種類がある。ひとつは記述的推論であり,もう一つは因果的(あるいは説明的)推論である。

記述的推論は,観察している対象のなかに一定の規則性あるいはパターンを発見することである。たとえば,日本において有権者のうち「支持政党なし」と答える者の比率が増えている,日本における公共事業予算の配分は硬直化している,日本は官僚優位の国である,あるいは日本は中央集権的な国であるなどは,規則性あるいはパターンについて述べている。このように,観察している対象のなかにある規則性を発見することが記述的推論である。基本にある問いは「どのようになっているのか」である。

因果的推論は,そのような規則性を発見した後,なぜそのような「規則性」が生じるのかを知ろうとすることである。なぜ首相は農業政策の分野に比べて電気通信政策の分野において,強い指導力を発揮するのか,なぜ有権者のうち支持政党をもたない者が増えてきたのか,なぜ公共事業予算の配分は硬直化してきたのかなど,規則性を生じさせる「原因」を突きとめることが因果的推論である。基本にある問い

は「なぜそのようになったのか」である。

記述的推論が行われた後に,初めて因果的推論がなされる。2つの推論に優劣をつけるとすれば因果的推論の方が優れており,記述的推論だけでは不十分であることが多い。しかし,社会科学の分野において,因果的推論が非常に難しいことも確かであり,記述的推論を最終目標とせざるをえないことが多い。観察した結果をそのまま書き留める「記述」から,一歩進めて「記述的推論」を行うことは容易ではなく,それさえ十分には行われてないのが実状である。

記述的推論の方法 記述的推論が適切に行われているか否かを判定する基準は,推論が「偏り」なく行われているかどうかである。

日本国民は「遷都」に対してどのような意見をもっているかが調査目的であるとしよう。首都機能を東京から他の地域に移すことに,賛成する人,反対する人の分布が知りたいことである。どのように調査設計を立てるか？

第1に,どのような表現で質問するかが重要である。賛成あるいは反対のどちらかに誘導するような質問の仕方をすれば,調査結果そのものが偏りをもつために,適切な推論を行うことはできない。さらに,質問文の表現以前に,質問の趣旨を相手方（国民）に正確に伝えるために説明する場合,その説明自体が調査結果に偏りを与えないように工夫する必要がある。

第2に,国民全員にたいして調査をするのでないとすれば,どのようにサンプルを選ぶかが重要である。サンプルに占める東京都民の比率が高ければ,「反対」は多くなることが予想されるから,調査結果から国民の意見を推論することはできない。サンプルを選ぶ場合,もっとも強力な方法は「無作為抽出（ランダム・サンプリング）」である。たとえば,選挙人名簿をもとに10万人に1人ずつ選んで,意見を尋ねれば,かなり正確に国民の意見分布を知ることができるだろう。

表1-1 選挙区A：偶然の事例

地位	属性					選挙結果
	性別	学歴	所属政党	資産	年齢	
候補者X 現職	女性	高卒	自民党	少ない	高い	当選
候補者Y 新人	男性	大卒	民主党	多い	低い	落選

因果的推論の方法

　選挙において，現職は新人に比べて有利であるとしばしばいわれる。これは，「現職であるか否か」は「選挙結果」を左右するという因果的推論のひとつの例である。それでは，どのような調査をすれば，この推論が正しいかどうかを確かめることができるだろうか。

　因果的推論の方法について述べる前に，言葉の整理をしておこう。選挙結果に違いをもたらすと思われる要因，ここでは「現職か否か」は「独立変数」と呼ばれる。そして，選挙結果は「従属変数」と呼ばれる。この語法にしたがうと，因果的推論はある「従属変数」を設定して，その原因となる「独立変数」を特定することであるといえる。

　さて，選挙結果を左右する要因は，ここで問題にしている現職であるか否か，すなわち「現職性」以外にも，数多くあるだろう。候補者の性別，学歴，所属政党，資産，年齢など，様々な要因が選挙結果を左右すると考えることができる。しかし，いま私たちが知りたいのは「現職性」が選挙結果を左右するかどうかである。

　出発点として，次のような事例を考えてみよう。定数1の選挙区Aにおいて，2人の候補者，現職Xと新人Yが立候補し，Xが当選したとする。そして，選挙時点におけるXとYの属性は表1-1に示す内容であったとする。

　選挙区Aの観察を通じて，現職有利の仮説は検証されるであろうか。もちろん，そうはいえない。候補者Xが当選できたのは，現職であったからではなく，たとえば自民党に所属していたからかもしれないか

表1-2 選挙区B：属性がコントロールされた事例

	地位	属性					選挙結果
		性別	学歴	所属政党	資産	年齢	
候補者X	現職	男性	大卒	自民党	少ない	高い	当選
候補者Y	新人	男性	大卒	自民党	少ない	高い	落選

らである。選挙結果に違いをもたらすかもしれない他の条件，ここでは5つの属性が異なるために，他の条件が選挙結果を左右した可能性は排除できないのである。現職性の選挙結果に及ぼす影響を確かめるためには，他の条件を同一のものにしなければならないのである。このように，他の条件を等しくすることを「変数をコントロールする」という。

　自然科学では，他の変数がコントロールされた状況を，「現実につくる」ことができる。「実験」というのは，圧力や温度などの条件を等しくして，特定の変数がもう一方の変数に及ぼす影響を調べることである。しかし，社会科学では，特定の変数がもう一方の変数に及ぼす影響を調べるために，他の変数のコントロールされた状況を現実につくることはできない。そこで，実験に代わる方法を採用する必要がある。

　変数のコントロール　ひとつの方法は，他の変数がコントロールされている状況を「見つける」ことである。たとえば，表1-2に示すように具体的には，同じ属性をもつ2人の候補者XとYが争った選挙区を探し，それを調査することである。

　表1-2をみる限り，候補者Xが当選したのは，Xが現職であったからであると推論することができる。なぜなら，どちらの候補者も5つの属性（性別，学歴，所属政党，資産，年齢）は同じであることから，一方が当選，他方が落選という「違い」をもたらしたのは，現職か新人かの違いだけであるといえるからである。

第1章　政治過程の理論と方法

表1-3 教育と政治参加

		政治参加の程度		
		高い	低い	合計
教育程度	高い	68%(340)	32%(160)	100%(500)
	低い	32%(160)	68%(340)	100%(500)
	合計	100%(500)	100%(500)	

　選挙区Bのように他の変数がコントロールされた選挙区を数多く集めれば、現職は選挙に有利に作用するという仮説は確かさを高めていくことになるだろう（投票行動については、第5章「世論と投票行動」を参照）。

　変数をコントロールすることの重要さを、別の例をあげて説明しよう。

　教育の程度は政治参加の程度に影響を及ぼすといわれる。その根拠として、表1-3に示すデータが得られたとしよう（数字は比率、括弧内の数字は実数）。

　教育程度の高い者の68％は政治参加の程度が高く、32％は低い。これに対して、教育程度の低い者の32％は政治参加の程度が高く、68％は低い。教育程度と政治参加は相関している。そして、ある人の政治参加が高くなれば、その人の（学歴で計った）教育程度が高くなるという因果関係は考えにくいが、ある人の教育程度が高くなれば、政治参加の程度は高くなるという因果関係は考えられるので、表1-3から、「教育程度は政治参加の程度に影響を及ぼす」という仮説を立てることができる。

　ところで、政治参加に関する研究によれば、親の社会経済的な地位はその子供の政治への関与の程度を左右することが知られている。また、親の社会経済的な地位がその子供の教育程度に大きな影響を及ぼすことは容易に想像できる。もし、そうであれば、つまり親の社会経

表1-4 教育と政治参加（親の所得が高い場合）

		政治参加の程度		
		高い	低い	合計
教育程度	高い	80%(320)	20%(80)	100%(400)
	低い	80% (80)	20%(20)	100%(100)
	合計	100%(400)	100%(100)	

表1-5 教育と政治参加（親の所得が低い場合）

		政治参加の程度		
		高い	低い	合計
教育程度	高い	20%(20)	80% (80)	100%(100)
	低い	20%(80)	80%(320)	100%(400)
	合計	100%(100)	100%(400)	

済的地位を考慮に入れれば，教育と政治参加の関係はもう少し複雑になるかもしれない。

そこで，表1-3のデータを「親の社会経済的な地位」が高い場合と低い場合とに分けて，整理しなおしてみよう。「親の社会経済的な地位」をコントロールするのである。「社会経済的地位」を表す指標として，ここでは「所得」を用いる。得られた結果は，表1-4と表1-5である。

親の所得が高い人々だけを取り出してつくった表1-4をみると，教育程度と政治参加の間の因果関係は消えることがわかるだろう。教育程度の高い者の80%は政治参加の程度が高いが，これと同様に，教育程度の低い者の80%も政治参加の程度は高いからである。親の所得が低い人々だけを対象にしたつくった表1-5からも，教育程度の高い者も低い者も，同様に政治参加の程度が低いことがわかる。

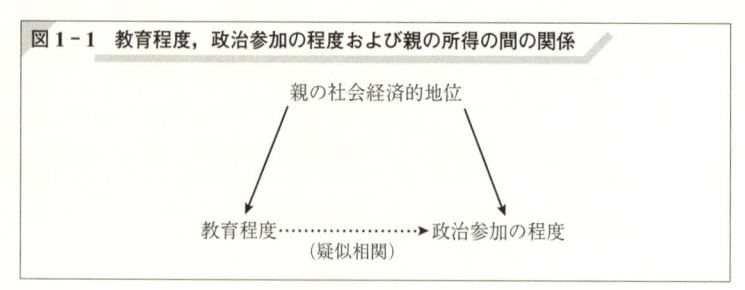

図1-1 教育程度，政治参加の程度および親の所得の間の関係

```
            親の社会経済的地位
              ↙        ↘
     教育程度 ·············▶ 政治参加の程度
            (疑似相関)
```

　さきに，表1-3から，「教育程度は政治参加の程度に影響を及ぼす」という仮説を立てることができると述べた。この仮説を正確に言いなおせば，「他の条件が等しければ，教育程度は政治参加の程度に影響を及ぼす」ということになる。ところが，表1-4と表1-5から明らかにされたことを前提にすると，表1-3では「他の条件が等しければ」とはそもそもいえないことがわかる。「親の社会経済的地位」が異なるからである。

　この例では，教育程度，政治参加の程度および親の社会経済的地位の間の関係は，図1-1のようになっている。すなわち，「親の社会経済的地位が高ければ，その子供の教育程度は高くなる」と同時に，「親の社会経済的地位が高ければ，その子供の政治参加の程度は高くなる」。結果として，教育程度が高くなれば，政治参加の程度も高くなるが，両者の間には因果関係はないということになるのである。このような場合，教育程度と政治参加の程度の間には見せかけの関係，すなわち疑似相関（spurious correlation）があるという。

　変数のコントロールと比較分析　上記の例のように，変数をコントロールすることは分析上，重要であるが，人々の行動や国々の条件を勝手に変えることはできない。そのために，政治学では数ヵ国の比較をすることによって，変数のコントロールをしたのと同じ効果を得る工夫が必要になる。たとえば，イングルハート（Inglehart, R.）は，アメリカと西ヨーロッパ諸国を比較して，第2次世界大戦後の早い時期から物質的に豊かになっていた社会の若者は，その豊かさのなかで育

ったために，物質的な価値（物価上昇の抑制，国内秩序の安定）よりも脱物質的価値（言論の自由，政治参加）を志向する傾向が強いという知見をえた（1971，1977；詳しくは第4章「政治システムと個人」を参照）。ところが，経済的発展，物質的豊かさが西欧諸国と同じ条件にある日本と比較した研究（Ike, 1973）では，脱物質価値への志向がそれほど明確にみられなかった。しかし，日本の歴史は西欧の歴史とは異なる条件にあるので，経済的な条件が同じでそれ以外の条件（この場合は歴史）が異なる日本と西欧とを比較することによって日本で脱物質的価値観への志向が弱かった原因を特定できるだろう。したがって，一国内の分析では，多分そうであろうという推測になってしまうことが，国際比較研究によっては，やはりそうであったと確認することができる。そのような意味で，比較分析は，政治過程論における分析にとって重要な分析手段である。

変数の発見 以上述べたように，因果的推論が確かに行われるためには，変数のコントロールが重要である。では，どのような変数をコントロールすればよいのだろうか。

選挙区Bの例に戻ると，ここでも「変数のコントロール」が完全に行われているわけではなかった。5つの属性はコントロールされているが，これ以外にも選挙結果に違いをもたらすかもしれない属性（出身地，職歴など）があり，さらに属性以外に選挙結果を左右するかもしれない要因（優秀な選挙参謀の存在，立候補のタイミングなど）があるが，これらの変数は無視されているからである。選挙結果を左右するかもしれない変数は文字通り無数にあり，選挙区Bでは，これらの変数はコントロールされていない。したがって，現職有利という仮説の確かさはなお低いままにとどまる。

このようにいうと，確かさを高めていくには，選挙結果に影響を及ぼすかもしれない「すべて」の要因がまったく同じである選挙区Cを選び，それを調査する必要があるように思えてくる。しかし，それは不可能である。そのような都合の良い選挙区は存在しないだろうとい

うこと以上に、そもそも「すべての」要因を列挙し、考慮に入れることはできないからである。

どの変数を考慮に入れるかに関する実践的な指針は、すでになされている調査や研究から、選挙結果に影響を及ぼすと思われる重要な変数を取り入れることである。重要な変数の所在を教えてくれる第1の情報源は、過去の優れた研究蓄積である。しかし、これだけではない。

もう一度、選挙区Aのことを思い出してみよう。この選挙区をいくら詳細に調べても、どのような要因が選挙結果を左右するかについて、確実なことは何もわからない。変数がまったくコントロールされていないために、選挙区Aは因果関係を特定する努力をするための適切な事例とはならないのである。しかし、この選挙区を、選挙結果を左右するのは何かということを念頭において詳細に調べ、調査結果を「丁寧な記述（thick description）」として残せば、5つの属性以外に、出身地、職歴、優秀な選挙参謀の存在、立候補のタイミング、さらには私たちがまだ知らないような選挙結果に影響を及ぼすかもしれない要因がわかってくるかもしれない。推論を重視する立場からすれば低い評価しか与えられない、偶然の事例に関する「丁寧な記述」にも、従来は重要であると思われなかった要素が実は重要であることを教えてくれる効用があるのである。とくに、特定の事例に対する観察が、鋭い洞察力や学問的センスなどの職人芸的業（クラフトマンシップ）に支えられている場合には、とくにその可能性は高い。そのような研究には発見的な価値があるといえるだろう。

以上、KKVの主張を参考にして政治過程研究のための指針をやや詳細に述べてきた。要点は、調査をするにあたって、私たちは何を知りたいと思っているのか、そしてそのためにどのような手続きを踏まなければならないのかについて自覚的でなければならないということである。

4 権力の概念

　政治過程論は，政治家，政党，官僚，利益団体，市民などの政治アクターの相互作用を動態的に分析する。

　その相互作用分析においてもっとも重要な概念が権力（power）ないし影響力（influence）である。この両者はしばしば厳密に区別されず同義語として使用されており，本書でも基本的に両者を同義語として使用する。権力と影響力をそれぞれ別個に定義し，権力や影響力に関連する多様な形態や側面を明らかにしようとする試みもあるが，その試みについては後に「権力の諸形態」の箇所で検討することにしよう。

多元主義的権力概念　ダール（Dahl, R.A.）によれば，「Aの働きかけがなければBは行わないであろうことを，AがBに行わせるかぎりにおいて，AはBに対して権力をもつ」という（1957）。そして，Aが権力を行使するときに動員する手段が権力リソース（資源）であり，権力リソースには人員，資金，権限，情報，専門的技能などがある。ダールはアメリカ社会の多元性を強調したことから多元主義者の代表とみなされたので，こうした権力の定義を多元主義的な権力概念と呼ぶことにする。

　この多元主義的権力概念の第1の特徴は，権力から神秘性を取り去り，権力を観察可能な経験的事象としてとらえたことであり，その点で政治の経験的研究に大いに貢献した。ここでは，実際の行動を直接観察すべきであり，「それができないならば，文書や情報提供者，新聞その他の適切な資料から行動を再構成して研究すべき」とされたのである（Polsby, 1963）。

　観察可能な行動に焦点を当てて権力をとらえようとすると，価値の配分などに関わる意思決定（decision-making）が中心課題となる。と

ころが価値配分に関わる決定にはふつう対立ないし紛争がともなっているが、こうした対立・紛争が存在し、かつ観察可能でなければ権力行使は明らかにすることができないことになる。

このように紛争が利害の対立を前提としているとすると、そこから一つの困難な問題が生じる。すなわち、紛争の当事者が常に自己の「真の」利害ないし「客観的な」利害を認識できる能力をもっているのかという問題である。当事者が自分の利害を誤認している場合もある。この問題について、多元主義者は、ある当事者にとって何が「真の」利害であるかは、論者の価値観やイデオロギーによって答えが異なる、決着のつかない問題であると考える。そこで多元主義者は、当事者の利害はかれらの「政策選好」、すなわちかれらが望む政策のことであるととらえて分析を進めたのである。

非決定権力論

上述の多元主義的な権力概念は一面的であるとして、これを批判したのがバクラックとバラッツ（Bachrach, P. and M.S. Baratz）である。かれらによると、権力には「2つの顔」があり、一つは多元主義論者のいう顔であり、もう一つは「非決定」の顔である（1962）。非決定の顔とは、利害対立が潜在的に存在しているにもかかわらず、それが表面化しないケースがあるということである。たとえば、工業都市で工場の排出物によって一部の住民の健康が損なわれている場合、そこに何らかの決定をめぐる観察可能な紛争が生じないとしても、そこに権力があるといえるのではないかというのである。すなわち、バクラックとバラッツによると、「政策をめぐる対立が表沙汰にならないように妨げるものを、ある人物ないし集団が——意識的・無意識的に——つくりだしたり強化したりするのであれば、その人物ないし集団は権力をもっているのである」。つまり、非決定権力とは、「決定作成者の価値や利害に対する隠然たる挑戦や公然たる挑戦を抑圧しまたは挫折せしめる」権力、あるいは「〈安全な〉争点に決定作成の範囲を制限する」権力である。非決定権力は、政策過程論においては、第3章「課題設定・政策実施・

政策評価」でみるように，政策過程における課題設定ないしアジェンダ・コントロールの側面からも論じられることになる。

　非決定権力論は，多元主義的権力論が想定しない権力の第2の顔の存在を強調したが，これに対して，多元論者はつぎのように反批判を加えた。非決定権力によって対立が抑圧されて顕在化しない（生じていない「非事件」）というなら，その権力は観察によって確認することができないではないかという批判である。確かにバクラックらも，多元論者と同じく，権力は観察できる対立によって初めて確認できるというのだが，それが「紛争の抑圧」という概念とどう整合性があるのかあいまいなのである。またつぎに述べる3次元的権力概念との対比でいえば，客観的利害ではなく当事者の主観的利害を紛争の前提とする点で多元主義者と共通の立場にたっている，といえよう。非決定権力論者は，多元的権力論が見逃す面を明らかにしたのだが，両者は共通する部分も多かったのである。

3次元的権力概念

　上に述べた多元主義的権力論と非決定権力論に対して，ルークス（Lukes, S.）は，この2つの権力観には観察可能性を重視する行動論的なバイアスがあると批判する。そして，ルークスは，多元主義的権力論を1次元的権力論，非決定権力論を2次元的権力論と呼び，自らの権力論を3次元的権力論として展開する（ルークス，1995）。ルークスの3次元的権力論は，非決定権力論による多元主義的権力論批判を徹底し，発展させたものである。ルークスによると，対立のなかに権力をみようとすることが誤りなのであり，むしろ「人びとの知覚，認識，さらには選好までも形づくり，それがいかなる程度であれ，かれらに不平不満をもたせないこと，それこそが権力の至高の，しかも陰険な行使」である。またこのような「思考の支配は，情報の支配，つまりはマス・メディアや社会化諸過程の支配をとおして……日常のありふれた形態をとる」。それゆえ，人びとの政策選好や主観的利害は，「真の」利害や「客観的」利害と必ずしも一致しないのである。この主観的利害はマルクス

Column ② 方法論としての多元主義

本章では，多元主義を，権力構造の1パターンとして述べてきたが，もう1つの用法がある。方法論としての多元主義である。方法論としての多元主義とは，政治や政策を，世論，利益団体，政党など，国家の外側に存在するアクター（社会的アクター）から説明する視点であり，その意味で「社会中心的アプローチ」ともいわれる。これに対して，大統領制や内閣制，官僚制など，国家の特徴から政治や政策を説明する視点は「国家中心的アプローチ」（国家論）と呼ばれる。さらにこの国家中心的アプローチは，ひろく政治諸制度に注目して政治や政策を説明する「新制度論」に発展していくのである。このように，多元主義は，政治過程研究の理論的発展の豊かな土壌を提供してきた。ネオ・コーポラティズムや新制度論などの政治過程論における多くのモデルや理論は，多元主義を土台として，あるいはその批判や修正として，発展してきたのである。

主義で「虚偽意識」と呼ばれるものに近い。こうした問題もアジェンダ・コントロールの問題に関連しているのである。

しかしながら，多元主義的立場からすれば，非決定論権力を確認することが困難である以上に，3次元的権力を確認することは困難であり，その確認は実証的な裏付けの乏しい解釈や推論によらなければならないことになる。3次元的権力論の主張に興味深い点があることを認めつつも，観察可能な権力概念を基本とするのが，経験的な政治過程研究にふさわしい態度であろう。政治の経験的研究においては，まず多元主義的権力概念が利用され，ついで場合によっては非決定権力概念が利用される。

権力の諸形態　権力（または影響力）は，強制，威嚇，利益供与，説得，操作，権威などの様々な形態をとる。このうち，強制は，身体の拘束など物理的強制力を行使してBに選択の余地を与えないで目標を達することであり，威嚇は，「Aが価値剝奪の脅しをかけることによってBの服従を獲得すること」であ

る。利益供与は，資金などの物質的便益を提供して，その対価として服従を獲得することであり，説得は，威嚇や利益供与を利用することなく，指示にしたがうことがBにとって利益になり合理的であることを認識させることである。操作は，服従者が自分になされた要求の発生源や本質を認識しないまましたがうことである。そして，権威は，手続きが正当であるがゆえに，あるいはBがAの命令であるがゆえに内容も正しいとして，すなわち，指示の発信源の正統性を認めて，したがう場合である。

また，フリードリッヒ（Friedlich, K.）は，官僚が議会の命令がなくても，議会の選好をあらかじめ予測して行為することを「予測的対応」と呼んだ（1963）。これは明示的影響力に対して黙示的影響力といわれる。議会と官僚のフォーマルな主従関係を前提とした正当な手続きにもとづく権威関係の一形態と考えることができよう。

ポジティヴ・サムとしての権力関係

権力の概念は，一般に利益の対立があり，一方の利益が実現されると，他方の利益は損なわれるという前提にたっている。これに対して，権力は国家や集団にとっての共通の目標を達成するために行使されるととらえる立場がある。たとえば，アーレントは，権力が，人民の支持の延長物であり，国民の合意に依拠していることを強調する（Arendt, 1972）。またパーソンズによれば，権力とは，ある社会の構成単位に，その社会の目標によって正当化された義務を遂行することを，保証する能力である（Parsons, 1956）。アーレントやパーソンズは，対立より合意，強制よりは権威，すなわち目標達成のための内面化された規範を強調しているのである。したがって，権力を，一方の利得は他方の損失という「ゼロ・サム」（総和がゼロ）関係としてではなく，社会の公共財の増大といった「ポジティヴ・サム」（総和がプラス）の関係としてとらえているのである。こうした見方は，しばしば権力概念からその核心である強制を切り離していると批判されるが，政治の協働的・統合的側面の重要性，さらにはリーダーシップ論に多くの示

唆を与えるものである。

権力構造論　政治システムにおける権力の分布には一定のパターンがみられるが、それが権力構造である。代表的なパターンとして、エリート論、多元主義、ネオ・マルクス主義、ネオ・コーポラティズムの4つがある。

エリート論は、政治社会は、不可避的に、権力をもつ少数のエリートと権力から切り離された多数の大衆に分化し、またそのエリートの間には価値観、視野、政策に基本的な合意があるために、政府の政策は本質的にエリートの意見の反映であると主張する。このエリート論は、モスカ（Mosca, G.）とパレート（Pareto, V.）に源をもち、ミヘルス（Michels, R.）によって「少数支配の鉄則」として定式化された。さらにエリート論を引き継いだミルズ（Mills, C.W.）は現代アメリカ社会が政界、軍部、産業界の3分野の少数のエリートからなる「パワー・エリート」によって支配されていると主張した（1956）。非決定権力論や3次元的権力論は、エリート論が、多元主義との論争の過程で理論的に深まりをみせていったものと考えられよう。

エリート論の一種としてテクノクラシーに注目する議論もある。テクノクラシーは、社会がますます科学的合理性によって支配される方向へ移行しているととらえる。もし決定が専門知識を必要とするなら、その決定の適切さは同じ専門集団によってしか吟味されえないのであり、ここに形成される関係は「専門家支配構造」（technostructure）と呼ばれる（Galbraith, 1969）。

エリート論と激しい論争をしたのが、ダールを代表とする多元主義である。多元主義論者は、政治的リソースが多様でかつ広く分散していることを前提として、(1)権力は確かに国民に等しく分配されているわけではなく、その意味でエリートと大衆の分化がみられるが、エリート論者のいうほど極端ではなく、権力はもっと広く分散している、(2)エリート間には、基本的な価値の合意というよりも、競争と対立の関係があり、政策領域ごとに影響力をもつエリートは異なる、(3)さら

に大衆はこうしたエリート間の競争と対立を利用して、政策になんらかの影響を及ぼすことができる、と主張する。エリート論と多元主義論の論争は、アメリカの都市の権力構造(地域権力構造)に関するものであったが、この論争は第3章1節の「地域権力構造論争」で詳しく論じられる。

ネオ・マルクス主義は、現代資本主義において、国家権力が資本家階級の利益に奉仕することを強調するが、国家と社会の関係のとらえ方についておもに2つの異なる考え方がある。一つは、各領域のエリートの密接な関係のために国家は「階級支配の道具」となるという「道具主義」的見方である(ミリバンド, 1970)。もう一つは、国家は社会から一定の自律性をもち、また資本家階級の利益を直接目指すというよりも、自己存立のために資本主義の再生産を目指すという意味で、国家は「資本の構造的権力」であるという見方である(Poulantzas, 1973)。後者では、国家が短期的にあるいは領域によっては支配階級の利益にならない政策をも実施することも想定されているが、第3次元的権力論と同様に、構造的な見方による権力を経験的研究の対象とすることは難しい。

ネオ・コーポラティズムは、権力が広く分散しているのではなく、少数の組織された職業団体に集中し、またエリートは対立と競争というより協調的に政府の重要政策の決定に参加することが制度的に保証されたとみる。特に北欧や中欧にみられる構造である。ネオ・コーポラティズムについては、利益団体を扱う第7章で改めて詳しく論じる。

以上4つの権力構造は、結局政治システムにおける集団をどう位置づけるかによっている。多元主義は、政策決定過程で集団の重要性を強調するとともに、支配的な集団は存在しないとするのに対して、エリート論は、多元主義のいうような諸集団を中心とする政治過程は第二義的な意味しかもたない、と主張する。ネオ・マルクス主義は、集団過程が第二義的だという点ではエリート論と共通であるが、政治の中心は集団ではなく、階級であると考える。また、ネオ・マルクス主

義が階級支配の終焉というユートピア的未来を描くのに対して，エリート論はエリート支配は不変であると考える点でシニカルである。ネオ・コーポラティズムは，多元主義と異なり，分散的・競争的な集団ではなく，国家とのパートナーシップに組み込まれた，セクターを代表する職能的集団の利益が最も重要だと考えたのである。

むすび 本章では，政治過程論とは何かを定義し，政治過程研究の発展を概観し，その方法と理論，および分析のキィ概念としての権力（ないし影響力）概念，および権力構造論を検討した。こうして，われわれは政治過程分析に乗り出すための基本的な準備を整えたのである。

【設　問】

1. 日本において総じて，政治学が法学部で教えられているのは，なぜだろうか？
2. 政治学に関する任意の理論をあげ，その観察可能な含意を引き出してみよう。
3. 本論に出てくる選挙区Bの候補者XとYを国に置きかえると，2国間比較になることに，気づいただろうか。
4. 大企業のもつ主要な政治的リソースが資金であるとすれば，労働組合のもつ主要な政治的リソースは何だろうか。
5. 「非決定権力」とはどういう意味か，説明しなさい。

第1章のキーワード

行動論的（行動科学的）政治学　伝統的な規範的ないし制度論的政治学に対して，心理学などの行動科学や統計学の理論や方法を用いて個人の政治的行動を経験的に分析する政治研究の立場。

3次元的権力概念　多元的権力概念や非決定権力概念に対して，ルーク

スが提示した概念。本人に意識させないまま人々の認識や思考まで形成する力をさす。

権力構造論　政治システムにみられる権力分布のパターンについての見方。エリート論とか多元主義論などがある。

記述的推論　現実の観察からえられたデータから，一定のパターンを発見すること。

因果的推論　記述的推論によって発見されたパターンを前提にして，そのようなパターンが生じる原因を突き止めること。

観察可能な含意　その理論が正しければ当然に生じるであろう事象。理論そのものの妥当性は直接検証できないために，それを検証できる形に置きかえる必要がある。

読書ガイド

高根正昭『創造の方法学』講談社（新書），1979年。
　社会科学の方法論を平易に解説した入門書。

小林康夫・船曳建夫編『知の技法』東京大学出版会，1994年。
　人文科学，社会科学を問わず，大学でどのように勉強するかという「学問のすすめ」の現代版ともいえるような入門書。

ダール，R．（河村望・高橋和宏監訳）『統治するのはだれか』行人社，1988年。
　都市の多元的な権力構造を争点法にもとづいて明らかにしたアメリカ政治学における古典的な名著。

ルークス，S．（中島吉弘訳）『現代権力論批判』未來社，1995年。
　複雑で奥行きのある権力論・影響力論の多様な概念や理論を明快な視点から整理した好著。

●引用文献●

イングルハート，R．，1978『静かなる革命』（三宅一郎ほか訳）東洋経済新報社。

ヴァーバ, S./N.H.ナイ/J.キム, 1981『政治参加と平等』(三宅一郎監訳) 東京大学出版会。

内田満編, 1986『政治過程』三嶺書房。

大嶽秀夫, 1990『政策過程』東京大学出版会。

シャットシュナイダー, E.E., 1972『半主権人民』(内山秀夫訳) 而立書房。

プーランツァス, N., 1978・1981『資本主義国家の構造Ⅰ・Ⅱ』(田口富久治ほか訳) 未來社。

ベントレー, A.F., 1994『統治過程論―社会圧力の研究』(上林良一・喜多靖郎訳) 法律文化社。

ポパー, K., 1978『果てしなき探求―知的自伝』(森博訳) 岩波書店。

ポルズビー, N., 1981『コミュニティの権力と政治』(秋元律郎監訳) 早稲田大学出版部。

ミヘルス, R., 1873『現代民主主義における政党の社会学Ⅰ・Ⅱ』(森博ほか訳) 木鐸社。

ミリバンド, R., 1970『現代資本主義国家論』(田口富久治訳) 未來社。

ミルズ, C.W., 1958『パワー・エリート』(鵜飼信成・綿貫譲治訳) 東京大学出版会。

ルークス, S., 1995『現代権力論批判』(中島吉弘訳) 未來社。

Arendt, H., 1972, "On Violence," in *Crises in the Republic*.

Bachrach, P. and M. S. Baratz, 1962, "The Two Faces of Power," *American political Science Review*, 56.

Beard, C. C., 1913, *An Economic Interpretation of the Constitution of the United States*.

Dahl, R. A., 1957, "The Concept of Power," *Behavioral Science*, 2.

Friedlich, K., 1963, *Man and His Government*.

Galbraith, J. K., 1969, *The New Industrial State*.

Ike, N., 1973, "Economic Growth and Intergenerational Change in Japan," *American Political Science Review*, 67-4, December.

Inglehart, R., 1971, "The Silent Revolution in Europe: Intergenerational Change in Post-Industrial Societies," *American Political Science Review*,

65-4, December.

Inglehart, R., 1977, *The Silent Revolution*.

King, G., R. O. Keohane and S. Verba, 1994, *Designing Social Inquiry: Scientific Inference in Qualitative Research*.

Mills, C. W., 1956, *The Power Elite*.

Odegard, P. H., 1928, *Pressure Politics: The Study of the Anti-Saloon League*.

Parsons, T., 1956, "The Distribution of Power in American Society," *World Politics*, 10.

Parsons, W., 1995, *Public Policy*.

Polsby, N., 1963, *Community Power and Political Theory*.

Poulantzas, N., 1973, *Political Power and Social Classes*.

Schattschneider, E. E., 1935, *Politics, Pressures and the Tariff*.

Truman, D. B., 1951, *The Governmental Process*.

Verba, S., N. H. Nie and J. Kim, 1978, *Participation and Political Equality*.

第 2 章　政策決定過程

> 政策はどのようにつくられ，そして実施されているのであろうか。これが政策過程論のテーマである。本章では政策過程の中心に位置する政策決定過程に焦点をあてる。1節から3節において基本的な政策決定に対する見方を整理する。4節においてそれを補うために最近の動向について紹介する。そのうちのいくつかは他の章において詳述されているので，ここではその概要を述べるにとどめる。

　政治過程は，政治家，政党，官僚，利益団体，市民などの諸アクターによる自己利益の実現のための活動を基礎とする，交渉と取引からなっている。そのなかで，とくに政策の形成や実施をめぐって展開される過程を政策過程という。

　政策過程は，どこに注目するかによって細かく分けてみることができる。たとえば，立案から評価にいたる「段階」に注目すれば，**課題設定**過程，政策形成過程，政策決定過程，政策実施過程および政策評価過程に分けることができる。また，法律，予算，条約さらには行政指導などの政策の「形式」に注目すれば，立法過程や予算編成過程

などに分けることができる。あるいは、農業政策や金融政策など政策の「性質」に注目すれば、農業政策過程や金融政策過程などに区別することができる。さらに、政策を検討する「主体」あるいは「場」に注目すれば、議会過程や行政過程さらには司法過程に分けることができる。

このように政策過程はいくつもの下位の過程に分けて考察することができるが、下位の過程は入り組んだ関係にある。政策形成過程は行政過程と重なるであろうし、政策決定過程は議会過程と重なるであろう。議会過程は立法過程や予算編成過程の一部をなしているが、日本では、議会の役割は立法過程における方が予算編成過程におけるよりも大きい。議会は法案提出権をもつが予算案の提出権はもたないからである。

本章と次章では、「段階」ごとに政策過程を分けてみていく。政策の「形式」あるいは政策の「分野」の違いを超えて、政策がつくられ、実施されていく過程には共通するパターンがあり、そうしたパターンは「段階」を追うことによって明らかにされると考えるからである。「主体」または「場」に注目する議会過程および行政過程は後の各章で検討することにする。

「段階」ごとの政策過程論は、一般に、次のような「流れ図」を前提に立てる。まず、社会に発生している様々な問題のうち、政府がその解決に取り組むべき問題を定める**「課題設定」**の段階がある。次に当該問題を解決するための情報収集、採りうる政策の検討、そしてそこから一組の政策を選び取る**「政策決定」**の段階が続く。そして、採択された政策が実行に移される**「政策実施」**の段階に入る。最後に、実施された政策が所期の目的をどの程度実現しているかを判定する「政策評価」の段階がある。

本章ではまず「政策決定」の段階を検討し、次の章でその他の段階を扱うことにしたい。政策過程論の研究は政策決定論として始まったからであり、**「課題設定」**と「政策実施」は政策決定論の見落とした

ところを指摘し，それを補う形で登場したからである。

　さて，政策決定と一口にいっても，その意味する範囲はきわめて広い。たとえば，政府が消費税率の引き上げを決めることはまぎれもなく政策決定であるが，個々人が就職先を選ぶ行為も，私的なことではあるが政策決定といえば政策決定である。また，民間企業が新製品の開発に乗りだすことを決めたり，労働組合が賃上げ要求額を決めることも，政策決定であるといえる。個人，共通の目的を実現するためにつくられた組織，必ずしも目的を共有しない個人や組織の集合（社会）など，政策決定は様々なレベルの主体によって行われているということができる。

1 個人による政策決定

　政策決定論のうち，とくに個々人の思考過程に焦点をあてたものを，意思決定論と呼ぶことがある。本章でいう「政策過程」はおもに，個々の人間の思考よりも，組織や社会という，人間の集合による決定を対象としている。しかし，組織も社会も個々の人間によって構成されているから，組織や社会による政策決定を考察する場合に，人間の思考過程がどのようになっているかについて，一定の見通しをもっていることが必要である。また，組織や社会による決定を，個人による決定のアナロジーとしてとらえることも多いことから，政策決定論の基礎には意思決定論があるともいえる。そこで，まず個人の思考過程を記述する意思決定論について説明することから始めたい。

合理モデル　　個人はどのように意思決定を行っているか。最も伝統的なとらえ方は，課題の設定―選択肢の探求―結果の予測―結果の評価―選択という手順を踏んでいるとする，「**合理モデル**」と呼ばれるものである。その特徴は，「すべての」選択肢を「一挙に」洗い出し，それぞれの選択肢がもたらすであろう

結果を「確実に」推測し,「あらかじめ決められた」評価基準にしたがって未だ起きてない結果を「完全な」想像力をもって「正確に」評価し, 評価基準に「最も」適合する選択肢を選ぶと考えることにある。

しかし, 現実の人間はこのようなことは行っていない。「すべて」とか「最も」という条件を満たすようなことを, 私たちがしているとはいえないからである。人間は合理的であろうとするが, 達成しうる合理性には限界があるからである。合理性の限界が最も強く現れるのは, 結果を評価するときである。現在の私が決定した結果が生じるのは, 将来であり, それを評価するのも将来の私である。しかし, 現在の私が, 将来の私の評価基準を予測することは, 思いのほか難しいからである。

要するに, **合理モデル** は,「このように意思決定は行われている」という記述モデルというよりも, むしろ「このように意思決定は行われるべきである」という規範モデルである。そして, 以下に述べる意思決定論は, 合理モデルが前提としている「人間の全知性」を批判し, これを修正することによって, 発展してきたものである。

満足モデル　最も有力な対抗モデルは「満足モデル (satisficing model)」である。サイモン (Simon, H.) が提唱したこのモデルの特徴は, 以下の点にある(サイモン, 1965)。

第1に, 選択肢の検討は一挙にではなく逐次的に行われる。考え得るすべての選択肢を全部, 同時に列挙し, それぞれの結果を予測するのではなく, ひとつずつ順番に取り上げて検討している(逐次的な探求)。

第2に, 逐次的な探求の途上で, 一応納得のできる, つまり「満足できる」結果をもたらすであろう選択肢が発見された時点で, 選択肢の探求は停止される。最善の選択肢を発見することにはこだわらないのである。そして, 探求を停止することによって余った時間やエネルギーは他の意思決定のために使われる。人間は一つのことに全精力を

傾けるわけにはいかないからである(満足基準)。

第3に、結果を評価する際の基準、サイモンのいう「要求水準(aspiration level)」は変化する。決定は、多くの場合、時間的な制約のなかで行われる。とにかくなんらかの決定を下さなければならない状況に立たされる。「時間の圧力」は次第に強くなってくるといってよい。そのような事態にいたってもなお、満足できる選択肢が見つけられなかった場合、意思決定を放棄してしまうというよりも、要求水準が引き下げられる。その結果、以前は満足できないとして捨て去られた選択肢が、今回は満足できると判定され、採用されることになる(可変的な要求水準)。

以上のような特徴をもつ「**満足モデル**」は、私たちの個人的な経験に照らしてみても、かなりの説得力があり、その意味で現実を記述するモデルとして「**合理モデル**」よりも、はるかに優れているといえる。

漸増主義モデル

「**合理モデル**」に対抗する意思決定の記述モデルとして、もう一つ「**漸増主義モデル**」あるいは単に「漸増主義」と呼ばれるものがある(ウィルダフスキー、1972)。漸増主義というのは、英語の incrementalism の日本語訳であり、語幹の increment は増分と訳され、数学では Δ(デルタ)というギリシャ文字で表記される。厳密にいえば、マイナスの増分すなわち減分も含まれるから、変化分というべきかもしれない。訳語の問題はともかくとして、漸増主義モデルは、人はありとあらゆる可能性を検討するのではなく、現状を少し変えれば何が起こるのかということに関心を集中させると考える。合理モデルと対比させていえば、次のようになるだろう。合理モデルは、考えられる選択肢をすべて列挙して、それぞれの結果を予想すると考えるのに対して、漸増主義モデルは、これまでしてきたこと(既存の政策)をまず前提におき、それとは少し違う選択肢を検討すると考える。合理モデルにおいて、人は白紙の状態から検討するが、漸増主義モデルにおいては、人は現状を前提において検討する、とするのである。たとえば、中央銀行の公定歩合の

変更に関与している人は、公定歩合を5％にすれば経済はどのようになるのかを予想するのではなく、現状から0.5％引き上げれば（引き下げれば）経済はどのようになるのかを予想するのである。

漸増主義は、思考の「手抜き」であり、固定観念にとらわれているという理由から、知的に真摯でないと非難されることがままある。しかし、現状とは少し違うことをするだけであるから、結果の予測の精度も高まる。その意味では、知的に誠実な方法として弁護することも可能である。

「**漸増主義モデル**」と先に述べた「**満足モデル**」を厳密に区別することは容易ではない。「漸増主義モデル」もまた、逐次的な探求、基準の緩やかさ、要求水準の可変性を前提においているからである。「漸増主義モデル」はすべての選択肢が検討されるわけではないことを強調しているという意味で、「満足モデル」の一変種であるといえる。しかし、それと同時に「逐次的な探求」の仕方について、「満足モデル」が選択肢をランダムに検討していく可能性を受け入れているのに対して、「漸増主義モデル」は検討される順番について一定の規則（現状に近いものから検討していく）があると主張している。その意味では、「漸増主義モデル」は「満足モデル」を補完しているともいえる。

2 組織による政策決定

個人による決定については以上にとどめて、次に、アリソン（Allison, G.T.）の議論によりながら、組織による決定がどのようになされるかについて、検討する（アリソン、1977）。ここでいう組織は、企業でも、労働組合でも、住民運動組織でもよい。抽象的には、2人以上の人間が共通目的の実現のために協働している場合、そこに組織があるといってよい。ただ、政治過程論がおもに対象とする組織は政府であり、それを構成する個々の公的組織である。以下でいう組織は特

定の組織に限定されているわけではないが，強く意識しているのは政府またはそれを構成する公的組織である。

合理モデル

組織による決定についても，出発点を与えてくれるのは「**合理モデル**」である。組織をあたかも一人の人間であるかのように，単一の行為者とみなす。そして，組織は，完全に合理的な個人と同様に，課題の設定―選択肢の探求―結果の予測―結果の評価―選択という手順を踏むと考えるのである。

組織が下した決定から，その目的を推測しようとするとき，われわれは暗黙のうちに，**合理モデル**を採用しているといえる。

一方において，組織の合理モデルは，個人の合理モデルよりも，現実に近い。複数の人間から構成される組織は，情報収集の面で，一人の人間よりもはるかに高い能力をもつからである。選択肢の探求と結果の予測の面でも，組織は個人よりも，高い能力を発揮することができる。その意味において，組織は個人よりも合理性の要求に高いレベルで応えている。

しかし，他方において，組織の合理モデルは，個人の合理モデルよりも，現実から遠い。共通目的の実現を目指しているとはいえ，組織はやはり，それぞれに個性をもつ個人の集まりであり，一人の人間になぞらえることには無理があるからである。何を課題とみるか，結果をどのように評価するかについて，異なる見解が組織のなかに存在する余地がある。その意味において，組織は個人よりも合理性の要求に低いレベルでしか応えていない。

組織は，情報収集能力の点で，個人よりも合理的であることを認めたうえで，より現実に近い組織による決定のモデルを構想する必要がある。アリソンの議論によれば，2通りの方向をとることができる。一つを「組織過程モデル」，もう一つを「組織内政治モデル」と呼ぶことにする。2つのモデルは，組織を複数のアクターの集まりであるとする点では共通している。

組織過程モデル

組織は，複数の下位組織の緩やかな連合体である。下位組織は，それぞれ一定の任務を割り当てられている。下位組織は，それぞれ割り当てられた任務を独自に，すなわち他の下位組織にほとんど注意することなく，あらかじめ決められた手順にしたがって，ルールにもとづいて遂行する。組織過程モデルは，組織の決定をルールの適用の結果とみるのである。

下位組織の行動の特徴は次のようにまとめることができる。

第1に，任務を遂行する際に，下位組織はあらかじめ定められた手順にしたがう。課題の設定―選択肢の探求―結果の予測―結果の評価―選択という流れに即していえば，次のようになる。課題は，任務の束として与えられる。たとえば，気象庁には「気象の予報業務」などの任務が与えられている。とりうる選択肢は，あらかじめ「レパートリー」として細かく定められている。たとえば，東京地方であれば，風速が秒速13メートルを越えれば強風注意報，秒速25メートルを越えれば暴風警報を出すなどである。このように，決定は，既存の「レパートリー」のなかから特定の選択肢を選び，実行するという形をとる。結果の予測と評価が，選択肢を採用する時点でいちいち行われることはないのである。過去の経験から，その選択肢がどのような結果をもたらすか（住民はどの程度の備えをするか）わかっており，しかもそれが望ましい結果（被害ゼロ），少なくとも満足できる結果（最低限の被害）をもたらすと考えられているからである。

第2に，下位組織は，外部からの刺激に対する反応として，決定を行う。その意味で，下位組織の行動は受動的である。しかも，下位組織が反応するのは特定の刺激だけである。気象庁にとって，気候の変化は刺激であるが，失業率の上昇や円高は刺激ではない。与えられた任務に関係する限りにおいて，下位組織は外部からの刺激を刺激として受け止め，反応するのである。

組織は，このようなレパートリーをもつ下位組織の緩やかな連合体である。全体としての組織の行動は，次のような形態をとる。

第1に，組織は過去の決定を繰り返す傾向がある。特定の刺激に対しては，特定の反応をする，すなわち特定の選択肢を採用することが決められているからである。それがもたらすであろう結果をいちいち予測したり，あらためて評価するということは，めったにない。レパートリーは固定されているのである。そのために，アリソンがいうように，「t 時点における組織の行動をもっともよく説明するのは $t-1$ であり，$t+1$ で何が起こるかに関する最善の予測は t である」ということになる。レパートリーそのものが再検討されるのは，よほどの大問題が起きたときだけである。

　第2に，組織は相互に矛盾する2つ以上の決定を同時にすることがある。外部からの刺激に反応して活動を開始するのは，1つの下位組織であるとは限らない。それぞれの下位組織は独自のレパートリーにもとづいて行動をするからである。政府という組織は，一方で景気を刺激する政策をとりながら，他方で景気を冷え込ませる政策をとることがある。

　第3に，上で述べたこととまったく同じ理由から，組織は重複する決定をすることがある。政府という組織は，ある村に，農業従事者の福祉向上のセンターをつくると同時に，勤労者の福祉向上のためのセンターをつくることがある。農林水産省と労働省という下位組織は，それぞれに，住民からの要求に応えたのである。

　組織が矛盾する政策を採用しているとき，なぜそうなるのかを組織過程モデルはかなり正確に説明してくれる。

組織内政治モデル　他方の「組織内政治モデル」は，組織を役職についている人間の集合ととらえる。組織が政府の場合，役職についている人間とは公職者である。

　役職者は，それぞれ一定の任務を与えられている。役職者たちは，それぞれ与えられた任務を最大限に実行することを目標としており，そのために影響力を互いに行使しあう。役職者は，もてる政治的リソース（公式の権限，知識や情報，カリスマ性など）を動員して，他の役

職者に影響を及ぼし，自らの目標を実現しようとする。組織内政治モデルは，組織の決定を役職者たちの間で展開される「駆け引き」の結果とみるのである。

上で述べた組織過程モデルでは，構成単位（労働省）は他の構成単位（農林水産省）の行動には基本的には無関心である。それぞれが独立して決定すればよいからである。これに対して，組織内政治モデルでは，構成単位は他の構成単位の行動に対して無関心ではいられない。誰かが得をすれば，誰かが損をする可能性があるからである。

役職者の行動の特徴は次のようにまとめることができる。

第1に，役職者はその地位に由来する目標を最大限に実現することを自己利益と考える。郵政大臣は，郵政省の予算の拡大や人員の増大を目標とする。

第2に，役職者は，自己利益を実現する機会を探し求めている。外部の変化を待って，それに反応するというよりもむしろ，進んで外部に働きかけ，自己利益の実現の機会をつくりだそうとする。

組織は，このような地位に由来する自己利益を追求する役職者の集合である。全体としての組織の行動は，役職者の影響力の配分状況や目標の対立の程度に応じて，様々な形態をとりうる。特定の役職者が圧倒的な影響力をもっている場合には，その役職者の提案した政策がそのまま組織の政策になるだろう。しかし，このようなことはあまりない。首相や大統領といえども，影響力を独占してはいないからである。したがって，通常は，「足して2で割ったような」決定がなされる。それすらできずに，決定そのものが先送りされることもある。また，政策内容を記した文章は，何をいっているのかわかりにくい「玉虫色」になることもままある。

組織が中途半端な政策を採用しているとき，なぜそうなるのかを組織内政治モデルはかなり的確に説明してくれる。

Column ③ 政策決定と因果関係

　消費が低迷しているので，これを刺激するために国民に商品券を配るという政策が検討されているとしよう。想定されている因果関係は，商品券の配布→消費の拡大である。提唱者の考えは，減税をしても，国民は減税分を消費に回さず貯蓄してしまう可能性があるが，商品券の配布であれば，貯蓄することはできずに，使い切ってしまわなければならない，したがって消費は拡大するというものである。しかし，これには反論がある。確かに商品券は貯蓄には回せず，使ってしまう他はないが，それと同額分を貯蓄することはできる。1万円の減税をしても，それをすべて貯蓄してしまうとするならば，1万円分の商品券を配っても，それと同額の現金を貯蓄してしまうだけである。したがって，減税が消費拡大につながらないとすれば，商品券配布もまったく同じ理由で消費拡大にはつながらない可能性があるからである（家計を一単位行為者とみる **合理モデル**）。しかし，これに対してはさらに，世帯主の権威が確立されていなければ，商品券の配布対象者となっている子供は家計に対して考慮することなく，追加的な小遣いとして消費してしまうので，家計全体の消費は増加するという反論も可能である（家計を複数の人間から構成されるとみる **組織内政治モデル**）。商品券が消費の拡大にどの程度役立つか，結局は，実行してみないとわからないというところがある。さらに，実行してもわからないところがある。かりに商品券を配布した後に消費が拡大しても，その原因が本当に商品券のおかげなのかどうか，わからないかもしれないからである。商品券配布と消費拡大の結びつきは不確定である。政策のもたらす影響を予測することは難しい。

3　社会による政策決定

　上で述べた組織内政治モデルにおいて，構成単位はそれぞれ独自の目標をもっているとはいえ，組織内で一定の役職を占めており，組織

の目的という共通の目標をもっている。さらに，構成単位の行動には一定の制約が課せられている。政府という組織でいえば，構成単位は，政治家や官僚という，政府において公的な地位を占めている人々である。公的な地位は，彼らに権限を与えるとともに，責任を課す。彼らの行動は自由奔放ではありえない。

ところで，ある組織の決定に関心をもち，それに影響を及ぼしたいと思うのは，その組織のなかで一定の任務を課されている人々だけではない。組織の構成員ではないが，組織の決定に影響される人々もまた，その決定に関心をもち，影響を及ぼしたいと思う。そうなると，組織による決定は，組織という閉じた世界のなかでの出来事ではなくなってくる。

社会による政策決定というのは，複数の個人そして組織がそれぞれの自己利益を追求するために互いに影響力を行使しあい，その結果として決定が下されることをいう。個人は，公職者であるかもしれないし，財界人かもしれない。組織は，政党や行政機関かもしれないし，利益団体かもしれない。外国企業やIMFなどの国際機関が登場することもあるだろう。当該政策に関わりのあるありとあらゆる種類の政治アクターが，要求，交渉，取引，威嚇，譲歩，協力を通じて自己利益を実現しようとする過程が社会における政策決定の過程である。

日本においても政策決定過程の実証研究が数多くなされてきている。その大部分は，社会による政策決定を扱っている。政府という組織に焦点を絞り込んで，「組織による政策決定」として描いている場合でも，構成単位は政府の外に存在する様々なアクターから影響されつつ判断し，行動しているものととらえられている。アリソンが，政府の決定を「組織による政策決定」に純化して描き出すことができたのは，彼の使った事例が安全保障政策という機密性の高い政策であったからである。しかし，これはむしろ例外に属する。多くの場合，政策決定は社会に対して開かれているからである。現実の政策過程を記述するためには，社会における政策決定を出発点として採用するのが安全で

ある。

4 政策過程論の論点

この節では，政策決定過程の研究蓄積のなかからいくつかの視点や発見を選び出して，それぞれについて説明したい。

政策の分野によって参加者は異なる：政策類型論

農業政策が問題となっているとき，農林水産省，農業団体そして農政議員が主要な参加者となるというように，政策が異なれば，参加者も異なってくる。

あまりにも当然のことのようであるが，ここから2つの議論を引き出すことができる。

第1に，政策が異なれば参加者は異なるというのは，必ずしも当然のことではない。なぜなら，かりにパワー・エリートと呼びうるものが存在するとすれば，彼らがあらゆる政策の決定に関与する可能性があるからである。政策によって参加者が異なるとすれば，それ自体，発見である。1980年代以降，日本の政策決定過程の実証分析の多くは，このことを明らかにすることを目指していたといってよい。日本に多元主義が定着したといわれるのも，この頃からである。

第2に，政策の類型化の方法に工夫を加えれば，政策の分野によって参加者が異なるという一見当然の主張をより刺激的なものにできるかもしれない。有名なのはロウイ（Lowi, T.）の政策類型論である（1964）。彼は，政策を分配政策，規制政策，再分配政策にわけ，それぞれに参加者の単位や参加者間の関係は異なると主張している。政策によって参加者が異なることは事例研究を数多く行えばみえてくるであろうが，これでは全体としての政策過程は平板にしかとらえられない。分配政策では企業が単位となり，規制政策では業界団体が単位となり，さらに再分配政策では経済界全体が単位となるというように，

政策を類型化することができれば，政策過程もまた立体的に描き出すことができるかもしれない。

> **影響力は制度によって左右される：新制度論**

政策過程の参加者は政策決定に影響を及ぼすために，それぞれ影響力を行使しようとする。それでは，影響力の大小を決めるのは何か（第1章4節「権力の概念」を参照）？

第1の解答は政治的リソースの量である。動員できる人間の数，利用可能な資金の量そして情報や専門知識がそれである。影響力は政治的リソースの量に比例するといえる。第2に，資源を効果的に用いる技術もまた重要である。同じ量の資源でも使いかた次第で効果を発揮することもあれば，そうでないこともある。第3に，他の政治アクターとの関係も重要である。良好な関係を築いていれば，他の政治アクターの資源を利用することも可能だからである。

最後に，政治アクターが政策決定過程のどの段階から参加できるかも，影響力を決める大きな要因である。あれかこれかの選択しかできない段階になって初めて参加できる政治アクターと，選択肢を練る段階から参加できる政治アクターとでは，政策決定に及ぼす影響力は異なってくる。その政治アクターが何をもっているかだけでなく，政治全体においてどのように位置づけられているかも，影響力の大小を左右するのである。

最後の視点は，**新制度論**が重視する視点である。新制度論は，政策過程を記述する際に，政治アクターの行動が制度によって拘束されていることを強調する。制度の定義は論者によって異なるが，一般的には，政策過程に誰がいつ参加できるか，どのような行動をしてよいかなど，「ゲームのルール」を定めたものであると理解されている。制度が重要であるとは，誰でも，いつでも，どんな手段を使ってでも自己の目的を実現することができるわけではないことを意味している。政策過程は制度によって一定の秩序が与えられているのである。

政策決定過程にアクセスしやすい政治アクターの方が，そうでない

第2章 政策決定過程

政治アクターに比べて影響力をもつとすれば、アクセスの容易さは「ゲームのルール」によってある程度決められるということができる。

> **政府は自律的なアクターである：国家論**

政策過程論は、第1章で述べたように、アメリカにおいて、政策を利益集団の政府への働きかけの結果ととらえることから始まった。政治の実態は利益集団にあると述べた学者もいる。そのために、アメリカ政治学においては、「政府」というものを、それ自体が目的をもつ存在というよりもむしろ、四方八方から様々な要求をつきつけられ、それらを合成するだけの受動的な存在とみる傾向があった。

これに対して、政府もまた自己利益をもち、それを実現する能力を備えた政治アクターであるとする主張がなされるようになる（Nordlinger, 1981）。一般に国家論（statism）と呼ばれ、上で述べた**新制度論**と共鳴しながら、多くの研究がなされるようになっている。

ただし、日本の政治学においては、もともと官僚制が政策過程において政党や利益集団に対して圧倒的な優位に立っているとの観察が支配的であったために、国家論はそれほど大きな刺激とはならなかったようである。

> **地方自治体も政治アクターである：政府間関係論**

政府間関係という言葉がある。その輪郭を描けば、以下のようなものである。

第1に、政府間関係という言葉で了解されているのは、端的にいえば、国と地方自治体の関係である。すなわち、国際政治の場における国家間の関係でもなければ、一国における中央省庁の間の関係でもなく、一国における中央政府と「地方政府」の関係をさしている。

第2に、地方自治体は、日本でいえば都道府県と市町村という2つのレベルを含んでいる。したがって、政府間関係には、国と都道府県の関係、国と市町村の関係そして都道府県と市町村の関係があるということになる。

第3に、一般的には、異なるレベルの「政府」の間の関係を対象と

しているが，対象範囲を拡大して，都道府県の間の関係や市町村の間の関係，すなわち同一レベルの地方自治体間の関係も，「異レベルの政府間関係と密接不可分の関連をもつことを認識して」（西尾，1990）政府間関係論の対象とすることも可能である。

　政府間関係は，都道府県と市町村の関係および同一レベルの地方政府間の関係をも対象としている点で，中央地方関係よりも広い概念である。しかし，その中核は中央政府と地方政府との関係にあるといってよい。実際，政府間関係という言葉で，中央地方関係をさしていることも多い。中央政府と地方政府との関係を中央地方関係ではなく，政府間関係としてとらえるのは，次のような理由にもとづいている。すなわち，「中央地方」は，国と地方とが，支配と服従の関係，あるいは少なくとも上下の関係におかれていることを，言葉の響きとして伝えているのに対して，「政府間」は，国と地方は基本的には対等であるという認識，少なくとも対等でなければならないという主張を，両者ともに「政府」という言葉で表現することによって伝えている。

　政府間関係をこのようにとらえると，そこに政治過程そして政策過程が成立する可能性が出てくる。国と地方はそれぞれに実現したい目標があり，それが対立する場合には衝突，説得，妥協があり，両立する場合には協力や援助がある。支配と服従に尽くしきれない多様な関係が中央政府と地方政府との間に生まれるのである。

　具体的には次のような状況が想定されている。たとえば，中央政府が政策をつくり，地方政府は単にこれを実施するというのではなく，地方政府の発案による政策が中央政府によって採用され，全国化されることがある。あるいは，地方政府が中央政府の意に反してある政策をつくったとき，中央政府の反対にあって，当該政策を途中で放棄する地方政府もあれば，継続させる地方政府もある。さらに，中央政府が政策をつくり，地方政府が実施するとき，地方政府は当該政策を中央政府の意図しなかった内容に変容させることもある。このようなとき，地方政府は中央政府に対して一定の影響力を行使したり，あるい

Column ④　中央と地方のゲーム

　秋月謙吾は関西国際空港の建設計画をめぐる運輸省と受け入れ先の地方政府の関係について，次のように述べている。「関西新空港計画を進行させるためには，地方政府の協力が不可欠であるという航空審議会の立場を運輸省は受け入れ，早くから『地元重視』の姿勢を明確化した。成田空港の建設は，地方政府の協力なしでは空港はなりたたないこと，初期の段階から協力を求めないかぎり，大きな犠牲を伴うことを運輸省に教えた」。「しかしもちろん，運輸省が地方政府に一方的に依存したわけでもない。地元が徐々に新空港で得るメリットに気づき，建設にコミットし始めると，両者の間には『国家のために必要な事業を受け入れ，国に造らせてやる』のか『地域のために空港を国が造ってやる』のか，の微妙なかけひきが始まる。運輸省は地元の支援と受け入れ態勢の強化を求め，地元は運輸省が周辺地域整備という『おみやげ』をどれだけ用意できるのか，を問題にした」（秋月，1988，pp. 13‐14）。運輸省は地元の受け入れ態勢が整わない限り空港建設を決定できず，そのためには地方政府による住民の説得活動に依存している。他方，地方政府は，新空港を地域内の経済格差の是正や「関西復権」のてこにしたいと考え，運輸省からできるだけ多くのものを引きだそうとしていた。地方政府は，経済活性化のための資源を運輸省に依存していたといえる。このような相互依存の関係のなかで，政府間関係という「ゲーム」は展開されたのである（第11章4節「中央地方の政策ネットワーク」を参照）。

は一定の対抗力を発揮しているということができる（村松，1988）。そうであれば，地方政府はどのような資源を，どのように用いたかなど，地方政府の活動を，利益集団の活動を分析するときと同じ観点から分析することが可能になるのである。ここに，政府間関係の政治過程そして政策過程が成立する可能性があるのである。

　ただし，政府間関係の政治過程は，他の政治過程がそうであるのと同様に，制度的な制約のない真空状態のなかで展開されるわけではない。むしろ，政府間関係の政治過程を規定する「ゲームのルール」は，

他の場合以上に、こと細かく決められている。政府間関係は、日本においては、憲法はもちろん地方自治法、地方財政法、地方税法、地方公務員法、公職選挙法など数多くの法律によって規定されているからである。

> **むすび**

以上は比較的最近になって提起された視点や発見である。これ以外にも、政治アクターが自己利益を追求するとしても、自己利益は所与のものではなく、発見あるいは形成されるものであるという指摘、政治アクターは物理的な利益だけでなく、理念をも追求するという指摘(アイディアの政治)など、いくつかある。いずれも、今後、掘り下げられるべき視点であるが、本章では以上にとどめておきたい。

【設　問】

1. 個人による政策決定と組織による政策決定とでは、どこが異なるのであろうか。
2. 組織はレパートリーをもつという。その意味を、具体的な例をあげて考えてみよう。
3. 組織過程モデルと組織内政治モデルにおける、構成単位の間の関係は、どのように異なるのだろうか。
4. 政策類型が異なれば、参加者が異なることが発見できたとして、この発見からさらに何を知ることができるのだろうか。
5. 政治は「ゲームのルール」のなかで行われる。しかし、同時に政治は「ゲームのルール」をつくる。政治と「ゲームのルール」はどのような関係にあるのだろうか。

第2章のキーワード

課題設定（アジェンダ・セッティング）　公職者および彼らと密接な関

係にある人々が，ある問題を公的に解決すべき課題として認識して，検討対象とすること。政策決定に先行することから「前決定」とも呼ばれる。

政策実施 公的な決定を経た政策が行政担当者によって実施されること。政策決定の後に続くことから「後決定」とも呼ばれる。

合理モデル 政策決定モデルのひとつ。その特徴は，単一の決定者がすべての選択肢を列挙，分析，結果予測をした後に政策を決定すると考える点にある。

満足モデル 政策決定モデルのひとつ。その特徴は，選択肢の検討は逐次的に行われ，「最善でなくとも満足できる」選択肢が選ばれると考える点にある。

漸増主義モデル 政策決定モデルのひとつ。その特徴は，検討される選択肢は現在採用されているものと大きくは違わないものであると考える点にある。

読書ガイド

大嶽秀夫『政策過程』東京大学出版会，1990年。
　政治過程に関する代表的な研究を，理論的な一貫性や貢献度などの観点から検討した，刺激に満ちた研究書。

ウィルダフスキー，A．(小島昭訳)『予算編成の政治学』勁草書房，1972年。
　一見地味にみえた予算の編成というテーマが，実は激しい交渉と取引の過程であることを世に示した研究書。

カルダー，K．(淑子カルダー訳)『自民党長期政権の研究』文藝春秋，1989年。
　自民党政権による政策決定の特徴を「危機とそれへの対応」という観点からとらえた研究書。

●引用文献●

秋月謙吾，1988「非ルーティン型政策と政府間関係(4)」『法学論叢』123巻

6号。

アリソン, G.T., 1977『決定の本質』(宮里政玄訳) 中央公論社。

岩井奉信, 1988『立法過程』東京大学出版会。

ウィルダフスキー, A., 1972『予算編成の政治学』(小島昭訳) 勁草書房。

大嶽秀夫, 1990『政策過程』東京大学出版会。

サイモン, H., 1965『経営行動』(松田武彦・高柳暁ほか訳) ダイヤモンド社。

佐藤満, 1986「T・J・ロウイの『権力の競技場』論」『法学論叢』121巻1号, 4号。

中野実, 1992『現代日本の政策過程』東京大学出版会。

西尾勝, 1990『行政学の基礎概念』東京大学出版会。

真渕勝, 1993「アメリカ政治学における『制度論』の復活」『思想』11月号, 岩波書店。

村松岐夫, 1988『地方自治』東京大学出版会。

リード, S., 1990『日本の政府間関係』(森田朗・新川達郎ほか訳) 木鐸社。

Lowi, T., 1964 "American Business, Public Policy, Case Studies, and Political Theory," *American Political Science Review.*

Nordlinger, E. A., 1981, *On the Autonomy of the Democratic State.*

第3章 課題設定・政策実施・政策評価

> 本章では、最初の2つの節において、政策決定過程に先行する課題設定過程および政策決定過程に続く政策実施過程について論じる。3節では、政策過程における「偶然」の要素を理論的に記述するゴミ缶モデルについて述べ、4節では、近年注目を浴びつつある政策評価について、簡単に触れる。

1 課題設定過程

　政策過程論は政策決定論として始まったことはすでに述べたとおりである。第1章であげた初期の研究をここでもう一度振り返ってみよう。ビアード（Beard, C. C.）は『アメリカ憲法の経済的解釈』(1913)において、アメリカ憲法は、銀行業、証券業、製造業、貿易・海運業の4つの利益集団の影響力のもとに、これら諸集団の妥協の産物として形成されたことを論証しようとした。オデガード（Odegard, P. H.）

は『圧力団体』(1928) において，反酒場同盟が禁酒法の成立に向けて，どのように組織を発展させ，どのような活動を展開したかを詳細に観察した。シャットシュナイダー (Schattschneider, E. E.) は，『政治，圧力および関税法』(1935) において，経済団体が関税法の成立のためにどのような圧力活動を展開したかを明らかにした。これらの研究に共通しているのは，現実に立法化の行われた政策を対象にして，それがたどった経緯を記述し，さらに説明していることにある。

ところが世の中には，このように立法化にこぎつけることなく，途中で何らかの理由で消えてしまうアイディアや提案が数多くある。さらに，そもそも政策決定過程の入り口にさえたどり着かない問題意識もあるだろう。現実に政策として決定されたものだけを対象とする政策決定過程論は，その意味で，政策過程という大きな氷山の水面上に姿を現している一角だけを見ていることになる。なぜある課題が政策的に対応すべき課題として政府によって認識されなかったか，どのような経緯で問題意識が「闇から闇に葬られた」のかを知ることは，ある政策がどのように決定されたのかを知ることと同じくらい重要である。**課題設定** 過程は，このような政策決定過程の入り口にあたる段階を研究することを目的にしている。

| 地域権力構造論争 |

課題設定過程の重要性は，政策過程論とはやや文脈の異なる研究領域における論争のなかで認識されるようになった。**地域権力構造論争** と呼ばれるのがそれである。第1章でも述べたが，少し詳しく説明しよう。

アメリカにおいて，ある地域（多くは都市）における権力構造，端的にはその地域を「誰が支配しているか」という問題に多くの研究者が関心をもった時期がある。結論は大きく2つに分かれた。一方はエリート主義，他方は多元主義と一般に呼ばれる。

ハンター (Hunter, F.) を代表とするエリート主義者は一握りのエリート，多くの場合は経済的なエリートがその地域の政治を牛耳っているとの結論を得た。その際に彼らが採用した調査方法が評判法であ

る。その地域において有力者との評判の高い人々を対象に一種のアンケート調査を行い、なかでもとりわけ有力な人は誰か、お互いに名前をあげさせるという方法である。その結果、ほんの一握りのエリートがその地域の支配者として浮かび上がってきたのである（Hunter, 1953）。

これに対して、ダール（Dahl, R.）やポルズビー（Polsby, N.）ら多元主義者は、このような評判にもとづく調査という方法自体に問題があり、したがって結論もまた信じがたいと論じた（ポルズビー、1981）。評判法が明らかにできるのは、「支配している人々」ではなく「支配していると考えられている人々」であり、人々の主観のなかにある権力構造にすぎないと論じたのである。評判法に代えて多元主義者が採用した方法は、争点法と呼ばれるものである。その地域で話題となった「重要な争点」を選び、その争点について誰が決定したかを丹念に調査する。そうすれば権力構造を客観的に明らかにすることができるはずである。このように主張して、多元主義者はいくつかの争点を選び、それぞれの政策決定過程を分析した。その結果、決定した人々は（市長を別にすれば）争点ごとに異なること、したがって権力構造は多元的であることが明らかになったのである（Dahl, 1961；ポルズビー、1981）。

非決定権力　論争はこれで終止符を打ったわけではない。今度はエリート主義者が多元主義者の調査方法の欠陥を指摘したからである。バクラックとバラッツ（Bachrach, P. and M. S. Baratz）は次のように論じた。多元主義者は具体的な争点を選んで、その決定に影響力をもった人々が誰かを調べた。しかし、問題はなぜそのような争点を選んだかである。その地域で大きな話題になったという意味で重要な争点であるという理由から選んだのであれば、争点を選ぶ段階で、地域の人々の主観が入っていることになる。調査の対象になったのは「重要だと考えられている争点」であって、「重要な争点」ではないかもしれない。エリート主義者の調査方法が

主観的であるというならば，まったく同じ理由で多元主義者の調査方法も主観的といわなければならない。さらに深刻なのは，多元主義者の選んだ争点は，実は「重要な争点」ではないかもしれないということである。隠れた支配者がその地域には隠然と存在し，彼らは「重要な争点」は話題にもされないように封じ込め，彼らにとって結果がどうなろうと痛くも痒くもない「安全な争点」が浮上することを許しているにすぎない可能性があるというわけである（Bachrach and Baratz, 1970）。

ここでバクラックとバラッツが提起したのが，第1章で論じた「**非決定権力**（nondecision power）」である。話題になった争点の決定過程を分析することによって明らかにされるのは「決定する権力」だけである。本当に重要なのは「決定させない権力」であり，そのような権力は，表面化した争点を調査することによっては析出できないと論じたのである。

非決定権力は，権力という概念の深さを感じさせる魅力的な概念である。しかし，それが実際にどのように行使されているかを経験的に明らかにするのは難しい。ある問題が争点として顕在化しないように押さえ込む力であるから，多くの場合，観察すべき対象そのものが存在しないことになるからである。しかし，このような障害をクリアした優れた研究もある。クレンソンの大気汚染に関する研究（Crenson, 1971）や大嶽秀夫の欠陥自動車問題に関する研究（大嶽, 1979）はその代表である。

権力構造を解明するためには非決定権力にこそ光を当てなければならないという主張は，実はマルクス主義の影響を強く受けている。「決定する権力」だけを問題にするのであれば，権力構造は多元的になり，大企業（集団）もまた政策決定に影響を及ぼす多くの政治アクターの一つにすぎないとの結論に到達する傾向があるのに対して，「決定させない権力」を問題にする論者は，大企業（集団）こそがその担い手であるとの結論に達する傾向があるからである。その意味で，

非決定権力は、政治過程というよりもむしろ政治体制を分析することを意図した概念であるといえる。

課題と課題設定　だが、このような意図を離れて、非決定権力の概念の提起した視点は、政策過程論に **課題設定** という新たな段階を追加することによって、その内容を豊かにすることになった。ある問題が、政府による解決を要する課題（agenda）として認識されるのはどのような場合かという問いかけが、政策過程論に新たに付け加えられたからである。

課題とは、コブとエルダーにならっていえば、「権威的意思決定者の積極的かつ真剣な考慮の対象となった一連の項目」である（Cobb and Elder, 1981）。そのなかには、公務員給与の改定などのように毎年検討される項目もあれば、所得税率の変更などのように定期的に取り上げられる項目もある。これらの項目は確かに課題ではあるが、そこに課題の「設定」という観念は成り立ちにくい。政府は積極的かつ真剣に検討することをなかば当然のことと考えているからである。**課題設定** が意味をもつのは、繰り返し取り上げられてきた項目やその延長線上にある項目（既存の政策の手直し）というよりもむしろ、政府がそれまで課題とは考えてこなかった「新しい項目」をめぐってである。すなわち、ある問題について、国民（の一部）が政府に積極的かつ真剣に対処してほしいと考えているのに対して、政府はまだそのようには考えていないという状況があるとき、このギャップを埋める過程として、課題設定過程が成立するのである。これとは逆の状況、すなわち政府は積極的かつ真剣に対処すべきであると考えているが、国民はそのようには考えていない状況があるときに、このギャップを埋める過程は政策決定過程としてとらえることができる。

課題設定 過程をこのように理解すると、研究の焦点は、「新しい項目」に対して政府が関心を向けるようになる条件、あるいは潜在的な争点を顕在化させる条件を探ることに向けられることになる。

争点の定義と再定義

課題設定過程が作動するためには，まず誰かが発案者として問題提起をしなければならない。自分に不利益をもたらしている政策の見直しを要求する，自己利益を増進するために新たな政策を要求する，公共の利益を図るためにある政策を提案するなど，発案者の動機は様々である。動機は何であれ，発案者は賛同者を得るために，自分たちの主張の正当性を他の人々に訴える必要がある。政府の関心を引きつけるためには，可能な限り多くの賛同者を集める方がよい。そのためにしばしばとられる方法は，自分の生活とは何の関係もないと考えて当該問題に無関心な人々に，実は密接な関わりがあることを認識させることである。ここで重要なことは，争点をどのように定義するかによって，関心をもつ人々の範囲が異なってくるということである（シャットシュナイダー，1972）。

身近な利益に訴えるときだけでなく，理念に訴えるときにも，争点をどのように定義するかは，関心をもつ人々の範囲に影響を及ぼす。たとえば，「コメの自由化」に反対する場合，食糧自給率を高めることによって国の安全保障を高める「食糧安全保障」を理由とする場合と，水田の保水機能に注目する「環境保護」を理由とする場合とでは，賛同する人はおそらく異なるだろう。

争点は定義されて初めて争点になるのであり，それ自体が客観的に存在しているというわけではない。したがって，一方の勢力が争点をある角度から定義することによって勢力の拡大をはかろうとすると，それとは意見を異にする勢力はまた別の角度から定義をすることで対抗するという状況が生まれる。こうして，争点の定義と再定義の応酬がなされる。多くの支持者を得るためには，人々の理性に訴えるだけでなく，感性に訴えることも重要である。

こうした応酬のなかで，いずれの勢力を支持するにせよ，関心をもつ人の範囲は広がっていく。マスメディアが報道を開始すれば，その範囲はさらに勢いをつけて拡大する。やがて，政府としてもその扱い

Column ⑤　マスメディアの課題設定能力

　石川真澄は，マスメディアが課題設定においてどの程度の役割を果たしているかを，「事件の発生」と「報道量」の時間的前後関係から検討している（石川，1990）。アメリカでは，石川の参照した研究によると，「ベトナム戦争，大学紛争，都市暴動といった様々なトピックに関して，プレスの報道のピークが，実際の出来事や争点のピークよりもかなり前にくる場合が多い」。これに対して，日本では，「報道量」のピークは事件の後にくる傾向があるという。ここから石川は，日本の新聞の伝える記事は課題設定の「能動性に欠け，実在する事象の受動的な反映である傾向が強い」と結論づけている。日本のマスメディアは，新しい問題を発見する能力が低いということができるだろう。

　その原因は，日本の新聞記者たちが，記者クラブを取材の足場にする，あるいは特定の政治家の担当記者（番記者）になるなどして，取材相手と密着していることにある。記者たちが「権力べったり」となっているというわけではないだろう。しかし，取材対象と良好な関係を築くことで情報を得るという方法が，記者たちの視点を有力政治家や官僚と似たものにしてしまい，記者たちから新たな課題を発見する能力を奪っているということができる。

を検討せざるをえない状況におかれるであろう。そうなれば，政府が最終的にどのような政策決定をするにせよ，**課題設定**は完了したことになる。

　課題設定過程は，争点の定義と再定義の応酬によって，多くの人々の関心を引きつけ，ついには政府をも巻き込む，「紛争の拡大」の過程であるといえる。「新しい項目」はこの過程を経て，政策決定過程にたどり着くのである。

2 政策実施過程

　次に、政策決定過程の後に続く政策実施過程に目を転じよう。

　政策は、決定された後、実行に移されなければ意味がない。たとえば、道路交通法が交通安全のために自動車の速度制限をしたとしても、制限速度を超えて運転しているドライバーを取り締まる行為がなければ、道路交通法を定めた意味がない。政策は、ある目的を実現するために、実施されることを前提にして決定される。

政策実施論の問題意識　だが、実施段階に入った政策が、その目的を達成できるかといえば、必ずしもそうではない。決定された政策が不十分にしか実施されない場合、あるいは実施されたとしても当初の政策目的とはかけ離れた結果を生む場合の方が、むしろ多いのではないだろうか。政策の目的と実施の結果の間には乖離が生じがちなのである。この乖離を「**実施のギャップ** (implementation gap)」と呼ぶ。政策実施研究はこのギャップが生まれるメカニズムを明らかにすることを目的としている。「実施のギャップ」はほとんどすべての場合、「実施の失敗」として現れるから、政策実施研究は「失敗の研究」である。最初の実施研究であるプレスマンとウィルダフスキーの『実施』(Pressman and Wildavsky, 1973) には「ワシントンにおける大いなる期待がオークランド市でいかにうち砕かれたか」という副題がつけられている。

　決定された政策はしばしば実施の段階で失敗するという着想はそれ自体、きわめて新鮮であり、刺激的である。政策実施過程は「さまざまな政治勢力や行政官僚制などが華々しく政治過程を展開する政策決定過程に比べると、ぐっと地味になる。……もっとも典型的な政策決定手続きである国会の審議は、テレビで中継されもする。しかし、政策実施の過程がマスコミに登場することはめったにない。たまにある

とすれば、事故が発生したり役人の汚職が発覚したりといった、何らかの問題が生じたときである。つまり、政策実施過程はうまくいってあたり前という認識がある」(今村ほか, 1996)。政策実施研究は、このように政策実施がうまくいくことが必ずしも当たり前ではないことを明確に指摘することによって、未開拓の研究領域があることを明らかにしたのである。

政策実施論のアイデンティティ

このような問題意識にもとづいて、多くの研究者が政策実施研究を開始した。そして、政策過程の一段階として実施過程があること、政策の研究をするからには実施過程まで視野に入れなければならないことについて、すでに合意ができているといってよい。しかしながら、現在、研究が活発に行われているかといえば、残念ながらそうではない。研究動向にも流行があるということなのであろうが、それ以上に、政策実施が独自の研究対象として成立しうるかという問い、すなわち政策実施論のアイデンティティの問題に直面したことに原因があるように思われる。

政策実施研究には大きく分けて2つの立場がある。いずれの立場をとるにしても、それを徹底させると、アイデンティティの危機に陥る可能性を秘めている。

第1の立場は、「実施のギャップ」が生じる原因として、政策の不完全さを強調する。

関係者の間で十分な合意を得られないままに政策決定がなされたとき、その政策に不満な者は実施の段階に入って、密かにあるいは公然と、当該政策を形骸化しようとすることがある。あるいは政策決定の段階での資金見積もりがずさんであったために、実施段階で資金不足に陥り、実施できなくなることもある。このように、政策それ自体に欠陥があるために政策目的が実現されず、実施のギャップが生じることがある。しかし、この立場を徹底させると、政策実施研究を独自の研究領域として定立することは難しくなる。「失敗」の原因は実施過

程にではなく政策の内容にあるという意味で、実施の問題は政策決定の問題に吸収されることになるからである。

第2の立場は、「実施のギャップ」が生じる原因として、実施過程における予想外の出来事を強調する。

この立場は、ある政策が決定されたとしても、それは、その後の実施過程において展開される関係者の間での交渉と取引の出発点であるにすぎないと考える。政策決定過程が交渉と取引の過程であるとすれば、政策実施過程もまた交渉と取引の過程である。決定過程と実施過程は連続しており、政策はその通過点にすぎないという言い方もできよう。決定された政策は、誰かの「願望」であるか複数の関係者の願望の複合物であり、実現が約束されていないものである。願望が表明された後、その実現に努力する人々と、それを阻止する人々の間で駆け引きが始まる。願望の中味を変形させようとする勢力も登場するだろう。その結果、願望はむしろその通りには実現されないことの方が多くなる。こうして、願望と結果の間に乖離、すなわち「実施のギャップ」が生じることになる。これはバルダックたちのとった方法である（Bardach, 1977）。しかし、この立場を徹底させると、政策実施研究を独自の研究領域として定立することはできなくなる。実施過程と決定過程は、いずれの過程においても関係者が自己利益の追求のために交渉と調整をしているという意味において、質的に同じものであるということになるからである。

どちらの立場をとるにしても、それを徹底させると、実施過程研究を独自の研究領域として確立することは難しくなる。これが、政策実施研究から一時の賑わいを失わせている原因であると考えられる。しかし、アイデンティティ問題をクリアする方法はまったくないわけではない。

> 予測を超える反応

政策実施論の第1のアイデンティティ問題をクリアするためには、決定された政策の完成度が高いことを前提にして、それにもかかわらず、政策目的が実現さ

れなかった場合を想定する必要がある。ある政策が,十分な資金的裏付けを与えられるとともに,関係者すべての同意を得て決定された場合を想定してみよう。彼らが同意を与えたのは,当該政策が生み出すであろう結果(アウトカム)を好ましいと考えた,あるいは少なくとも好ましくないものではないと考えたからである。関係者たちは,決定の段階で実施された結果を予測し,そのうえで,同意を与えたのである。政策の完成度は高いといってよい。

　さて,政策の結果は時間をかけて徐々に現れる。ところが,その途上で,関係者が考えもしなかった事態が生じることがある。また,予測した結果は生じたが,それがさらに予測しなかった事態を派生的に生み出すこともある。その結果,かつて政策を支持した者のなかから,支持を撤回する者が現れてくる。こうして,途中まで順調に進んでいた実施過程は,にわかに先行きがあやしくなる。道路建設であれば,建設途中で放置されてしまうような事態に立ち至るのである。

　政策の完成度が高いといっても,おのずから限度がある。その時々の技術や経験の蓄積によっては予測できない事態が発生したとき,その原因を政策の不完全さに求めるのは酷であり,現実的でもない。その原因は実施過程のなかにあるというべきであろう。このように,政策の完成度を測る基準を緩やかにすれば,実施過程研究は成立しうるということができる。

非政治的な障害物　政策実施論の第2のアイデンティティ問題をクリアする方法は,実施過程における予測を超える出来事として,「非政治的」なものを発見し,強調することであろう。政策決定過程が政治的な障害物を乗り越えて走る競技であるとすれば,政策実施過程は非政治的な障害物を乗り越えていく競技であるととらえるのである。障害物でつまずけば,当然,実施は順調には進まない。たとえば,ある公共施設の設計を請け負っていた民間企業の設計責任者が病気で入院する,あるいは役所の担当部署で人事異動が行われたが,事務の引き継ぎが個人的な理由で遅れることなどが,

ここでいう非政治的な障害物である。一つ一つの出来事は些細であっても，積み重なり，玉突き現象を起こせば，公共施設そのものが建設されないという事態もありうる。この場合，予測されなかった出来事は，関係者が施設建設に反対して抵抗したというような政治的な出来事ではなく，どちらかといえば些末な，非政治的な出来事である。このように政策決定過程における障害物とは質的に異なる障害物が実施過程にあり，それが「実施のギャップ」を生じさせたことが発見できれば，政策決定過程と区別される実施過程に「実施のギャップ」の原因があったと主張することができるだろう。政治的出来事と非政治的出来事の間の線引きに厳格さを要求しなければ，実施過程研究は成立しうるということになる。これはウィルダフスキーたちがとった方法である。

3 ゴミ缶モデル

　以上の記述は，次のような一連の流れを念頭においていた。すなわち，解決すべき課題が何であるかを確定し（**課題設定**），それを解決する複数の選択肢を検討した後，特定のものを政策として採択し（政策決定），最後にそれを実施する（政策実施）という流れである。しかし，現実の政策過程が常にこのような段階を順に追って進んでいるかといえば，必ずしもそうではない。とくに前の2つの関係，すなわち，課題を発見し，それを解決する方法を探すというとらえ方は，現実の姿を描ききっているとはいえない。

> 課題が先か，政策が先か？

　身近な例をあげてみよう。ある人がパーソナルコンピュータの購入を考えたとする。大量の文書をつくる必要があり，その作業をスピーディにするためにパソコンの購入を思いたったのである。この場合，大量の文書の作成が「課題」であり，パソコンの購入が「政策」

である。課題があり，そして政策があるという順序になっている。しかし，この逆の場合もまたある。理由もなく流行だからということでパソコンを購入する。そして，その後で利用方法を考えるということがある。パソコンを使えば解決することは何かと，探し始めるのである。この場合，先に「政策」があり，その後に「課題」が続くという順序になっている。課題が政策を探しているのではなく，政策が課題を探しているのである。

第2章では，政策決定についてのいくつかの見方を紹介した。合理モデルや組織過程モデルでは「課題」は一義的に決められる，あるいは決められていると考えた。組織内政治モデルは，アクターによって「課題」のとらえ方は違うと考えた。このような違いはあるが，まず「課題」があり，その後に「政策」が続くという前提を立てている点では共通している。しかし，現実には，「政策」が「課題」に先行することがある。すでに紹介したいくつかのモデルによってさえ，とらえきれない現実がここにあるのである。どのように理解すればよいのだろうか。

手がかりを与えてくれるのは，マーチ（March, J.）らの提唱した「ゴミ缶モデル」である（March and Olsen, 1976；Cohen and March, 1974）。奇妙な名称の由来は最後に説明するとして，そのねらいを要約していえば，第1にそれ以前の政策決定論が暗黙の前提としていたことに疑問を呈し，その前提を覆して新たな前提を立てること，第2にそのうえで政策決定に対する別の見方を提示することにあった。

組織化された無秩序　「ゴミ缶モデル」は，政策決定の前提として次の3つを立てる。

第1は，政策決定の参加者の「選好」は不確かであるという前提である。

政策決定に対する従来の見方は，政策決定に加わっている人々は，自分が何をしたいのか，どのような状態を好ましいと考えるのかについて，明確な見通しをもっているという前提を立ててきた。しかし，

はたしてそれは正しいといえるのだろうか。自分が何をしたいのかよくわからないまま，会議に出席し，他人の意見を聞きながら，自分のしたいことが段々とわかってくるということの方が，多いのではないだろうか。いや，場合によっては，最後までわからないままの参加者もいるだろう。政策決定の場に入る前に参加者は選好を決めているというよりも，決定の場に入ってから選好を決めることの方が多く，それすらもできないということもある。政策決定の参加者の選好は不確かなのである。

　第2は，政策決定の参加者のもっている知識や情報は不確かであるという前提である。

　政策決定に対する従来の見方は，政策決定に加わっている人々は，何が課題なのか，それを解決するにはどのような選択肢があるのか，そしてそれぞれの選択肢を採用するとどのような結果が生じるのかについて，明確な見通しをもっている（そのうえで，自らの選好に照らして特定の政策を選択する）という前提を立ててきた。しかし，はたしてそれは本当なのだろうか。参加者のなかには，課題となっていることについて十分な知識をもたない者もいる。何が課題になっているかを理解していても，どのような解決策がありうるのかについて多くを知らない者もいる。それぞれの解決策がどのような結果を生むか知っている人はさらに少なくなるだろう。断片的な知識と一面的な情報を手がかりにして，人々は議論している。参加者のもっている知識や情報は不確かなのである。

　第3は，政策決定への参加は流動的であるという前提である。

　政策決定に対する従来の見方は，政策決定に加わる人の範囲はあらかじめ固定的に決められ，それぞれの参加者はいつも同じ程度に熱心に参加するという前提を立てている。しかし，はたしてそれは本当なのだろうか。同じ課題について議論していても，ある日の会議と1週間前の会議とでは参加者が異なるということは，しばしばある。同じ参加者でも，元気よく発言する日もあれば，他に考え事をしているた

めにほとんど発言しない日もある。政策決定の参加者は入れ替わり，参加の程度もまた変化するのである。

　要するに，参加者はあらかじめ決まっており，それぞれが一定の選好をもち，どのような選択肢を採用すればその選好が満たされるかを知っているという前提が，従来の政策決定論にはある。しかし，現実は必ずしもそのようにはなっていない。何をしたいのかはっきりとはわからず，どうすればよいのかもわからないまま，さまざまな人が出たり入ったりするなかで，政策決定は行われることがあるのである。このような状況を総括して，マーチたちは「組織化された無秩序」と名づけた。

　「組織化された」という形容詞と「無秩序」という名詞は，意味するところが反対である。一方において，選好の不確かさ，知識・情報の不確かさ，参加の流動性の程度が高まれば，「無秩序」に力点がおかれる。他方において，その程度が低ければ「組織化された」に力点がおかれる。このように，2つの両極端の状況を想定することが一応できる。しかし，現実は両極端の間のどこかにある。それはケースバイケースという他はない。「組織化された無秩序」という矛盾した表現は，このような現実の多様性，あるいは広がりを伝えようとしているのである。

偶然に左右される政策決定

　次に，「組織化された無秩序」の状況における政策決定の特徴を，第2の前提，知識・情報の不確かさに注目して，描いてみよう。結論からいえば，政策決定は偶然に左右されるところが大きいというところにある。

　知識・情報の不確かさがもっとも明瞭に現れるのは，因果関係に関することである。ある政策を採用すれば，それが目指す課題を解決できるのかどうかについて確定的な答えを出すことは非常に難しい。しかし，それと同時に，その政策を採用しても，課題がまったく解決されないと論じることも同じくらいに難しい。解決されないかもしれな

いが，解決される可能性もゼロではないからである。このことは，「政策」と「課題」の結びつきは弱いが，そうかといって，まったく無関係というわけでもないことを意味している。角度を変えていえば，政策はどのような課題とも，ゆるやかにではあるが，結びつく可能性があるということである。当初，課題Xのために構想されていた政策Aは，別の課題Yとも結びつくかもしれないのである。

　たとえば，膨大な累積赤字を抱える国鉄の改革のために構想された「民営化」という政策は，経営が順調に行われている電電公社にも当てはめられるようになる。「民営化→国鉄の抱える課題の解決」という因果関係が電電公社にも当てはめられ，「民営化→電電公社の抱える課題の解決」という因果関係が構想されるのである。ひとたび民営化という政策が人気を得ると，他の分野にも適用されるようになるという言い方ができるだろう。もう少し厳密にいうと，電電公社の抱えている数ある課題のうち，民営化によって解決するであろう課題がクローズアップされ，そのうえで民営化という政策が適切であると唱えられるのである。

　「課題」が「政策」を探すというよりも，「政策」が「課題」を探すと先に述べたのは，このようなメカニズムをさしてのことであった。「政策」と「課題」の結びつきはゆるやかであり，様々な政策は様々な課題と結びつく可能性がある。このようなことが生じるのは，因果関係に関するわれわれの知識が限られているからである。

　以上は第2の前提にもとづく議論であるが，これに第1の前提である選好の不確かさ，第3の前提である参加の流動性を加えると，「課題」と「政策」の結びつきは，いっそうゆるやかになる。何をしたいのかがはっきりとわかっていないとき，人は，多くの人が推薦する方法に，それがどのような結果をもたらすかを深く考えることもなく，飛びつくことがある。そうすることによって，課題解決に取り組んだという姿勢を他人に示し，自分でも納得することができるからである（選好の不確かさ）。ある人が会議に出席していたら，このような結果

にはならなかっただろうという場面が現実にはしばしばある。「課題」と「政策」の結びつきは、その場その場の雰囲気で決まってしまうことがあるからである（参加の流動性）。

「政策」と「課題」が因果関係という内在的な論理によって結合されるわけではないとすれば、実際に、ある課題の解決のため特定の政策が採用されるのは、誰が決定に参加したか、どのような政策が一般的に支持されているかなど、偶然の要素に大きく左右されることになる。

いろいろな参加者が政策決定の場に入ったり、出たりしている。ある者は、そこで特定の課題を提起する。他の者は特定の政策を提唱する。政策決定は、様々な参加者が政策決定の場に投げ込んだ課題と政策とが、何らかの理由で結合したときに、行われる。「ゴミ缶モデル」という名称は、政策決定の場を「ゴミ缶」に見立て、そこに適当に投げ込まれる課題や政策を「ゴミ」にたとえていることから、来ている。政策決定が雑然と、あるいは無秩序に行われていることを伝えようとしているのである。

最後に大急ぎで付け加える。「組織化された無秩序」においてすべての政策決定が偶然に振り回されているというわけではない。すでに述べたように、「組織化された無秩序」には幅がある。「無秩序」に力点のある状況では、偶然の占める比重は高まるが、「組織化」に比重のある状況では、偶然の占める比重は下がり、予測可能性が高まるのである。現実はこの間のどこかにある。

ちなみに、ゴミ缶モデルは、大学の観察を通じてつくられたモデルである。

4 政策評価

最後に、近年、その重要性が改めて指摘されるようになっている

政策評価について，簡単に述べておく。

実施された政策は，最後に評価を受けて，次の時点で政策の形成に役立てられる。そこにはフィードバックという営みがある。期待された効果はあったが，不十分であると評価されれば，追加的な資金が投入されることになるかもしれない。期待された効果がほとんど現れなかったならば，その政策は破棄されることになるだろう。期待された効果は現れたが，同時に予期しなかった好ましくない効果が生じた場合も，その政策は破棄した方がよいと判断されるかもしれない。こうして，政策実施と政策決定とは，政策評価によって連結され，政策過程のサイクルが完結する。

しかし，以上の記述は，政策過程の実態を描いているというよりも，むしろあるべき理想を描いているという側面が強い。現実には，政策が実施されても，実施されたまま放置され，次の段階の政策決定に役立てられることは，多くはないからである。

政策評価論は，このようになおざりにされてきた政策評価をより重視することを要求する。その意味で，決定論や実施論とは異なり，分析的・記述的な議論というよりも，規範的な議論である。

政策評価論の主張の概要をいくつか述べておこう。

アウトカム重視　政策の成果を評価する場合に，インプット指標，アウトプット指標およびアウトカム指標という3つの指標を考えることができる。インプット指標は，たとえばボランティア活動を支援する予算を何億円増額したかなど，政府の活動を投入された資金や人員で表示するものである。アウトプット指標は，ボランティア活動支援のための講習が何回開かれたか，あるいは受講生は何人であったかなど，政府の活動を作業結果として表示するものである。アウトカム指標は，講習受講生のうち実際にボランティア活動に参加した人は何人であったかなど，政府の活動を成果として表示するものである。

政策評価は，3つの指標のうち，アウトカム指標を重視する。政府

がボランティア育成のために資金をつぎ込もうと,講習に一人の参加者も来ないことはある。かりに何百,何千と参加者が来ても,そこから誰一人ボランティア活動に従事する者が現れないこともある。次の政策決定において参照されるべき情報は,いくら資金を投入したかでもなければ,何人講習に参加したかでもなく,何人ボランティアが育ったかである。政策評価はアウトカムに注目して行われなければならない。

目的 - 手段の連鎖 政策は単独で存在するものではない。たとえば,地域経済の活性化という大きな政策があり,これを実現するために,地元中小企業の育成,ハイテク産業の誘致,情報通信インフラの整備などの中くらいの政策がある。そして,地元中小企業の育成のためには,低利融資制度や融資保証制度の導入,人材育成センターや工業試験所の設置,展示会の開催など小さい政策がある。政策の単位を上から,政策―施策―事業と呼ぶとすれば,これらは目的 - 手段の関係におかれ,全体として階層構造をつくっていると考えることができる。

事業の成果は一つ上のレベルの施策との関連において,施策の成果は政策との関連において,評価されなければならない。

情報公開 政策評価の内容は公開されなければならない。一方で,政策評価を効率的に行えるのは,その政策をつくり,実施している担当者たちである。他方で,担当者による評価は,自己満足に陥りやすい。したがって,一般市民(国民)自らが政策評価を行えないとしても,その結果は広く公開され,批判的に検討される機会を設ける必要がある。

以上の主張は,すべてそれ自体は正当なものである。しかし,正当な主張がこれまでも必ずしも実行に移されなかったことにも,それなりの理由がある。

第1に,あらゆる政策(事業)で適切なアウトカム指標を作成でき

Column ⑥ 自治体における行政評価の試み

　現在，地方自治体が競って行政評価の仕組みを導入しようとしている。先陣を切ったのは都道府県である。たとえば，三重県の「事務事業評価システム」はすべての事務事業を対象にして，その成果を測定する指標を作成し，それをもとに事業評価をしようとするものである。同様の試みは静岡県でも早い時期になされた。また，北海道の「時のアセスメント」は大型プロジェクトを対象にして，予算化されていながら長期間着工されていないものについて中止を含めて再評価しようとするものである。この試みは，1998年から国レベルでも導入されている。

　現状において，自治体による行政評価の仕組みは，客観的・体系的な分析に支えられたシステムとして作動しているというよりも，公務員の意識改革のためのきっかけとなっているようである。また，行政評価の結果，当該事業が民間委託あるいは民営化される可能性は必ずしも考慮に入れられていない。その意味で，行政評価は今のところ，自己防衛的な意識改革という側面があるように思われる。

るかどうかは疑問である。ある政策（事業）の成果を特定のアウトカム指標だけで評価しようとすると，現場の役人（第一線公務員，第10章参照）は，その指標の数値を伸ばすことだけに関心をもつようになり，事業全体がいびつになるおそれがある。第2に，無数の政策を階層構造として相互に関連づけられるかどうかは疑問である。ある事業は，Xという施策の手段であると同時に，Yという施策の手段でもある，ということは多々ある。そうなれば，階層構造は錯綜し，因果関係を確定することはきわめて困難になる。第3に，政策評価の結果を一般に開放して，市民（国民）の検討に委ねるとき，議会の役割を軽んじることにならないかという疑問がある。

　このような疑問は，政策評価そのものの意義を否定するものではない。それが定着していくために乗り越えなければならない問題があることを指摘しているのである。

> むすび

本章では，政策過程のうち，政策決定過程に前後する段階を論じた。どの段階も，政策決定過程論に比べて，研究の歴史は浅い。それだけに，様々な主張がなされ，多くの論点がある。本章で論じたのは骨格にあたる部分だけである。

【設　問】

1. 争点の定義の仕方によって参加者が変わってくる，そのような例を考えてみよう。
2. 政策実施を，政策決定から切り離してとらえることによって，何がみえてくるのだろうか。
3. 「政策が課題を探す」とはどういう意味であろうか？
4. 近年，行政評価の重要性が強調されるようになったのはどのような理由からであろうか？

> 第3章のキーワード

地域権力構造論争　アメリカの地域社会の権力構造をめぐる，地域社会の少数のエリートが権力を掌握しているとする立場と，政策領域ごとに影響力をもつエリートは異なるとする立場との間の論争。

非決定権力　ある問題が課題設定にのぼる以前に，それを潰すために働く力。決定する権力と対比して「権力の第二の顔」とも呼ばれる。

実施のギャップ　政策が決定された時点で表明された政策目的とその政策を実施した結果との間のギャップのこと。このギャップの発生原因を特定することが政策実施研究の目的である。

ゴミ缶モデル　政策過程を課題，政策，参加者という3つの独立した「流れ」からとらえ，決定はこれらの「流れ」の合流とみる考え方。

政策評価　実施された政策が，所期の政策目標を実現したか否か，ど

の程度実現したかを評価すること。

読書ガイド

大嶽秀夫『現代日本の政治権力経済権力』（増補新版）三一書房，1996年。
「非決定権力」はどのように行使されるかを，事例をもとに，鮮明に描き出した研究書。

西尾勝『行政の活動』日本放送出版協会，1992年。
行政機関と行政官の行動を，おもに政策実施過程に焦点をあてて，明瞭に論じた教科書。

上山信一『行政評価の時代』NTT出版，1998年。
行政評価を効果的に行うための方法を平明に述べた解説書。

●引用文献●

石川真澄，1990「メディア―権力への影響力と権力からの影響力」『レヴァイアサン』7号，木鐸社。

今村都南雄ほか，1996『行政学』北樹出版。

大嶽秀夫，1979『現代日本の政治権力経済権力』三一書房。

シャットシュナイダー，E.E.，1972『半主権人民』（内山秀夫訳）而立書房。

ポルズビー，N.，1981『コミュニティの権力と政治』（秋元律郎監訳）早稲田大学出版部。

笠京子，1988「政策決定過程における『前決定』概念」『法学論叢』123巻4号。

Bachrach, P. and M. Baratz, 1970, *Power and Poverty*.

Bardach, E., 1977, *The Implementation Game*.

Cobb, R. W. and C. D. Elder, 1981, "Communication and Public Policy," in Nimmo, D. and K. Standers eds., *Handbook of Political Communications*.

Cohen, M. D. and J. G. March, 1974, *Leadership and Ambiguity*.

Crenson, M. A., 1971, *The Un-Politics of Air Polution.*
Dahl, R., 1961, *Who Governs?*
Hunter, F., 1953, *Community Power Structure.*
Kingdon, J., 1984, *Agenda, Alternatives, and Public Policies.*
March, J. and J. Olsen, 1976, *Ambiguity and Choice in Organization.*
Pressman, J. and A.Wildavsky, 1973, *Implementaion.*

第Ⅱ部　政治過程における個人

第4章 政治システムと個人

> 本章では，民主主義的政治システム（デモクラシー）を支える個人とはどのような存在か，という問題意識から進められた心理学と政治学の境界領域にあたる研究を概観し，近年の研究までも視野に入れて，政治システムと一般市民の関係について考えてみたい。

　「政治過程における個人」といったときに多くの人が思い浮かべるのは，政治家や高級官僚といった政治的エリートであろう。第1章1節の「伝統的政治学と政治過程論の登場」でみたように，政治過程論の登場によっても，しばらくはその主役は政党や利益集団といった政治的エリートであった。だが，20世紀初頭の普通選挙権の普及による大衆社会の出現，また20世紀の第2四半世紀における全体主義の台頭など，大衆動員による政治の激変を目の当たりにして，一般大衆（mass public）も政治学の重要な分析対象になったのである。

　この第Ⅱ部の「政治過程における個人」として，政治過程と一般市

民の関わり方を考えてみよう。本章（第4章）では政治システムと個人，また一般国民の政治的態度を考え，次章（第5章）では選挙と投票行動について述べ，第6章では選挙制度と政治参加について考える。

デモクラシーは非西欧社会に可能か？

古代ギリシアで生まれ，西欧社会で発達したデモクラシーが，非西欧文化圏の国の政治システムとして根づくかという問題は，非西欧諸国の国民にとって，大きな問題である。民主主義はそれを支える国民の意識やその社会に根づく文化と密接に関わっていると，考えられているからである。

たとえば，第2次世界大戦後のほぼ30年間にわたる時期に，非西欧文化圏においてデモクラシーが成功していると思われたのは，日本だけであった。その意味では，日本は民主主義の実験としても重要な意味合いをもっていた。しかしながら，1990年代後半以降，日本は政治のあり方にも経済状況にも大きな問題を抱えながら解決できない状態が続いている。はたして，戦後の日本は機能しうるデモクラシーを獲得したといえるのであろうか。また，近年におけるアジア経済の発展のなかで，シンガポールやマレーシアは，「柔らかい権威主義（soft-authoritarianism）」を提唱して，経済発展途上の東アジアや東南アジアでは西欧型の自由民主主義（liberal democracy）よりも有効な政治体制だと主張していた。

はたして，日本をはじめとするアジア諸国の社会や文化には，西欧のデモクラシーは本質的に相容れないのだろうか。実は，これは政治学において重要な研究課題である。近年のハンチントン（Huntington, S. P.）の著作『文明の衝突』(1998)もこのような問題意識の表れといえよう。

これらの問いに対する答えは容易に出てきそうもない。しかし，その問題を解く糸口を提供するものとして，政治システムとそれを支える個人の関係に関する研究（政治文化論，世論，投票行動などの研究）が行われてきた。

1 デモクラシーとパーソナリティ

　まず、どのような流れで、一般大衆である個々人が、政治過程論の分析対象になったかを考えてみよう。政治学者は常にデモクラシーを意識して、民主主義的な政治システムと個人の関係を意識してきたように思われる。

一般大衆の登場とデモクラシー　すでに第1章1節「政治過程論」で述べたように、伝統的な政治学の立場では公式の政治制度や政府機関の研究が主だったが、19世紀末から20世紀初頭にかけて政治過程研究が開始されると、政党や圧力団体に続いて、20世紀中頃には一般大衆も政治学の研究対象になっていった。その理由としては、おもに2つの要因が考えられる。

　第1には、1920年代前後の西欧先進民主主義国における普通選挙権の普及によって政治過程に参加する一般大衆の数が倍増したことである。だが、第2のより重大な要因は、20世紀前半の全体主義的運動の出現であろう。ナチズムなどによる大衆動員の結果がデモクラシーの崩壊につながったことから、一般大衆が分析対象になったのである。すなわち、エリートを中心とした近代市民社会から、大衆の存在が政治のあり方に大きなインパクトをもつ現代大衆社会に移行したことが明らかになったのである。さらに第2次世界大戦後は、一般大衆が政治においてより重要な役割を演じるようになった。

行動科学革命の出現　さらに、政治過程論において一般大衆が研究対象になった第3の要因は、20世紀中葉の行動科学革命（behavioral revolution）の進展であろう。行動科学主義（behavioralism）では、どのような社会現象を説明するにも、社会の最小単位である個々の人間にまで還元し、個々の人間の行動パターンを分析し、その行動の動機となる心理的メカニズムを解明すれば、必ず

科学的にその社会現象の説明が可能であるという立場をとる。その意味で，行動科学革命がまず心理学において起こったのは当然であった。ついで1950年代から60年代には，行動科学革命は政治学へと広がり，一般大衆，すなわち「個人」が政治過程の分析の重要な対象として登場したのである。

> **権威主義的性格の研究
> ：ナチズムへの反動**

このように，一般大衆を政治過程論の主要な分析対象とするに至ったのは，大衆デモクラシー時代の到来と，行動科学的な学問潮流の出現によると考えられる。前者が，ナチズムに代表される全体主義に対抗する自由民主主義のイデオロギーによって促進され，後者がナチから逃れてアメリカに亡命した研究者たちによって推進されたことを考えると，20世紀のナチズムの運動は逆説的に大きなインパクトをデモクラシー研究に与えたといえる。

第 2 次世界大戦後，なぜ特定の国民全体が全体主義運動に傾倒していったのかは大きな疑問として残り，とくに心理学および社会学では，ある特定の心理的特徴をもつ社会集団が全体主義運動に惹かれやすいのかという研究が盛んになった。日本でも広く読まれてきたフロム（Fromm, E.）の『自由からの逃走』（1951）も，そのような研究関心から書かれたものである。フロムは「社会的性格」という概念を用いて，ナチズムの運動に屈した人々の社会的性格が権威主義的性格とみなせるという見解を示した。ただし，フロムの研究は，権威主義的性格を精神分析手法により分析してみせるものであり，実証的な心理学の手法により測定していたわけではなかった。

これに対し，アドルノ（Adorno, T. W.）は心理学的に権威主義的性格を測定する一連の質問項目を設計し，F尺度（Fascism Scale）と名付け，実証的に権威主義的性格を測定した（1980）。そこでは，ドイツの学校や家庭での厳しいしつけが権威主義的性格の形成に影響を及ぼしているという見方が示されている。この議論を強力に進めれば，ある特定の国民やある特定の社会集団は権威主義的な性格をもち，全

体主義的な政治運動に傾斜する可能性が強いことになる。

しかし、権威主義的な性格などの社会的性格と呼ばれるものが、個人の特徴を表すものとしてとらえるのか、特定の社会集団や国民の特徴を表すものとしてとらえるのかによって、その政治的な意味合いは著しく変わってこよう。その後のミルグラム (Milgram, S.) の権威主義的性格の心理学的実験研究は、それまでの研究とは異なる視点を提供した (1974)。ミルグラムは心理学的実験を行い、ごく一般的な人々も、ある一定の環境におかれると権威に服従して非人道的な行為をも行いうる可能性を示した。これは、どのような一般的な個人でも全体主義運動に陥る可能性があることを意味している。

先のフロムやアドルノらの議論にしたがえば、第2次世界大戦時のドイツ、イタリア、日本において権威主義的性格をもつ人々が多かったから、これらの国でナチズムやファッシズムなどの全体主義的な政治運動が盛んになったのだということになる。しかし、ミルグラムの心理学的実験研究は、ある特定の政治システム（たとえば権威主義的な政治システム）がある特定の社会的性格（たとえば、権威主義的性格）をもっている人々によって形成され支持されるとは言い切れないということを示唆していよう。だとすれば、政治システムと個人の関係は、社会的性格という研究アプローチからではなく、他のアプローチから分析することが重要になるのではないだろうか。

政治的指導者の心理分析

もし、ナチズムの勃興が、ドイツ国民の権威主義的性格によるものでないとしたら、次の可能性として、ナチの指導者ヒットラーの特異な性格があのような全体主義的な政治運動を導いたと考えることができるかもしれない。事実、そのような関心からヒットラーの心理分析をした研究もある（ランガー、1974）。

ただし、この精神分析と政治学の融合の試みは歴史的には古く、ラスウェル (Lasswell, H. D.) の著作『精神病理学と政治』(1930) にさかのぼることができる。その後も、この研究の系譜は、レーン

(Lane, R.)に受け継がれるが、レーンは一般市民の政治意識を深層的に分析しており、政治的指導者を対象とはしていない(1962)。それに対し、レーンの弟子のグリーンスタイン (Greenstein, F. I.) は、総合的に「パーソナリティと政治」の問題を取り上げ、そのなかでは大統領の心理分析など、政治的指導者の心理分析も扱っている (1975, 1979)。

確かに、政治的指導者が国家の政策決定ならびに意思決定をする場合、どのような心理的なメカニズムで決定を下すのかといった関心は、当然、政治学を研究する者には湧いてくるだろう。その意味では、外交政策の研究において政治的指導者の政策決定過程の心理に関する分析が行われてきたのも研究の当然の流れであり、近年にもその成果が出てきている (George, et al., 1989, 1998)。

しかしながら、グリーンスタイン以降、1980年代に入ると政治行動論の分野では、政治的指導者の心理分析の研究は激減した。その理由として考えられるのは、政治学者がより科学的で厳密な方法論を使うようになると、特定の政治的指導者のある特定の状況での意思決定を、予測したり説明することがきわめて困難になってきたからであろう（政治的リーダーシップに関する研究の系譜は、第12章「執政集団とリーダーシップ」を参照)。

たとえば、1962年のキューバ危機の際にケネディ米国大統領が、キューバへミサイル輸送をしていたソ連船を海上封鎖によって阻止するという決定を下したことや、1991年の中東における湾岸戦争の際にブッシュ米国大統領がイラクを攻撃すると意思決定をしたことは、それぞれの大統領の幼少期からの経験や性格をいくら詳しく分析したとしても、十分には説明できないだろう。なぜケネディ大統領が1962年のある時点で強硬な姿勢でソ連と対決することを決意したのかを説明するには、彼のパーソナリティを調べるよりも、どのような組織のなかでは、どのような行動を指導者はとらざるを得ないのかということを、普遍的な理論から説明する方が、より満足のいく説明ができるだろう。その成功例の典型がアリソン (Allison, G.T.) の『決定の本質』(1977)

Column ⑦ 個別的事象の説明 vs. 一般的パターンの説明

　科学的な説明では，政治現象の大まかな傾向は説明できたり，予測できるが，特定のリーダーのある時点での行動を予測したり，なぜそのような行動をとったかという理由を科学的に説明することはむずかしい。自然現象の説明を比喩として用いてみよう。たとえば，1立方メートルの容器内に一定の気圧，湿度，温度の酸素を入れておいて，温度を10度上げて10秒後には，その容器内の酸素分子の運動量が全体としてどのくらい増し，個々の分子間の距離が平均でどのくらいに広がっているのかは，今日の自然科学では正確にわかっている。しかし，ある1つの特定の酸素分子が10秒後にどの位置に存在しているかは，正確には予測しえないだろう（隣の分子にぶつかるなど偶然の要素が多すぎる）。

　それと同じように，ある状況（たとえば，経済不況）下で一般に国民がどのような不満をもつかということは，今日の政治学ではかなりわかってきている。しかし，ある政治指導者がある時点である行動をなぜとったのかという説明，もしくは1ヵ月後にどのような行動をとるだろうかを予測することは，科学的にはきわめて困難である。

　そのような予測は，ある政治家の心理学的な特徴を綿密に調べたとしても，困難であろう。それよりも，一般に政治的指導者はある一定の条件下では，ある一定の範囲でしか行動できないというパターンを知ることの方が，科学的な予測に近づくことになる。科学的な政治学研究とは，そのような考え方にもとづいている研究方法なのである。

である（第12章4節の「野心とスタイルの源」を参照。またアリソンの業績については，第2章2節「組織による政策決定」，および第13章4節「対外政策の国内政治過程」でも紹介している）。

政治学におけるパーソナリティ研究の衰退　一般国民に関する，「政治とパーソナリティ」の研究は1960年代以降にはアメリカの政治学においては衰退していった。それはなぜなのだろうか。一般に，ある学問分野のなかである種の研究が盛んになり，あるタイプの研究がすたれていく状況は，一種の流行の移り変わりと

似た現象であり，その理由は学術的には特定しにくい。それぞれの学問領域に支配的なパラダイム（ある学問領域において研究者の世界で共有されている科学認識の体系，もしくは公理や理論の体系）の形成や転換には，純粋に学術的な理由だけでなく，そのときの社会状況や，指導的な研究者たちの間に共有されている価値観（何が重要な研究かという価値観）も，かかわっているからである（クーン，1971）。

しかし，第2次世界大戦後のアメリカにおける社会科学の大きな流れを考えれば，政治学におけるパーソナリティ研究が衰退した理由をある程度は推測できよう。第1の理由として考えられるのは，デモクラシーの進展である。1960年代に入るとデモクラシーが西欧と北米においては定着し，全体主義的な運動の脅威が低下したために，権威主義的パーソナリティ研究への関心が薄らいだのである。同時に，西欧と北米はソビエト連邦を中心とする社会主義諸国との対立が厳しくなって，政治学者の関心も徐々にナチズムを生んだ国民のパーソナリティの研究よりも，東西対立の冷戦構造へと関心が移っていった。

第2の理由は，アメリカの社会科学の各領域において行動科学革命が起きたことであろう。まず，フロムのように政治事象を精神分析的な方法で解釈するという研究は，実証的データによる仮説の検証が可能ではない（反証可能ではない）ために，行動科学的な政治学のなかでは重視されなくなっていった。さらに，すでに述べたように，行動科学主義は人間行動についての数多くの事例のなかから一般的なパターンを抽出して理論構築をするという方法論を強調したので，心理学的な実験よりも社会心理学的な大規模データから理論を構築する世論調査法が重視された。したがって，ミルグラムのような実験的な研究方法よりも，大規模サンプルを扱う世論調査法が政治学では重視されるようになったのである。

第3の理由は，上記2つの理由の双方に関係している。デモクラシーがどのような条件下で発展可能なのか，またデモクラシーが西欧以外の世界でも普及可能なのかという問いに対する関心は，政治学者

の間で高まった。第2次世界大戦後のアメリカ政治学者たちのアメリカン・デモクラシーに対する自信の高まりとともに，デモクラシーがなぜアメリカにおいて成功しているのか，またどういう条件下ではデモクラシーが定着しうるのかという研究に関心がむき始めたのである。それは，第1の関心とは裏返しであり，ナチズムが生まれた「失敗の条件」ではなく，デモクラシーが生まれる「成功の条件」を探ろうとし始めたのである。さらに，それらの研究の方法論として行動科学的方法論が導入された結果，どのような社会経済的要因もしくは社会文化的要因と，どのような政治システムがうまく適合するのかという，より普遍的な理論の構築に関心が向かったのだと思われる。

このようにして，政治学においてはパーソナリティの研究は減少し，政治システムを意識したより政治学的な研究が増加することになったのである。

2 政治システムを支える個人

システム・アプローチの出現

アメリカの多くの政治学者が，行動科学的な視点から政治システムと個人の問題を研究の中心に据えた背景には，いかにすれば多元的なデモクラシーを達成できるのかという問題意識があったと考えられる。

政治システムの概念を最も精緻に理論化したのはイーストン (Easton, D.) である (1968, 1976, 1980)。イーストンの政治システム理論をもとに，政治システムの概念を示したものが図4-1である。ここでは，政府を取りまく政策決定を行う場（アリーナ）を政策決定機構とし（イーストンは，これを政治システムと呼んだが，政治システムはこの図全体を示すと考えた方がわかりやすい），政策決定機構へは国民からの要求 (demands) と支持 (support) が入力 (input) されて，政策が

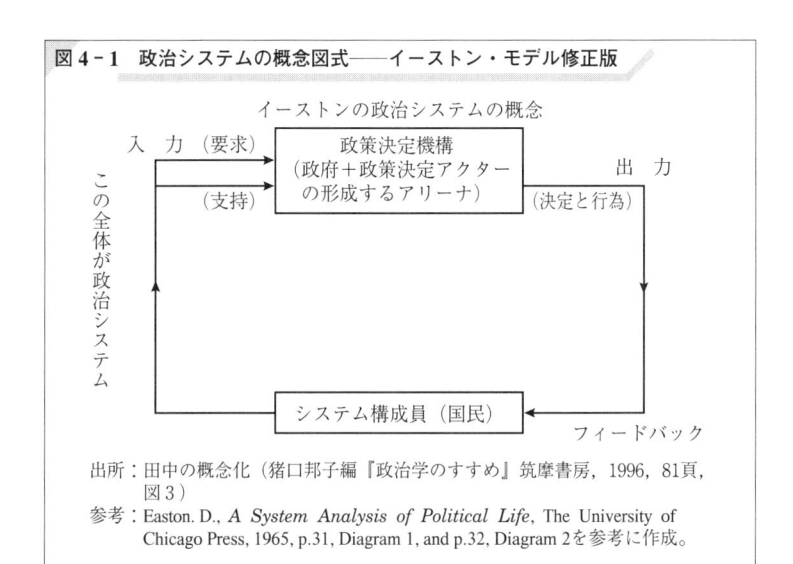

図4-1 政治システムの概念図式——イーストン・モデル修正版

```
          イーストンの政治システムの概念
入 力 （要求）┌──────────────┐
          │  政策決定機構      │
          │（政府＋政策決定アクター│  出 力
    （支持）│ の形成するアリーナ）│（決定と行為）
          └──────────────┘
この全体が政治システム

          ┌──────────────┐
          │ システム構成員（国民）│
          └──────────────┘
                              フィードバック
```

出所：田中の概念化（猪口邦子編『政治学のすすめ』筑摩書房，1996，81頁，図3）
参考：Easton. D., *A System Analysis of Political Life*, The University of Chicago Press, 1965, p.31, Diagram 1, and p.32, Diagram 2を参考に作成。

決定され，その政策が出力（output）される。それらの出力された公共政策（public policy）は，国民のもとにフィードバック（feedback）されて，新たに国民に影響を与えるわけである。このように，政治システム論の考え方では，一般国民である個々人が明らかに政治システムと関わりをもっていることを想定しているのである。

同じく政治システムの概念を用いて行動科学的な実証研究を進めた政治学者が，ダール（Dahl, R.）である（1981）。ダールは，政治システムの国際比較を行い，代表を選ぶ過程にメンバーが自由に参加できること，および代表になるための競争があることを基準にし，それらが達成されている自由民主主義的な政治システムを「ポリアーキー（polyarchy）」と呼んだ。ダールの研究は，分析の単位（unit of analysis）が国もしくは政治システムであるという意味で，マクロな視点からの政治システムの研究であったが，明らかに行動科学主義の影響を強く受けたものであった。

| デモクラシーの必要条件：政治システムの正統性と有効性 |

前述のダールの研究がマクロな視点の研究であるのに対し、リプセット（Lipset, S. M.）の研究は、分析の単位が個人、すなわち国民一人一人であるという意味で、ミクロな視点からの政治システムの研究であった（1963）。第1章2節「政治過程論の方法」で述べたように、行動科学的政治学は一般に、人間の行動パターンを分析し、その行動パターンに共通性を見いだして、それを経験的法則として理論化するという研究アプローチをさす。その意味で、リプセットの政治社会学的アプローチは典型的に行動科学的であった。たとえば、社会的地位が高く、収入も学歴も高い人々は、一般的に保守的なイデオロギー傾向をもつ、という20世紀半ばに有力になった政治社会学の知見は、個々の国民の政治的態度とその社会的属性（年齢、人種、職業、学歴、地位などの社会学的要因）との間に、ある一定のパターン（類型）化された傾向があることを、多くの事例から導き出した結果、得られたものであった。

ではリプセットは、どのように政治システムと個人の関係をとらえていたのだろうか。リプセットは、イーストンやダールらと同じくデモクラシーの存続と成功の鍵を探ろうとしたのだが、彼は行動科学的視点を一層明確にし、政治システムの最小の構成要素である個々人が政治システムをどのように評価すれば、デモクラシーが存続できるのかを理論化した。言いかえれば、個々人の視点からデモクラシーにとっての必要条件を提示したのである。

リプセットは、**正統性**（legitimacy）と**有効性**（effectiveness）を、政治システムが安定する2つの必要な要因とみなした。リプセットによれば、ある政治システムのメンバーがその政治システムの制度的な枠組みのあり方（institutional arrangement）が他の政治システムの枠組みよりも良いものであるという信念をもっている場合に、その政治システムは正統性をもつ。次に、政治システムが国民のニーズに応えて、国民を基本的に満足させていれば、その政治システムは有効性をもつ、

図 4-2 政治システムの正統性と有効性の関係――リプセットの概念図式

```
              有 効 性
               ＋        －
         ┌─────────┬─────────┐
     ＋  │  A  ＋＋ │  B  ＋－ │
  正     ├─────────┼─────────┤
  統 －  │  C  －＋ │  D      │
  性     └─────────┴─────────┘
```

出所：Lipset, S. M., *Political Man: The Social Bases of Politics,* Anchor Books, 1960, Figure on p.68を参考に作成。

とした。

　このリプセットの理論を概念化したのが図4-2である。図4-2では，Aの政治システムは正統性も有効性も有しているので，その政治システムは最も安定している。また，Bのように有効性がなくても正統性をもっていれば，その政治システムはまだ十分に安定を維持できるとリプセットは考えた。具体的には，Aの例はアメリカで，Bの例は経済状況が悪く国民のニーズに十分応えていなかった1950年代のイギリスが想定できよう。それに対し，Cの政治システムは有効性はあるが正統性がない。1960年代の西ドイツや日本のように第2次世界大戦後の経済的な業績がめざましく国民のニーズには応えているものの，政治システム自体の正統性がまだ国民に十分に認められていなかった国が当てはまる。そして，Dは国民がその政治システムに有効性も正統性も認めていない場合で，最も不安定な政治システムになる。

　この民主主義政治システムの正統性と有効性の概念化と理論において，リプセットは図4-2のC（有効性あり，正統性なし）の方がB（有効性なし，正統性あり）よりも不安定になりやすく，Bのように正統性さえ確保できていれば，政治システムの業績次第で，いずれ有効性は獲得できると考えていた。しかし，1970～80年代の西ドイツや日本の経済発展と政治的安定は，Cのカテゴリーでもその政治システムが長

第4章　政治システムと個人　89

期間にわたって有効性を国民に示していれば，いずれはA（有効性あり，正統性あり）に上がることを，歴史的に示したといえよう。

このように，リプセットらの時代の行動科学的な民主主義理論は実証的に研究を進めたが，その研究の根底には，アメリカとイギリスのアングロ・アメリカン・モデルの民主主義が最上のものという暗黙の前提があったと考えることができる。しかし，西ドイツや日本（とくに日本は非西洋文明の伝統をもつケースである）は，その暗黙の前提に例外を示す事例となったのである。

3 デモクラシーと政治文化，および政治的社会化

アーモンドとヴァーバの比較政治文化研究

リプセット以上に行動科学的な個々人の心理的側面を強調し，同時に比較政治学的なマクロな視点から民主主義的政治システムの問題を考察した研究が1960年代初頭に現れた。それが，アーモンドとヴァーバ（Almond, G. and S. Verba）による **政治文化** の比較研究である（1974）。彼らは，5ヵ国（米，英，西ドイツ，イタリア，メキシコ）の政治文化の比較研究を行い，それぞれの国の政治文化がデモクラシーにどの程度適合しているかを分析した。

アーモンドとヴァーバは5ヵ国の国民の政治意識を探るために，心理学理論を導入し比較世論調査を実施した。彼らは比較世論調査研究を通して，5ヵ国の国民が①政治システム，②入力機構，③出力機構，④自己の4つの対象に対して，認知しているか，愛着をもつか，そして評価しているかという視点から分析した。その結果，各国の政治文化を「未分化型政治文化」「臣民型政治文化」「参加型政治文化」の3つの類型に分けたのである。

「未分化型政治文化」では，国民の多くが①から④までの政治システムの対象のどれに対しても認知を示さないのである。すなわち，国

民が未だ十分に①政治システム自体も，また②選挙で自分たちの意見が表明できるという入力機構に対する意識も，③行政機関・政策実行機関としての出力機構に対する意識も，そして④自己と政治システムとの関係に対する意識もが，十分に形成されていない場合をさしている。この「未分化型政治文化」に最も近い政治文化をもっているとされたのが，5ヵ国のなかではメキシコであった。

「参加型政治文化」に分類されるのは，逆に，①から④までのすべての対象に対して愛着と肯定的な評価を国民の多くがもつ場合である。さらに理論的には，「参加型政治文化」が民主主義の政治システムと最も適合的であるとされた。そして，この「参加型政治文化」に最も近い政治文化をもつとされたのがアメリカであり，次にはイギリスであった。

「臣民型政治文化」は，「未分化型政治文化」と「参加型政治文化」の中間に位置すると考えられる。国民の多くが①政治システムと③その出力機構である行政機構には愛着をもって評価し，デモクラシーの重要な特徴である②入力機構や，④システム・メンバーである自己（自分自身）に対しては自信や信頼感が欠けている場合が，これに当たる。すなわち，「お上」の権威にはしたがう従順な「臣民型政治文化」をもつと考えられる場合である。これに近い政治文化をもつと判断されたのが，西ドイツとイタリアであった。両国とも第2次世界大戦までの権威主義的政治体制を容認した政治文化をもつ国なので，多くの政治学者に納得のいく結論として受け入れられたのである。

その意味では，「臣民型政治文化」の概念は若干，権威主義的性格に似ている側面がある。ただし，アーモンドとヴァーバの政治文化研究では，個々人の精神分析や性格を問題にしたのではなく，心理学的手法を取り入れ，それぞれの政治システムのメンバーである国民の多くがもっている政治意識を政治文化として実証的に測定したのである。その意味で，この研究は当時世界中の行動科学的・経験的アプローチの政治学のあり方にインパクトを与え，また比較政治学のなかでは真

に国際比較 (cross-national comparison) の典型的な研究として有名になった。

アーモンドらの政治文化研究への批判

しかし，アーモンドらの研究に対しては後に強い批判が出てきた。それらの批判を整理すると，3つに分類できる。

第1の批判は，アーモンドらが，アメリカとイギリスが「参加型政治文化」を，西ドイツとイタリアが「臣民型政治文化」を，そしてメキシコが「未分化型政治文化」をもつとしたのは，アメリカ・イギリスを中心としたデモクラシー観ではないかというものである。この研究は確かに実証的な5ヵ国比較世論調査データの分析にもとづくものであり，その分析結果は信頼に足るものであった。しかし，そもそもアーモンドらの政治文化の測定に用いられた質問項目自体が，アメリカの政治文化と国民意識の長所を測定するようにできており，その実証的な分析結果はたんに，イギリスや西ドイツ，イタリア，メキシコが，アメリカの政治文化からどのくらい離れているかを測定しているのにすぎないのではないか，という批判である。すなわち，アーモンドらの行動科学的な手法を駆使した比較政治文化研究も，アメリカの自民族文化中心主義（エスノセントリズム；ethnocentrism）の表れではないか，という批判につながったのである。

第2の批判は，アーモンドらの結論は文化が政治システムのあり方までを決定してしまうという文化決定論を導くことになるのではないか，というものである。すなわち，政治文化を不変のものとしてとらえるならば，日本のように西欧の文化的伝統をもたない政治システムでは，民主主義的な政治文化をもつようになるのは永久に不可能であるという結論を導くことになる。それは，本章の冒頭で述べた，「非西洋文化圏の国でデモクラシーが可能か？」という疑問に直結することになる。

これらの批判に対しては，アーモンドとヴァーバは後に，自らが編者となって彼らの政治文化研究への批判的な実証研究を集めて1冊の

本にまとめている（Almond and Verba, 1980）。そこには，西ドイツの政治文化が次第に参加型のデモクラシーに適合的な政治文化に徐々に変化していることを示す実証研究も含まれ，政治文化の変容可能性を示唆する部分もある。このように，反証に開かれた形で実証研究を進め，長期にわたって見直していく研究姿勢には，学ぶ点も多い。

第3の批判は，アーモンドやヴァーバらの問題ではないが，その後の政治文化論に対するものである。政治文化の概念が広く使われるようになると，比較政治学や地域研究においては，ある国の政治現象で他の国と異なる部分があり，その現象が従来の理論枠組や要因では説明がつかない場合に，政治文化の違いによるものとしてすませる研究が多くなった。このような研究は，比較政治学や地域研究における政治文化論アプローチの限界を示すものとして，後に批判を招くことになる。

このような誤解にもとづく安易な政治文化論が，日本は特殊（ユニーク）であり他の国との比較が不可能だという「日本特殊性論」を助長した側面も否定できない。日本は非西洋文化をもちながら，経済的には唯一先進国の仲間入りを果たした国として，特殊であり他国との比較が不可能だという考え方が，日本の知識人層に強かった。もともと，日本は西洋諸国からも他のアジアの国からも理解されえないという神話のような自意識は根強く存在したが，実は，科学的アプローチによる政治文化研究はそのような「日本の比較不可能性」意識を実証的に崩し，比較可能なことを示す役割を果たせるはずなのである。

アーモンドとヴァーバの政治文化研究の貢献

政治文化研究には上述のような批判があるものの，やはり多くの重要な貢献をしたことは否定できない。その一つは，国際比較分析の意義を示したことである。数ヵ国を比較することによって，異なって現れている政治現象の原因を特定することに，比較分析の意味がある。すなわち，比較する数ヵ国間の様々な条件や要因のうち，同じように現れている要因と異なる要因とを明確に示し，分析対象である現象が，

どの要因によって引き起こされているのかを特定することにある（この推論の方法は、第1章3節の「因果的推論の方法」で示したものと同様の考え方である）。したがって、表面的な分析によって説明できない現象を、安易に政治文化の相違に帰するという姿勢は、本来の科学的な政治文化研究の基本的なアプローチではないのである。

もう一つの意義は、アーモンドとヴァーバが「政治文化」という漠然とした概念を心理学的に測定可能な形に定義し直して、計量的に測定したことである。このことがその後の政治文化研究の方向を、印象論的な評論から、行動科学的アプローチによる実証的な分析へと導いたのであった。彼らは、「文化」は「社会的対象への心理的態度（orientation）」としてとらえることができるという考えにもとづき、ある国の「政治文化」を「その国の国民の中に顕著に見られる政治的な価値観の分布のパターン」と定義したのである。

このように、政治文化を「価値観の分布のパターン」ととらえると、政治文化研究におけるもう一つの意義が浮かび上がる。ある政治システムにおいては、メンバーは成長過程を通して、その政治文化に特有の価値観を継承していくことが知られている（この価値観の獲得過程を**政治的社会化**と呼ぶ）。この政治的社会化の過程を通して、政治文化は古い世代から新しい世代へと伝達されていくのである。このように、行動科学的な政治文化研究は、価値観の形成・伝達過程の理解にも貢献をしたのである。

| 政治的社会化：政治意識の形成過程 |

上述の、政治的社会化研究が1950年代末にはアメリカに登場する。政治的社会化研究とは、子供が大人になっていく過程でどのように政治的な価値観や政治的態度を形成するかという研究と定義できる。したがって、政治的社会化研究は上述の政治文化の伝達ばかりでなく、一般的な政治的態度の親の世代から子供の世代への伝達過程や政治的態度の形成過程を広くカバーする領域である。古くはハイマン（Hymann, H.）の研究から始まり（1959）、実証的な研究はその後、グ

リーンスタイン，イーストンとデニスらの研究へと続けられた（グリーンスタイン，1972；Easton, and Dennis, 1969）。それらの研究からは，子供たちは 8 歳くらいから次第に政治的な事柄を理解し始め，親や学校，遊び仲間，その後の職場といった周囲の環境から，政治的な方向性や価値観を無意識のうちに身につけていくことを発見した。また，政党支持態度などの基本的な政治態度は，14歳くらいまでにある程度の方向性が形成されて，24歳くらいまでには固まるらしいことが示唆された。

その後の政治的社会化の研究で重要なものは，ジェニングスとニィーミィ（Jennings, M. K. and R. Niemi）の研究である（1974, 1981）。彼らは，1968年に高校生とその親を調査対象にし，その後も同じ対象者を継続して追跡調査し，彼らの政治意識が時代とともに，また年齢を加えるとともにどのように変化したのかを研究した。ジェニングス自身は1997年までこの研究を継続し，世界で最も長期のパネル調査を実施したが，1965年に18歳だった対象者は97年には50歳にもなっていた。ジェニングスらの研究の重要な貢献は，思春期・青年期という「政治的態度の形成期（formative years）」において経験したことが，その個人の政治的態度の形成に長期的な影響を与えるという知見である。この知見は，異なる世代は思春期・青年期に異なる政治的事件を経験しているために，政治的態度における世代間の相違（世代間ギャップ）が生まれることを，明快に説明するのである。

政治的社会化研究の意義

政治的社会化研究を，政治システムと個人の関係からみると，どのようにとらえることができるだろうか。政治システムもしくはデモクラシーの視点から，この政治的社会化に最初に注目したのはイーストンであった。

イーストンは先に述べた彼自身の政治システム論にもとづいて，政治システムを維持するためには，その政治システムの新たなメンバーとなっていく子供たちが，どのようにその政治システムの主流の価値

Column ⑧　政治意識のジェネレーション・ギャップ
——社会党支持と反権威主義

　ジェネレーション・ギャップとよくいわれるが，若者と大人たちとの意識の断絶は今に始まったことではない。筆者は，1930年代当時の大人が「最近の日本の若者は軟弱になった」と嘆いているエッセイを読んだことがあるが，1960年代には我々は同じことをいわれていたし，2000年の今は自分たちが同じ嘆きをもっている。1930年代に軟弱といわれた若者たちは現在80～90歳代になっているわけで，いつの世も同じ世代間のギャップがあるわけだ。だが，この例は実は，政治意識論では**「ライフ・サイクル変化」**といわれる世代間の相違である。それは，いつの時代でも若いうちはある一定の考え方をし（宗教心が薄いなど），歳をとると一様に変化する（敬虔な気持ちが強くなるなど）パターンである。

　政治意識論で**「世代間変化」**と呼ぶものは，これとは異なり，ある時代に「政治意識の形成期」を過ごした世代の人々は，歳をとってもその時代にインパクトの大きかった事件の影響を意識のなかに残しているということである。たとえば，田中愛治の研究（田中，1997）によれば，第2次世界大戦直後に思春期・青年期を迎えた世代には，社会党支持層が多く，それより古い世代にも，またそれより若い世代にも社会党支持層はそれほど多くはないのである。これは，当時のデモクラシーの期待のなかで戦前の権威主義体制に反対する政治意識が強く形成され，ある特定の世代に社会党支持層が多くなったためだと考えられる。これは，「世代間変化」の典型的な例である。また，1990年代の日本のように政党が流動化していて，政治不信が高い時期に思春期・青年期を迎えた世代は，歳をとっても政党に冷たく，無党派のままでいる可能性が高い。政治意識の形成には，どのような時代状況で思春期・青年期を迎えたかが鍵になるのである。

観を獲得していくかが重要であると考えた。政治的社会化の研究は，基本的には個々人が価値観を獲得していく過程の研究であるから，ミクロな分析視角をもつものであるが，イーストンの政治的社会化研究の動機はデモクラシーの維持というマクロな分析視角につながる研究

関心にあったことが推察される。

このイーストンの研究の系譜を受け継いで日本で政治的社会化研究を行ったのが、岡村忠夫 (1969) である。日本では政治的社会化の実証的調査は岡村の研究に限られるほど数が少ないが、その理由については以下のような推測が可能である。イーストンの「政治システムの維持」という政治的社会化研究を始めた動機が、日本における政治的社会化研究へのある種の誤解を生んだと思われる。日本では、政治的社会化研究は政治システムに適合的な価値観に子供を同化させるための研究、言いかえれば、体制にしたがう人間を育成するための研究と、考えられた時期があったようだ。その結果、政治的社会化研究は保守反動的な研究という誤解を生んだと考えられる。

しかし、政治的社会化研究は本来、政治意識・政治的態度の形成過程の研究である。イーストン自身の研究動機はデモクラシーを支える個人の成長過程を解明することであったかもしれないが、政治的社会研究の対象は本来もっと多様な政治意識である。政治文化の伝達・形成過程にしても、環境保護や女性の社会的役割を重視する新たな価値観の形成過程にしても、政治的態度の形成過程として政治的社会化過程を解明することは重要な研究になろう。したがって、政治的社会化研究がイデオロギー的に保守的な研究であるという見方は、視野が狭く、政治的社会化研究が本来もっている学問的な意義を見失わせることになろう。たとえば、筆者はアメリカ政治学会 (1984) で、パレスチナの子供たちがパレスチナ解放戦線 (PLO) 議長ヤサ・アラファトに対し、寛大な父のようなリーダー (benevolent leader) というイメージを形成する過程を研究したアメリカの研究者の報告を聞いたことがある。このようにある政治システムの政権を守ろうとする意識であろうと、それに批判的である意識であろうと、政治意識の形成過程の研究として政治的社会化研究は重要な意義をもっているのである。

4 政治システムにおける価値観・人間関係資本の役割

　ここまで述べてきた研究は、みなデモクラシーとそれを支える個人のあり方を検討してきたが、それはおもに第2次世界大戦後のデモクラシーの進展という時代関心を反映していたと考えられる。しかし、1970年代になり北米と西欧において脱工業化社会（post-industrial society）と呼ばれる高度先進工業化社会が登場すると、新たな視点から政治システムと個人の関係を見直す必要性がでてきた。そのような状況のなかで、政治文化論とは明確に視点の異なる、新たな政治的価値観の国際比較研究が1970年代中頃に登場し、さらに人間関係資本とデモクラシーの関係を検討した新たな研究が1990年代に登場したのである。

> 「脱物質主義的価値観」の登場とニュー・ポリティクスの出現

　1960年代の末から、アメリカをはじめとする西欧諸国が脱工業化社会に移行し始めると、それまでとは異なる新たな政治的価値が注目を浴びるようになってきた。脱工業化社会とは、第3次産業就業人口の比率が最も大きく、高等教育を受ける人口の比率が高く、情報化ならびに都市化が高度に進行した社会である（ベル、1975）。その社会構造の変動に注目して、イングルハート（Inglehart, R.）は、西欧とアメリカにおいて脱工業化社会が1960年代末に出現すると、物質的に豊かな環境で育ってきた世代がそれ以前の世代とは異なる価値観をもつという仮説を示し、それを実証的に検証した（1978, 1993）。

　イングルハートの仮説は、第2次世界大戦後のアメリカやヨーロッパにおいては、豊かな環境のなかで育った世代は物質的な豊かさは空気と同じく本来あったものと感じるようになっており、物質的なニーズをあまり感じなくなったので、より抽象的な価値を重視するようになったという仮説である。イングルハートは、心理学の欲求段階説を

適用して，人間は物質的な欲求（身の安全の確保や，金銭的な物質欲）が満たされて初めて，より高次な抽象的な欲求（自由，平等や，生き甲斐であるとか，美の追求など）を求めるようになると考えた。

具体的な指標としては，「国内秩序の維持」（身体の安全の確保）や「物価上昇の抑制」（金銭的な物質欲）という2つの「物質主義的価値観（materialist value）」を表す指標と，「言論の自由」や「政治参加」「環境保護」などの「**脱物質主義**的価値観（post-materialist value）」を表す指標を用いた。イングルハートは，これらの質問を，アメリカとEC諸国における国際比較世論調査で各国の回答者に対して行い，脱工業化が早くから進んだ国ほど，また若い世代ほど，脱物質的価値観をもっている者の比率が高くなっており，古い世代ほど物質的価値観をもっている者の比率が高くなっていることを発見した。

脱物質主義は1970年代当時の左翼政党の主張と近いものであったので，多くの中上流階層の青年層が各国で学生運動に参加し，反保守主義の運動に加わったのも，この脱物質主義的価値観の影響によるものであったという理論を，イングルハートは提示した。この当時の若い世代が，実はアメリカの「ベビー・ブーマー」，日本の「団塊の世代」と呼ばれる世代（2000年に50〜55歳くらい）に当たる。この世代は，先進工業国においては20歳代には学生運動に，30歳代には環境保護運動に，また40歳代にはジェンダー運動（女性の社会での地位の向上運動）に熱心に参加してきた世代である。脱物質主義的価値観を共有した世代は，1970年代以降に先進工業国において登場してきた「新たな価値観にもとづく政治（new politics）」の争点を生み出し，それを支えてきた世代であったといえよう。

このように，イングルハートによる脱物質的価値観の概念が現れて，その当時の欧米諸国や日本で次々と注目を集めてきた環境問題や，女性の社会進出向上の問題などが，どの世代にどのような影響を与えたかを，理解することができるようになったといえる。「脱物質的価値観」という新しい概念がでてきたことにより，脱工業化を迎えた政治

システムと個人の新たな関係を新たな視点でとらえることが可能になったのである。

人間関係資本（social capital）と政治システムの業績

さらに1990年代に入ると、また新たな概念と新たな視点から政治システムと個人の関係を検討する研究が現れた。政治システム内における人間関係のあり方がその政治システムにおける政府の業績に影響を与えている、というパットナム（Putnam, R.）の研究である（1993）。

パットナムは、イタリアにおける各地域の地方政府の業績、社会経済的特性、地方議会のメンバーの意識、またその地域住民の意識などを1970年から1988年にかけて比較分析し、**人間関係資本**（social capital）の充実度、すなわちその地方のシステム・メンバーが共有する人間関係の凝集性や社会参加の度合いといった特質に注目した。パットナムは、その人間関係資本を独立変数にとり、政治システム（地方政府）の業績を従属変数にとって、人間関係資本が政治システムの業績の善し悪しに影響を与えるという仮説を示し、これを実証的に検証したのである。

パットナムがこの長期にわたるイタリアでの実証研究から提示した理論は、ある地方の政治システム内で、垂直的な人間関係（たとえば、親分・子分関係〔patron-client relationship〕のような人間関係で、第8章4節の「インフォーマルな政党組織—派閥」は、この人間関係について述べている）ではなく水平的な人間関係を築くことによって、コミュニティ意識は高まり、そのシステム内のメンバー間の信頼感は強まり、その結果、その地方の政治システムの業績は高まるというものである。言いかえると、各政治システムにおいて市民意識が高いと人間関係資本は高くなり、その結果、その政治システムの業績があがるという理論である。

このパットナムの実証研究にもとづく人間関係資本の理論は反響も大きく、地方自治体という単位を超えて、国単位にその国の人間関係資本と政府の業績との関係を検証しようとする試みがいくつも行われ

た。その意味で，政治システムのメンバーがもつ文化的な側面と政治システムのあり方との関係を検討したものともいえよう。とすると，パットナムの研究を，政治文化がその民主主義政治システムの運営の善し悪しを決定するというアーモンドらの政治文化論と，類似の議論でありながら，装いを新たに再登場したとみることもできる。確かに，独立変数である政治文化が従属変数であるデモクラシーの運営に影響を与えるという，アーモンドとヴァーバの政治文化の理論と，パットナムの人間関係資本（独立変数）が政治システムの業績（従属変数）に影響を与えるという理論とは，構造上は類似している。しかし，両者には重要な点で相違点がある（終章の *Column* ㉖「信頼性の発見と政治文化論の『再生』」も参照）。

　パットナムの人間関係資本の理論が示唆するところでは，人間関係資本は商業活動におけるネットワークのつくり方や，その地方の人間関係のもち方によって長期的には形成可能なものとみており，アーモンドらの政治文化ほど不変的なものとしてはみていない。その点で，パットナムの研究は，政治学に対する重要な貢献をしたことは確かである。しかしイタリアにおける地域間の人間関係資本の差異が，14世紀から形成されてきたという議論をみると，今後の研究課題は，パットナムが独立変数にした人間関係資本は，もう少し短期的にはどのような要因によって形成されるのかを，探ることであろう。すなわち，ある政治システムの人間関係資本はどうすれば良くなるのかを探る研究も，有効性と正統性の双方をもつ政治システムを築くためには，必要になってこよう。

むすび

　本章では，政治システム（デモクラシー）と個々のメンバーとの関係を分析した研究を中心にみてきた。欧米では社会的性格，政治文化，政治的社会化，脱物質的価値観，人間関係資本など様々な概念とその実証的測定が行われてきたが，日本ではこの分野でそれらに匹敵するような研究は非常にとぼしいといってもよい。日本では行動科学的研究は，多くの場合，

投票行動にむかってしまい，ここで扱ったような投票行動以外の心理学的分析は，ごく少数の例外を除いて，ほとんど行われてこなかったのである。

ただし，そのなかで例外的な存在として日本における重要な実証研究も忘れてはなるまい。本章で扱えなかった重要な研究としては，東京大学新聞研究所を中心とするグループが行った『市民意識の研究』（池内，1974）があり，この研究には京極純一や三宅一郎，綿貫譲治といった政治学者や政治社会学者も参加していた。この調査研究は，ヴァーバらによる9ヵ国の国際比較世論調査の一環として実施した日本における全国世論調査の報告書である（第6章4節「投票とそれ以外の形態の政治参加」を参照）。ヴァーバらは彼らの著書のなかでは「政治参加と平等」に焦点を絞っているが（ヴァーバ／ナイ／キム，1981），この国際比較調査自体はアーモンドとヴァーバの政治文化研究（1974）の系譜を継承していて，一般市民の政治システムに関する意識を探っている。また，三宅一郎はこのヴァーバらの国際比較世論調査データを駆使して，大規模な政治不信の国際比較研究を行っている（Miyake, 1982）。また近年では，蒲島郁夫と竹中佳彦がさまざまな世論調査データを分析して日本人のイデオロギーを実証的に研究している（1996）。

以上みてきたように，政治システムと個人の関係を科学的に分析することは，行動科学革命の進展とともに進んできた。だが，心理学的アプローチを重視した研究でも，この分野で重要な貢献を果たした研究は，常に政治システムと個々人の政治的態度や価値観の関係が，政治システムもしくはデモクラシーにとってどのような意味をもっているのかという，大きな視野を意識して研究されてきたのである。

【設　問】

1. リプセットによれば，デモクラシーの安定性の2大要因とは何か。
2. 政治文化とはデモクラシーにとってどのような働きをもっているのか。
3. 脱工業化社会において現れた新しい価値観とはどのようなものだったか。
4. 人間関係資本の理論と政治文化論の相違点は何か。
5. 非西欧文明にデモクラシーは可能か。

第4章のキーワード

政治システムの有効性と正統性（effectiveness and legitimacy of political system）　有効性と正統性の双方が備わっていれば，デモクラシーは安定する。有効性は国民のニーズにその政治システムが応答しているという信頼感で，正統性はその政治システムの枠組みを国民が支持していることである。リプセットが提示した理論。

政治文化（political culture）　政治文化とはある国における国民の価値観の分布のパターンによって決まるが，そのパターンが参加型であればデモクラシーに適合的であると，アーモンドらは考えた。

政治的社会化（political socialization）　子供が大人になる過程で，政治的態度を形成する過程。家庭・親，友達，学校，職場などの影響を受けるが，政治意識の形成期に獲得した基本的態度は，成人して何年も経った後もあまり変わらないことがわかっている。

脱物質主義（post-materialism）　物質的なものに満たされて政治的態度の形成期を迎えた，脱工業化社会の豊かな若者たちは，言論の自由や，政治参加の自由，環境保護，やりがいのある仕事などの脱物質主義的な価値観を重視するようになった。イングルハートが示した概念。

人間関係資本（social capital）　緊密な人間関係が保たれて，メンバー間のコミュニケーションがうまくとれるようなコミュニティにおいては，

人間関係資本が豊かであり，メンバー同士の信頼感も高まり，その地域の政府の業績も向上するという理論をパットナムが提示した。

📖 読書ガイド ●●●

リプセット，S.M.（内山秀夫訳）『政治の中の人間』東京創元社，1963年。
 Political Man の訳書で，政治システムの正統性と有効性の議論が明快に書かれている。

アーモンド，G.／S.ヴァーバ（石川一雄ほか訳）『現代市民の政治文化』勁草書房，1974年。
 The Civic Culture の訳書で，政治文化に関する実証的比較研究の先駆けであった。

グリーンスタイン，F.I.（松原治郎・高橋均訳）『子供と政治―その政治的社会化』福村出版，1972年。
 日本語で手に入る政治的社会化研究の数少ない研究書の一つ。

イングルハート，R.（村山皓・富沢克・武重雅文訳）『カルチャーシフトと政治変動』東洋経済新報社，1993年。
 同じ著者の『静かなる革命』（東洋経済新報社）の続編で，脱物質主義的価値観にもとづく新たな政治運動の出現を理解するには必須といえよう。

蒲島郁夫・竹中佳彦『現代日本人のイデオロギー』東京大学出版会，1996年。
 本書で扱えなかったテーマである政治的イデオロギーの実証分析の研究書である。イデオロギーは，政治システムと個人の関係に影響を与えるものであり重要な研究テーマである。

●引用文献●

アドルノ，T.W., 1980『権威主義的パーソナリティ』（田中義久ほか訳）青木書店。

アーモンド，G.／S.ヴァーバ，1974『現代市民の政治文化』（石川一雄ほか訳）勁草書房。

アリソン，G.，1977『決定の本質』（宮里政玄訳）中央公論社。

池内一編，1974『市民意識の研究』東京大学出版会。

イーストン，D.，1968『政治分析の基礎』（岡村忠夫訳）みすず書房。

イーストン，D.，1976『政治体系』（山川雄巳訳）ぺりかん社。

イーストン，D.，1980『政治生活の体系分析』（片岡寛光監訳）早稲田大学出版部。

イングルハート，R.，1978『静かなる革命』（三宅一郎・金丸輝男・富沢克訳）東洋経済新報社。

イングルハート，R.，1993『カルチャーシフトと政治変動』（村山皓・富沢克・武重雅文訳）東洋経済新報社。

ヴァーバ，S.／N.H.ナイ／J.キム，1981『政治参加と平等』（三宅一郎監訳）東京大学出版会。

岡村忠夫，1969「日本における政治的社会化の実証研究」日本政治学会編『年報政治学 政治意識の形成』岩波書店。

グリーンスタイン，F.I.，1979『政治的人間の心理と行動』（曽良中清司・牧田義輝訳）勁草書房。

グリーンスタイン，F.I.，1972『子供と政治―その政治的社会化』（松原治郎・高橋均訳）福村出版。

クーン，T.，1971『科学革命の構造』（中山茂訳）みすず書房。

ダール，R.，1981『ポリアーキー』（高畠通敏訳）三一書房。

田中愛治，1997「国民の政治意識における55年体制の形成」中村隆英・宮崎正康編『過渡期としての1950年代』東京大学出版会。

ハンチントン，S.，1998『文明の衝突』（鈴木主税訳）集英社。

フロム，E.，1951『自由からの逃走』（日高六郎訳）東京創元社。

ベル，D.，1975『脱工業化社会の到来』上下（内田忠夫ほか訳）ダイヤモンド社。

ランガー，W.，1974『ヒトラーの心』（ガース暢子訳）平凡社。

リプセット，S.M.，1963『政治の中の人間』（内山秀夫訳）東京創元社。

Almond, G. A. and S. Verba, 1980, *The Civic Culture Revisited*.

Easton, D. and J. Dennis, 1969, *Children in the Political System.*

George, A. and J. George, 1989, *Woodrow Wilson and Colonel House : A Personal Study.*

George, A.,J. George and F. Greenstein, 1998, *Presidential Personality and Performance.*

Greenstein, F. I., 1975, "Personality and Politics" in Chapter 1, *Handbook of Political Science*, Volume 2.

Hymann, H., 1959, *Political Socialization.*

Jennings, M. K. and R. Niemi, 1974, *The Political Character of Adolescence.*

Jennings, M. K. and R. Niemi, 1981, *Generations and Politics.*

Lasswell, H. D., 1930, *Psychopathology and Politics.*

Lane, R. E., 1962, *Political Ideology.*

Milgram, S., 1974, *Obedience to Authority.*

Miyake, I., 1982, "Trust in Government and Political Cleavages: A Cross-National Comparison (1)(2)", *The Doshisha Law Review*, No. 171, January 1982, and No. 172, March 1982.

Putnam, R., 1993, *Making Democracy Work.*

第5章　世論と投票行動

> 本章では，一般国民が選挙の際にどのように行動するのかという，投票行動に関する研究について考えてみよう。選挙研究は，政治過程論のなかでは入力過程に関する中心的な研究課題として，デモクラシーが世界的に普及するとともに，ますます重要視されるようになってきた。ここでは，選挙において一般の有権者がどのような理由でどの政党（もしくは候補者）に投票するかということを中心に，その背景にある意識についても触れながら，それを説明する理論と研究の流れをみてみよう。

経済状況と選挙結果　1998年の参議院選挙では，橋本龍太郎首相率いる自民党が過半数を取れないどころか，議席数を大幅に減らした。その理由は，90年代初頭のバブル崩壊後の長引く不景気のなかで，97年秋には北海道拓殖銀行の倒産，山一証券の廃業など経済危機を迎えて，有効な経済対策を橋本内閣と自民党が打てなかったからであるといわれている。

経済状況と選挙結果が関連していることは，アメリカの選挙研究で80年代から広く指摘されてきた。すなわち，経済状況がよいと政権担当政党が選挙で議席をのばし，不況のときには議席を減らすというパ

ターンがみられるということである。しかし，日本では従来不景気のときほど自民党が選挙で勝つといわれてきた。それは，なぜだったのだろうか。また，なぜ98年の参院選になって急にパターンが変わったのだろうか。

これには，3つの答えが可能である。まず第1に，自民党が常に政権を担当していた「55年体制」（第8章4節の「日本の政党システム」を参照）のもとでは，社会主義を標榜していた社会党や共産党の野党が，資本主義経済の枠組みのなかで運営されてきた日本経済を不景気のときに立て直す力があるとは，有権者の大半が考えていなかったというものである（田中，1995）。この考え方にしたがえば，98年の参院選については，93年の55年体制崩壊後はいくつもの保守新党が出現し，自民党ではなくとも市場経済のなかで日本の経済運営ができると有権者が考えるようになったから，橋本自民党内閣の経済運営の失敗により，野党に投票する有権者が多かったのだと説明できる。第2の答えは，戦後を3つの時期に区分すると，時期ごとに異なるパターンがみられるというものである。1955～75年の時期では経済成長が自民党の支持率の低下に結びつく傾向がみられ，1976～88年の時期では経済成長の年ほど自民党は支持率を伸ばし，1989～95年の時期には経済と自民党支持率には関係がないというものである（小林，1997）。第3の答えは，個々の選挙だけをみずに，多くの選挙をまとめて，統計的に経済指標と選挙での政権担当政党の得票率の関係を分析すると，経済状況が良いときほど自民党が得票率を伸ばしている，というものである（鈴木，1996）。

1 投票行動研究と世論研究

選挙における有権者の投票行動に関する研究と，国民世論に関する研究は，その分析手法がともに世論調査データを用いるという点でも，

表5-1 投票行動研究と世論研究に利用可能なデータの種類

	①投票行動研究	②世論研究
[A] 世論調査データ分析	○	○
[B] 集計データ分析	○	×

また有権者個々人が研究対象という点においても共通性が高く，相互に関連している。しかし厳密にいえば，世論研究と投票行動論は，扱うデータの種類がすべて重複しているわけではない。その守備範囲の若干のずれを理解しておいた方が，この領域の様々な研究を理解しやすくなるので，その整理をするために表5-1をみてみよう。

世論調査データと集計データ

世論調査データ分析による研究と集計データ分析による研究における最大の相違点は，**分析の単位**（unit of analysis）である。世論調査データ分析では分析対象の単位は個々の回答者なので，世論調査データ分析を個人レベル・データ分析（individual-level data analysis）と呼ぶ。これに対して，選挙結果などの集計データは，分析の単位は個人ではない。たとえば，衆議院選挙などの翌日の新聞に掲載されるような各政党別の獲得議席数，得票率（数）などの選挙結果データは，集計データである。これらのデータは，選挙区単位であったり，都道府県単位であったりと，票を集計した結果が分析の単位となっているのである。また，ある一定の期間にわたる選挙結果（たとえば，ある政党の得票率の変化など）では，年ごとに得票率を集計してあり，その場合の分析の単位は各年である。

このように2つの分析方法を比較してみると，世論調査データは有権者の個々人の社会的特徴や心理的特徴と，投票行動を結びつけるのに適切なデータである。

一方，集計データではそのような有権者の個々人の特徴をとらえることはできないので，その地域やその年の全体の傾向（たとえば景気

など)と選挙結果を結びつけることになる。ある地域ごとに異なる条件(たとえばアメリカの州ごとに異なる選挙制度など)や,ある年ごとに異なる状況(たとえば日本における景気の動向など)が,有権者の投票行動にどのような影響を与えているかを分析するには,分析の単位が個人よりも地域であるとか年である集計データの方が適していることになる (Kramer, 1983; King, 1997)。

世論調査データと集計データによる分析対象　選挙研究や投票行動研究では,有権者がなぜ,どの政党(候補者)に投票したかを分析するのであるが,世論・政治意識研究では一般の人々(多くの場合は有権者)がどのように政治をみているか,政治に対してどのような意識をもっているかということを分析する。したがって,①投票行動研究も②世論研究も [A] 世論調査データの分析によって進めることができる。その意味で,[A] 世論調査データ分析による①投票行動研究と②世論研究は密接に関連しているのである。行動科学革命が政治学に導入されたのが,投票行動研究における世論調査データ分析であったために,1950年代から80年代半ばまでの投票行動研究は世論調査データ分析(表5-1では,[A] でかつ①の分析)が主流を占めていた。

また,第4章3節で述べた政治文化研究や第4章4節の価値観の変動などの②世論研究では,基本的には [A] 世論調査データに頼る以外にはなく,[B] 選挙結果データをみても個々人がどのような政治的態度をもっているのかは,直接にはみえてこない(表5-1では,[B] でかつ②の研究は存在しない)。

だが,選挙研究は,世論調査データ以外に,選挙結果などの事実(hard facts)を積み上げた [B] 集計データの分析(aggregate data analysis)によっても可能になる。このような集計データ分析による①選挙および投票行動の研究は,行動科学革命が起こる以前のヨーロッパでは1920年代の政治社会学においてすでに始まっていたが,新たな形で集計データ分析による投票行動研究が現れたのは1970年代であ

る。その後，合理的選択モデルの隆盛とともに，集計データによる選挙分析が次第に広く用いられるようになり（本章の5節「合理的選択モデル」を参照），1980年代初頭から，その隆盛は今日まで続いている（表5-1における［B］の①の研究が増えた）。だが，投票行動研究の歴史全体を振り返れば，世論調査データ分析による研究が数の上ではまだ圧倒的に多く，本章でも2節から4節までは，世論調査データ分析のアプローチによる研究を扱う。

2 社会学モデル

投票行動の社会学モデル

有権者の投票行動が，彼らのもつ社会学的な要因によってある程度決まってくるという考え方が，投票行動における社会学モデルであるが，その源流は1920年代のヨーロッパの政治社会学にまでさかのぼることができる。当時の分析は，地域ごとの特徴と地域ごとの選挙結果を比較して，どのようなタイプの有権者が多いところでは，どの政党が強いかを探るというものであった。その意味では，集計データ分析であったといえる。その基本的な考え方（理論）はアメリカにおける初期の投票行動研究に踏襲されるが，方法論としては新たに世論調査データ分析を用いるようになったのである。

アメリカにおける社会学モデル：コロンビア学派とエリー調査

社会学モデルによる最初の投票行動研究は，1940年にオハイオ州エリー郡で実施されたエリー調査である。そして，これが政治学に応用された最初の行動科学の研究であったが，それは政治学者の手ではなく，コロンビア大学の社会学者ラザースフェルド（Lazarsfeld, P.）や心理学者ベレルソン（Berelson, B.）らによるものだった。すなわち，隣接諸科学を応用した学際的なアプローチによる投票行動に関する行動科学的な研究が，エリー調査から始まったのである（ラザースフェ

ルド／ベレルソン／ゴーデット，1987)。

　エリー調査の意義は多岐にわたるが，おおまかには4つにまとめることができよう。第1に，科学的世論調査方法の確立である。すなわち，世論調査の回答者の抽出方法として無作為抽出法（Random Sampling法）を確立したことと，パネル調査法（同一の回答者に繰り返し調査を実施すること）を考案し，初めて実施したことである。双方とも今日でも選挙に関する世論調査法としては必須の方法論であり，エリー調査の意義は今日でも大きい。

　エリー調査の第2の意義は，投票行動の理論的説明として「社会学モデル」を確立した点である。社会学モデルとは，有権者の社会的属性が有権者の投票行動を説明する際に有力な手がかりになるという理論である。エリー調査では「政治的先有傾向の指標（IPP: Index of Political Predisposition）」という名称で，社会経済的地位，宗教，居住地域の3つの社会学的な要因が有権者の投票を最もよく説明しているとした（すなわち，社会経済的地位が高く，プロテスタント系で，農村や郊外の住宅街の居住者ほど共和党に投票し，逆に社会経済的地位が低く，カソリック系で都市中心部の居住者ほど民主党支持の傾向がある）。その後の全米における研究では，人種や教育程度，また職業なども投票を説明する社会学的要因であることが明らかになってきた。その意味で，社会学モデルは今日でも投票行動の説明の最も基本的な理論として認められている。

　第3の意義は，「消費者選好モデル」と呼ばれるマーケット理論の応用である。大統領の選挙キャンペーンを，商品の広告戦としてとらえ，大統領候補を商品，政党をブランド名と見立てて，選挙キャンペーンの効果を測定したのである。

　第4の意義は，マス・メディアからの情報は多くの有権者に直接に伝わらず，オピニオン・リーダーと呼ばれる情報通の人々がメディアから情報を得て，それを自分のまわりの人々に口コミ（パーソナル・コミュニケーション）によって伝えるという「コミュニケーションの2

段階の流れ」仮説を提示したことである。ただし、この仮説は1970年代に批判され否定されるようになり、「コミュニケーションは多段階の流れ」をしているといわれるようになってきた。

欧米の社会学モデル

このエリー調査が示した、有権者の社会的属性（社会学的要因）によってその投票行動の説明ができるという理論は、ヨーロッパの政治社会学の伝統における政治行動に関する理論と整合的であった。というより、ナチの迫害を逃れてウィーンから亡命した社会学者であったラザースフェルドは、そのヨーロッパの選挙を最もよく説明する社会学的要因をアメリカに適用したとみてよいだろう。

リプセットとロッカン（Lipset, S. M. and S. Rokkan）は、ヨーロッパ社会に根付く伝統的な社会的対立軸（social cleavage；社会的亀裂）が、有権者の投票行動に影響を与え、さらに政党編成を規定するという理論を提示した（1967）。このリプセットとロッカンの著名な研究は、ノルウェーの政治社会学者ロッカンの影響が明確であり、ヨーロッパの政治社会学の本来の流れを継承している。そこに、リプセットによってアメリカ流の行動科学的分析が加味されたとみることができる。

リプセットとロッカンが示した理論とは、(1)中央対周辺、(2)宗教的対立、(3)都市対農村、(4)階級上の対立の4つの社会的対立軸にしたがって、有権者の投票パターンが規定されて、政党システムも固定化されているという「凍結仮説」モデルと呼ばれるものである。「凍結仮説」モデルは、その後のヨーロッパにおける投票行動研究に多大な影響を与えた。その結果、それぞれの国に特有の社会構造や文化的伝統が、その国の有権者の投票行動を規定する要因となっているという実証研究が、1950年代から60年代末までに数多く出現した。しかし、今日では社会構造の変動が大きく、これらの社会的対立軸の規定力は低下しており、このあとみるように、社会学的な要因よりも心理学的要因や経済学的要因が重視されるようになったのである。

日本における社会学モデル　日本の投票行動に関する社会学モデルでは、先のリプセットとロッカンの編著に収められた綿貫譲治（Watanuki, 1967；その論文の邦訳が綿貫, 1976）の論文が、典型的な社会学モデルの研究である。この論文で綿貫は、戦後日本の社会構造と国民意識の対立軸を明快に示しつつ、日本において社会階級によって政治的な対立が強く表れていない理由を説明した。すなわち、日本では中・上流階級出身で学歴が比較的高い有権者層でも左翼政党（社会党・共産党）を支持する者が比較的多い理由を、説明したのである。日本ではホワイト・カラーの従業員の間でも労働組合の組織率が高いことと、左翼政党が日本の伝統的価値を否定して近代的価値観を重視しているのに対し、自民党が伝統的価値を重視していたことによるとした。逆に、自民党支持層が、社会経済的地位が高い企業の管理者や経営者と、それが低い第1次産業従事者（とくに農業従事者）のなかに多い理由は、前者が資本主義志向のために社会主義志向の左翼政党を拒否し、後者が日本の伝統的な価値を重視するがゆえに自民党を支持する傾向が強くなっていったからであるとした。この綿貫の説明は明快である。

　これと同じ概念を職業分類の視点から見事に説明したのが、三宅一郎である。自民党支持者が「自前意識」（自分の仕事や職業をコントロールする主体が自分の手にあるという意識）をもつ層に多く、大企業の管理者や経営者、中小企業主、商店主、農林漁業従事者が自民党を支持する傾向をもつことを示した。また、非自民党支持者（左翼政党・中道政党支持者）は、その逆に「自前意識」がない、大企業のホワイトカラーや工場労働者といった被雇用者の間に多いことを示した（三宅・木下・間場, 1967）。内田満は、農業従事者でも戦前の自作農と小作農の間には、日本の保守政党に対する支持態度に大きな差があることを発見しており、同じ農業従事者でも三宅の指摘した「自前意識」の浸透度によって自民党支持態度に差異が出てくることを示した（1972）。

3 心理学モデル

　エリー調査にもとづく社会学モデルに対しては2つの批判が提出された。第1には，有権者の社会学的要因（宗教，人種，職業，教育程度など）の分布は4年間ではそれほど大きな変化はないにもかかわらず，アメリカ大統領選挙における民主党と共和党の得票率の変動は4年ごとにかなり大きい幅を示しており，社会学的要因ではそれが説明できないという批判であった。第2の批判は，社会学的な要因による説明では，確かにどのようなタイプの人々がどの政党に投票する傾向が高いかは示すが，なぜそのような行動をとるのかという理由までは説明できないので，心理学的要因を導入して説明すべきだという主張であった。

アメリカにおける心理学モデル：ミシガン・モデル

　これらの批判をし，その問題点を解決するために，ミシガン大学の研究者たちは社会心理学的要因を導入して投票行動の説明をする理論モデルを示した（Campbell, Converse, Miller, and Stokes, 1960）。そのモデルを「心理学モデル」または「**ミシガン・モデル**（Michigan Model）」と呼ぶが，このモデルを図式化したのが図5-1-Aである。ミシガン・モデルは，実証的な投票行動研究の成果にもとづいて構築された理論モデルであり，典型的な経験論的理論（empirical theory）といえる。

　ミシガン・モデルでは，有権者の投票行動を従属変数として，それ以外の要因を独立変数とした。図5-1-Aでみると，独立変数として投票行動に影響を与えているのは，二重線の縦長の長方形に囲まれた社会学的要因と，3種類の心理学的要因（実線で囲んだ四角のなかの3要因）である。

　ミシガン・モデルは，図5-1-Aに示されるとおり，コロンビア学

図5-1-A 投票行動の理論モデル：社会心理学モデル（ミシガン・モデル）

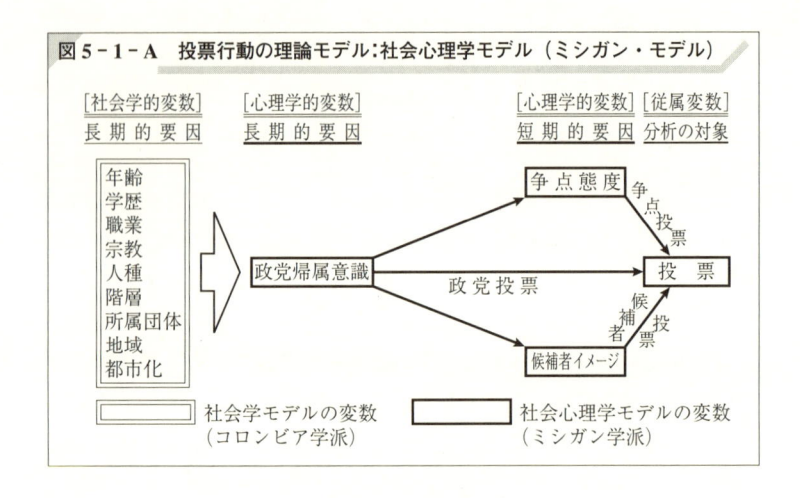

[社会学的変数] 長期的要因
[心理学的変数] 長期的要因
[心理学的変数] 短期的要因
[従属変数] 分析の対象

- 年齢
- 学歴
- 職業
- 宗教
- 人種
- 階層
- 所属団体
- 地域
- 都市化

→ 政党帰属意識 → 争点態度 → 争点投票 → 投票
政党帰属意識 → 政党投票 → 投票
政党帰属意識 → 候補者イメージ → 候補者投票 → 投票

□ 社会学モデルの変数（コロンビア学派）
□ 社会心理学モデルの変数（ミシガン学派）

図5-1-B 投票行動の理論モデル：業績評価モデル

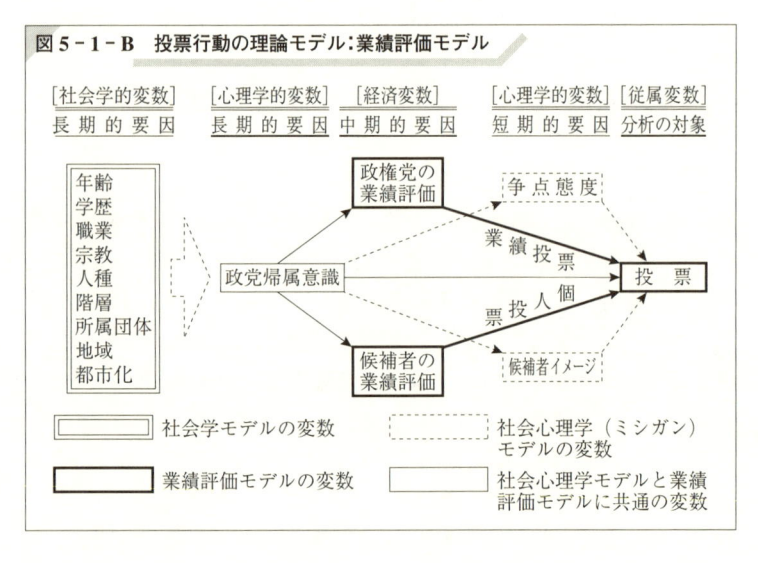

[社会学的変数] 長期的要因
[心理学的変数] 長期的要因
[経済変数] 中期的要因
[心理学的変数] 短期的要因
[従属変数] 分析の対象

- 年齢
- 学歴
- 職業
- 宗教
- 人種
- 階層
- 所属団体
- 地域
- 都市化

→ 政党帰属意識 → 政権党の業績評価 → 業績投票 → 投票
政党帰属意識 → 候補者の業績評価 → 個人投票 → 投票
争点態度／候補者イメージ

□ 社会学モデルの変数
┆ 社会心理学（ミシガン）モデルの変数
■ 業績評価モデルの変数
□ 社会心理学モデルと業績評価モデルに共通の変数

第Ⅱ部　政治過程における個人

派の社会学的な投票行動の説明を否定はせず，そのモデルのなかに取り込んでいる。社会学的変数から大きな矢印が心理学的変数に向けて示されているのは，社会学的変数が投票行動と3つの心理学的変数のすべてに影響を与えていることを意味しているのである。

ミシガン・モデルでとくに重視されているのは3つの心理学的態度変数である：(a)政党帰属意識（アメリカでは party identification と呼ぶが，日本では「政党支持態度」がこれに該当する），(b)有権者が抱く候補者イメージ（candidate image），(c)政策争点に関する有権者の立場，すなわち争点態度（issue position）。この3つの心理学的変数のなかでは，投票行動への影響は，(a)政党帰属意識が最も強く，次いで(b)候補者イメージの影響が強く，(c)争点態度の影響が最も弱いことが実証的データにより示された。

またミシガン・モデルでは心理学的変数を2つに分け，(a)政党帰属意識は長期的要因とし，(b)候補者イメージと(c)争点態度は短期的要因とした。(a)政党帰属意識は，第4章3節の「政治的社会化：政治意識の形成過程」でみたように，政治的社会化の過程を通して長期間かかって形成され，さらに形成されてから投票に影響を与える期間も長期にわたる（直近の選挙ばかりでなく，数年後の選挙にも同様の影響を与える）から，長期的要因といえる。(b)候補者イメージと(c)争点態度は，それぞれ有権者の態度も短期間で形成され，また投票に影響を与える期間も短いので，短期的要因といえるのである。

ミシガン・モデルが示唆する，有権者の投票決定の心理的メカニズムを，日本の例を用いて説明してみよう。ある有権者Aの政党支持が自民党で，政策としては環境保護より地方の地場産業育成を重視していて，候補者評価では自民党のX候補に好感をもっていたとすれば，衆議院選挙では3つの心理的要因が同じ方向を示すので，迷うことなくX候補に投票するであろう。しかし，他の有権者Bが政党支持と政策争点上の立場はAと同じながら，候補者評価では自分の親類の友人であるY候補に好感をもっている場合，Bは矛盾する複数の要因の影

響下で投票行動の決定を下すことになる。このように，異なる心理学的変数のうちどの変数の影響が強く出るのかは，選挙ごとの状況によっても異なり，また個々の有権者によっても異なる。だが，投票行動研究では，有権者全体を分析し，どの変数が平均的有権者の投票行動に最も強い影響を与えるのか，ということを解明するためにデータ分析を行うのである。

政党支持研究の新動向：アメリカの動向と日本での展開

ミシガン・モデルにおいて最も重要な学術的貢献と考えられたのが，政党帰属意識の概念の構築である。この政党帰属意識という概念を用いることによって，普段は民主党支持でありながら共和党の大統領候補に投票するという「逸脱投票」のような投票行動パターンも，説明できるようになったのである。ただしヨーロッパでは，ある政党への投票とその政党への支持態度はほぼ一致してしまい，両者が概念的に区別できないと考えられた。その意味で，政党帰属意識の概念の有用性はヨーロッパではあまり認められなかった（Budge, Crewe, and Farlie, 1976）。

しかし日本では，世論調査を始めた林知己夫らの研究者たち（統計数理研究所，1961）によって**政党支持態度**という概念が1940年代末から50年代にかけて形成されている。この政党支持態度を最も深く長期にわたって分析してきたのは，三宅一郎である（1985, 1998）。三宅によれば，政党支持態度は，ミシガン・モデルにおける政党帰属意識と機能的には非常によく似た概念であるが，政党帰属意識ほど安定していないという。日本人はある特定の政党だけを支持し続けるのではなく複数の政党へと支持を変えたりしているので，三宅はそれを「政党支持の幅」という概念で表した（1967, 1985, 1989）。逆に絶対に支持したくない政党という「拒否政党」もあり，その拒否政党にも幅があることを示唆した。

このように，日本の政党支持は流動的であったが，その傾向は1990年代に入って政党が分裂し流動化したことにより，一層激しくなった。

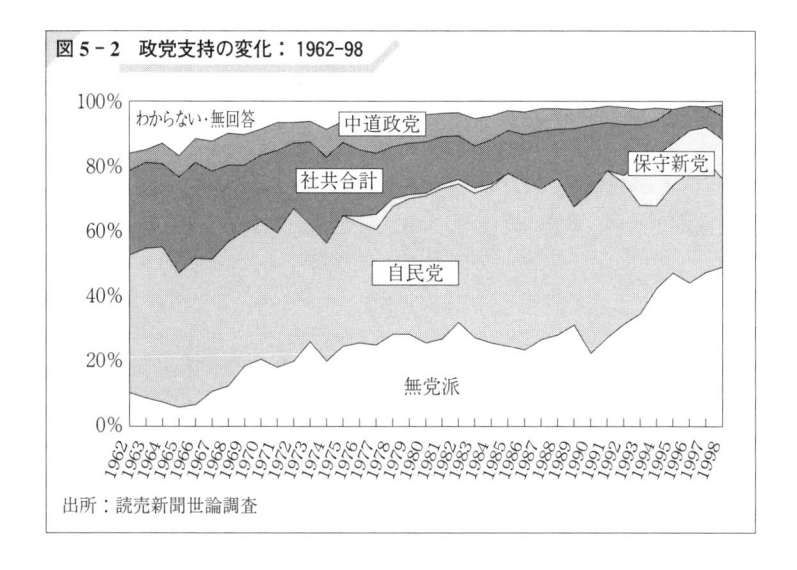

図 5-2 政党支持の変化：1962-98

グラフ内凡例：わからない・無回答、中道政党、社共合計、保守新党、自民党、無党派

出所：読売新聞世論調査

近年の日本では図 5-2 に示すように，**無党派層**（支持政党をもたない有権者層）が急増し50％を超えて注目を集めている。この無党派層は流動的である。蒲島郁夫らが93〜96年にかけて実施した7回にわたるパネル調査方式の全国世論調査によれば，7回のパネル調査全てを通して無党派であった回答者はわずかに2.4％しかいなかったが，逆に一度は無党派と答えた回答者は50％もいたという（蒲島，1998）。すなわち無党派層についても，三宅が指摘するように出たり入ったりする「政党支持の幅」の一つの選択肢になっているということであろう。

アメリカでも無党派層が急増した1970年代に，多くの無党派の研究が現れたが，なかでもワイズバーグ（Weisberg, H.）の政党帰属意識の3次元モデルはユニークである（1980；図 5-3 参照）。日本でも田中愛治（1997）が，ワイズバーグと三宅の研究を参考に，政党支持態度の多次元モデルを示し，積極的無党派層の存在を示唆した。田中は世論調査データの時系列分析から，無党派層を，(a)政治的に無関心な「伝統的無党派層」（約15％），(b)政治的関心が高いが政党支持をもた

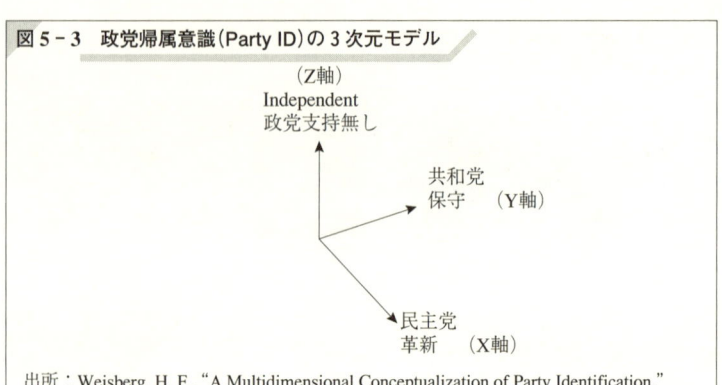

図5-3 政党帰属意識（Party ID）の3次元モデル

（Z軸）
Independent
政党支持無し

共和党
保守　（Y軸）

民主党
革新　（X軸）

出所：Weisberg, H. F., "A Multidimensional Conceptualization of Party Identification," *Political Behavior*, Vol.2-1, 1980.

ない「積極的無党派層」（約20％），(c)1990年代の政党再編成の時期に政党支持を失った「脱政党層」（約15％）に分類した。とくに，(b)「積極的無党派層」は，政党の組織動員には反応しないが，反政党の機運が盛り上がった選挙などでは投票に行き，投票率が選挙ごとに変動して選挙結果の予想を覆す原因となっている。95年に青島幸男と横山ノックが東京と大阪で当選した知事選挙や，98年の経済不況下で自民党が大敗した参院選など，積極的無党派層の存在を想定しないと説明のつかない選挙が現れてきた。

これらの無党派層が有権者の半分を超えるほどに増加し，また流動性が高いことをみると，無党派層も含めて政党支持態度の概念を再検討する必要性が出てきた。池田謙一は認知心理学の視点から政党スキーマ理論を構築した（1994, 1997）。政党帰属意識および政党支持態度の概念は，社会心理学の態度理論に依拠していたが，その態度理論に代わるものとして心理学において1980年代から新たに注目されてきたのが認知心理学である（Lau and Sears, 1986）。認知心理学の知見にもとづく池田の政党スキーマ理論によれば，有権者はある一定の政党を安定して支持し続けるのではなく，各政党に対する何らかの認知（政党スキーマ）をもっており，その時その時に受けた刺激に政党ス

キーマが反応して，投票行動が起こるのではないかとし，世論調査データ分析によりこれを検証した。

4 有権者の合理性をめぐる論争

　ミシガン大学の投票行動研究者グループの貢献としては，ミシガン・モデルを構築したこと以外に，世論調査データを蓄積して他の研究者に公開した点もあげられる。ミシガン・グループは，1948年以降はすべての大統領選挙に関して，また54年以降はすべての中間選挙においても，全米世論調査を今日まで継続して実施してきており，ミシガン・データと呼ばれる投票行動研究の膨大なデータを蓄積してきた。さらに，彼らはそのデータをすべて他の研究者に公開してきたので，アメリカでは同じ世論調査データを用いて，異なる理論や仮説の検証が可能になり，新たな方法論の開発も可能になったのである。その結果，新たな視点から様々な研究が提示されると，それぞれの研究の妥当性を同じデータで検証して競い合う状況が生まれ，学術的な論争が活発に展開されるようになったのである。

> 争点投票論争：有権者に「合理性」はあるのか？

　それらの論争のなかで，最大で最も重要だったのが「**争点投票**（issue voting）」論争である。ミシガン・モデルが示した通り，もし有権者が政策争点にもとづいて投票する候補者や政党を決めるのではなく，従来から抱いていた政党への愛着や，候補者のイメージにより投票を決めているのだとすれば，アメリカの有権者は合理的判断をしていないことになる。そうなれば，アメリカン・デモクラシーは衆愚政治に近いものと判定されてしまうのではないかという危惧が，アメリカの政治学者の間で広がった。そのためにミシガン・モデルに対して批判的な研究が現れたのである。この「争点投票」論争の流れを振り返ってみよう。

まず、ミシガン学派の研究者（Campbell A.K., et al.）は、有権者が争点投票（図5-1-A参照）をするためには、次の3つの必要条件を満足していなくてはならないと論じた（1960）。(1)有権者が選挙時における政策争点を認知していること、(2)有権者にとってその政策争点が重要な意味をもっていること（すなわち、その争点に関して有権者個人が自分の立場をもっていることを意味しよう）、(3)有権者にとってどの政党の争点上の立場が最も自分の立場に近いかを理解していること、の3条件である。しかし、ミシガン大学による1956年大統領選挙の世論調査データの分析では、厳密には3％の有権者しかこの3条件を満足できず、最大でも12％の有権者しか政策争点に基づく投票行動ができていないことが示された。したがって、多くの有権者が争点投票をしておらず、合理的判断に基づく投票をしていないことが示唆された。

　没価値的に客観的分析に邁進するアメリカの投票行動研究者のなかにも、アメリカン・デモクラシーが衆愚政治に陥っているという認識に懸念を抱いた研究者がいて、1970年代に入るとミシガン学派の研究成果に対し批判を提出するようになった。ミシガン学派への批判は2種類に分けられる。第1の批判は、ミシガン調査では研究者が選んだ政策争点に回答者が反応しない場合に、争点投票をしていないと判断しているが、回答者自身が自分にとって重要だと思う争点を自由に選んで答えれば、その争点の投票への影響はもっと強く現れるという方法論上の指摘である。第2の批判は、ミシガン学派の初期の研究が行われた1950年代のアメリカは、時代状況が平穏で国論を2分するような大きな争点がなかった時代だったから、争点投票を測定できなかったと指摘した。1960年代後半から70年代半ばまでのベトナム戦争と公民権運動（黒人差別撤廃運動）の2大争点をめぐって国論が2分された時代には、争点投票が起きているという実証研究が多く提出された。その意味ではミシガン・モデルは修正を迫られたのである。しかし、1964年からミシガン調査の質問方式が、回答者に重要と思う争点をあげさせる方式に変更されたので、60年代後半以降にデータに現れた争

点投票が,第1の方法論上の理由か,第2の時代状況の変化のためかは,判別ができないままになったのである(田中,1998)。

争点投票から業績投票へ:有権者の「合理性」の確認

この「争点投票」論争では多くの相互に矛盾する分析結果が提出され,論争は簡単には決着がつかなかった。しかし,別の視点から有権者の合理性を確認しようとする研究が1980年代には現れた。ミシガン・モデルでは,有権者の合理性を確認するためには,争点投票の3条件を満足する必要があるとされていた。これに対し,フィオリーナ(Fiorina, M.)は有権者が個々の政策争点上の立場に関する政党間(候補者間)の細かい差異を知らなくても,政権担当者の過去の業績の善し悪しを判断して,それを基準に投票すれば,有権者の合理性は確認できると主張したのである(1981)。

具体的には,アメリカで大統領が過去数年間において良い業績を示してきたと多くの有権者が判断した場合には,その大統領は再選され,上院や下院の議員選挙では大統領の政党の候補者に投票する傾向が強いという考え方である。逆に悪い業績だったと判断されれば,その大統領の政党は選挙で苦戦を強いられるという考え方である。フィオリーナはそれを実証的なデータ分析によって示したのである。

このフィオリーナの理論を「**業績投票**(retrospective voting)」理論と呼ぶ。図5-1-Bに示した業績投票の理論によれば,有権者の合理性を確認するためには,争点投票が行われているか否かは必要ではなく,政権担当政党の過去の業績に対する判断(図5-1-Bで,上の方の実線で囲んだ四角)にもとづいて有権者が投票しているかどうかが,有権者の合理性の根拠になるというものである。この業績投票の理論の出現とそれを裏付けるデータ分析によって,「有権者の合理性」をめぐる争点投票論争に終止符が打たれ,「有権者の合理性」が広くアメリカ政治学において確認されるようになった。すなわち,フィオリーナの研究はある意味では,アメリカン・デモクラシーが衆愚政治に陥るのではないかという危惧を払拭したといえるのである。

第5章 世論と投票行動

そして、一般国民のレベルでの「合理性」が1980年代初頭に確認されたことにより、一般の人々の「合理性」を前提条件 (assumption) として成り立っている合理的選択論の研究が、1980年代から急速にアメリカ政治学において増加した。合理的選択論の研究は従来から存在していたが、それまで合理的選択論の研究に対しては、「個々のアクターが合理性にもとづいて行動する」というその前提条件が、一般大衆を分析対象とする投票行動において成り立つのかを疑問視する考えが強かったからである。しかし、業績投票理論により有権者の「合理性」が確認されたので、それ以降、合理的選択論研究が盛んになったことは自然な流れだったといえる。これらの研究については、この後の5節で述べることになる。

個人投票：候補者の地元への貢献の評価

先に述べたミシガン・モデルによれば、候補者に対して有権者がもつイメージや評価（図5-1-Bで、下の方の点線で囲んだ四角）が、その有権者の投票行動に影響を与えると考えられている。それは候補者のイメージ（背が高いとか、誠実そうな人柄など）にもとづくものである。それに対し、1980年代に現れた研究では、候補者が過去にその地元にどれだけ貢献してきたかという要因（図5-1-Bで、下の方の実線で囲んだ四角）も、有権者の投票行動に影響を与えると考えるようになった（Cain, Ferejohn, Fiorina, 1987）。この候補者の過去の業績にもとづく投票を **個人投票**（personal vote）と呼び、ミシガン・モデルにおける候補者イメージとは区別するようになったわけだが、それを区別する基準は各候補者の業績評価であるから、やはり有権者が合理的な判断をしていることを想定している。選挙区における候補者個人の業績を評価する「個人投票」モデルも、国政における政権担当政党の業績を評価する「業績評価」モデルと同様に、有権者の合理性の存在を示すのである。

実は、上述の「個人投票」モデルが示すのとほぼ同じ概念を、三宅一郎は「地元利益誘導」型の投票行動として、ほぼ同時期に日本で実

証的に分析していた (1987)。それは、候補者が自分の地元の選挙区に有利になるように政府のプロジェクトや公共事業を誘導し、地元の有権者から選挙の際に高い支持を得る、という候補者活動に対応する投票行動である。この地元利益誘導型の政治手法（pork barrel politics）は、田中角栄元首相が得意としていたといわれている。日本では一般に、地元利益誘導型の候補者に投票する有権者のことを非難する論調が目立つが、経済学的に考えれば、自分の地元に有利なプロジェクトを誘導して経済的な貢献をする候補者に投票することは、有権者にしてみれば合理的な行動といえる。善悪の判断でなく、合理的か否かを基準にしてみると、日本人の投票行動にも合理的な判断にもとづく行動がみられ、欧米と同じ分析枠組みで日本人の政治行動を分析することが可能であることが示唆されるのである。

日本における「有権者の合理性」：争点投票と業績投票

上述のように「個人投票」については、日本においても有権者の合理性が確認できるような投票行動のパターンがみられるが、先の争点投票や業績投票においては、有権者の合理性はどのようにみられてきたのだろうか。

まず、日本における争点投票の初期の研究では、争点と投票を1対1の関係でみていた（三宅・木下・間場, 1967；荒木・相内・川人・蓮池, 1983）。1980年代に入ると、政党支持と候補者評価とを比べて政策争点が投票に与える相対的な影響力を分析するようになった（三宅, 1984；綿貫・三宅・猪口・蒲島, 1986；三宅・西澤, 1991）。後者の分析方法は、アメリカでミシガン・モデル（図5-1-A参照）全体のなかで他の要因と比べて争点態度の投票へのインパクトを測定しようとしたのと、同様のアプローチである。ただし、日本でも争点投票が明確に起きているとはいいきれない状況である（三宅, 1999）。その意味では、やはり争点投票を有権者の合理性の判断基準としていたのでは、日本の有権者の合理性を十分に確認できないと考えられる。

そこで、日本でも業績投票が起こっているか否かによって、有権者

の合理性を確認する必要があろう。東京都における世論調査データを用いた業績投票の研究として,平野浩は政府の経済的業績に対する有権者の評価が,自民党支持と自民党への投票意図のそれぞれに影響を与えていることを示した (1993)。東京の有権者の合理性は業績投票の視点からは確認できると思われるが,全国的な世論調査データ分析による実証的な研究蓄積が少なく,明確に結論しきれない面がある。

アメリカにおいて1970年代を通して争点投票論争が展開され,10年間かかって有権者の合理性の確認をしたことを考えると,日本では有権者の合理性を確認する実証研究は十分とはいいがたい。それは,アメリカでは投票行動研究者が1970年代にすでに千名以上いたのに対し,日本ではその数が当時100分の1にも満たなかったことを考えれば,当然かもしれない。しかし,日本でも投票行動研究は着実に進展してきており,日本の有権者の合理性もある程度確認されてきた。次節（5節）で述べるように,今日では日本でも有権者の合理性を前提とする研究や,有権者の合理性の証明となる実証研究が増加している。

5 合理的選択モデル

前節で,アメリカにおいて,世論調査データの実証分析によって有権者の「合理性」が確認された後に,合理的選択モデルが1980年代以降盛んになったと述べたが,実は政治学ならびに投票行動における合理的選択理論は,かなり長い歴史をもっている。とくに,ダウンズ (Downs, A.) の著作 (1980) 以降,政治的アクターが合理性をもっているという前提のもとで起こる行動を論理的（演繹的）に導くという,数理的アプローチの研究が,数こそ少なかったがロチェスター大学を中心に進展していた (Riker and Ordeshook, 1968, 1973)。ただ,分析対象が一般の有権者である投票行動研究においては,その前提となる一般の有権者が合理性をもっているという命題を受け入れる研究者が少

Column ⑨　日米における業績投票のパターン
——事例からの直感的理解

　大まかに日米の近年の選挙を振り返ってみると、有権者が業績投票をしていることが、(印象論的ではあるが) 理解できる。政権担当者ならびに政権担当政党の業績を経済上のものに限らず、政治スキャンダルや、外交上の失敗なども含めて考えてみると興味深い。

　まず、アメリカだが、共和党のニクソン大統領が1972年のウォーターゲート事件によって74年に辞任に追い込まれた。その直後の76年の大統領選挙で共和党は敗北し、民主党のカーター大統領が当選した。カーター大統領の任期中にアメリカの経済状態は悪化し、外交上でも失敗が多く、80年の大統領選挙では共和党のレーガン大統領に大敗を喫したのである。その後、共和党のレーガン大統領のもとで景気は回復し、84年の大統領選挙はレーガン大統領が再選された。しかし、92年にアメリカは不況に見舞われ、その年の大統領選挙は共和党のブッシュ大統領が敗れ、民主党のクリントン大統領が誕生した。そのクリントン大統領のもとでは、景気が良くなり、96年には再選されている。

　日本でも、1976年田中角栄元首相がロッキード事件によって逮捕された後の76年12月の総選挙では自民党は得票率を落としている。その後、バブル経済の絶頂期の86年は、中曽根内閣で302議席を獲得した。だが、88年に発覚したリクルート事件のために、自民党は89年7月の参院選では議席が過半数を割るという敗北を喫している。また、97年から一層悪くなった経済状況のため、98年7月の参院選では自民党はまたも大敗北をして、橋本内閣は総辞職をした。

　このように大まかにみても、日米両国民は政権担当者の業績について判断をくだしているといえよう。そのことにより、国民が合理性を有していることは認めることができよう。

なく、なかなか投票行動研究における合理的選択理論が広まらなかったと考えられる。それが大きく変化したのが、業績投票理論の登場で「有権者の合理性」が確認されてからになるわけである。

第5章　世論と投票行動

前節までに述べてきた世論調査データを統計分析する計量分析のアプローチと，合理的選択論における数理的アプローチとは，双方とも数式を用いるので表面上は同類だとみなされがちであるが，方法論上は計量分析（統計分析）が経験的で帰納的であるのに対し，数理分析が論理的で演繹的と，正反対の関係にある。この経験的・統計学的アプローチと演繹的・数理的アプローチの違いをわかりやすく説明するために，*Column* ⑩では幾何学の例を用いて解説したので，参照してもらいたい。

合理的選択モデルの投票行動への応用：ダウンズの理論

　この数理的なアプローチにもとづく合理的選択モデルの投票行動への応用の初期の例として，ダウンズの示した方程式をあげておこう（ダウンズ，1980）。ダウンズは，合理的な有権者は「自己の効用（Utility）を最大化することを目的として行動する」はずだという前提のもとに，個々の有権者は投票に際して自分にとって有利な政策を実施するであろう政党を選ぶと考えた。それを式で表すと以下のようになる。

$$B = E(U_{t+1}^A) - E(U_{t+1}^B) \cdots\cdots \text{[式 5.1]}$$

　ダウンズによれば，この方程式では，現在より先の選挙後の時点（$t+1$）において，政権担当政党Aが再び政権についた場合にその政策がもたらす効用を U とし，有権者が期待するA党の効用 U の期待値は，$E(U^A)$ で表せる。野党Bの政策が選挙後（$t+1$）にその有権者に与える効用の期待値は $E(U^B)$ で表すことができる。すると，その差（期待効用差 B）がプラス（$B>0$）のときは有権者はA政党に投票し，その差がマイナス（$B<0$）のときはB政党に投票し，その差がゼロ（$B=0$）のときは棄権することになる。このような理論モデルを方程式に表したものが［式5.1］である。しかし，一般の有権者は実際には上の方程式のような細かな点まで計算して投票するとは考えにくいことから，上述のダウンズの合理的選択モデルを世論調査データの分析によって検証する研究例は少なく，この理論を現実的である

Column ⑩　演繹的アプローチと合理的選択理論

　経験的（帰納的）アプローチの研究方法と対照的と考えられるのが、数理的（演繹的）アプローチの研究方法である。この両者の違いを理解するために、例として、数学における「三角形の2辺の和は他の1辺よりも大きい」という命題が真理だと知る方法を考えてみよう。

　第1の方法は、様々な形の三角形を数多く（1万個くらい）集めてきて、その2辺の和が他の1辺よりも長くなるかを定規（モノサシ）で実際に計ってみて、確かに上記の命題が真理であるだろうということを「経験的に」知る方法である。その場合は、厳密には、上記の命題は反証があがるまでは正しい命題で、棄却されない（反証があがれば棄却される）、ということになる。これが、帰納的アプローチによる理論の検証方法である。

　第2の方法は、任意の三角形を1つ使って、「三角形の2辺の和は他の1辺よりも大きい」ことを幾何学的に証明してみせる方法である。それは、下の図で△ABCの辺CAの延長線上に点Dを、AD＝ABとなるようにとると、

　　$b+c=CD$　……①

また、　∠ABD＝∠ADB,
　　　　∠CBD＞∠ABD
ゆえに、　∠CBD＞∠CDB　である。
よって、△BCDにおいて　$CD>a$
したがって、①から　$b+c>a$　となる。

　この第2の方法は、ある前提条件（ここでは幾何学の公理）が正しければ、必ず上の命題が正しいことを「論理的に」説明する方法であり、このような論理的推論によって結論を導く方法を演繹的方法と呼ぶ。この演繹的・数理的な証明によれば、1つの三角形をみるだけで、上記の命題が正しいと証明できるので、反証が現れたらこの命題が棄却されるという心配をしなくてよいことになる。近年政治学で有力になっている合理的選択論のアプローチは、このような演繹的な推論を政治学の世界に適用する研究方法である。

と受け入れる研究者は当初は少なかったのである。

合理的選択モデルと選挙経済循環の実証研究

前節（4節）でフィオリーナ（Fiorina, M.P.）が提示して実証してみせた仮説（1981），すなわち過去数年間の政府の業績が良ければ，有権者は政権担当政党に投票し，業績が悪ければ野党に投票するという考え方も，上述のダウンズの方程式と非常に似た論理（理屈の筋道）を使っている。すなわち，ダウンズは「将来（$t+1$）」の政権担当政党の業績への期待を計算するように式を立てていたが，フィオリーナは単に「過去（$t-1$）」の政府の業績が良かったかどうかだけで有権者が投票する政党を決めると想定しているのである。

このダウンズとフィオリーナの理論モデルが示すのとほぼ同じ論理のもとに，クレイマー（Kramer, G.H.）は，集計データの分析によって，政府の経済業績と選挙での政権担当党の成功の間に一定の関係をみつけたのである（1971）。彼は，選挙結果と経済指標のデータを1896年から1964年まで分析し，アメリカ国内の経済状況が上昇したときは下院議員選挙で大統領の政党の候補者たちの得票率が高くなり，経済状況が下降したときは大統領の政党の候補者の得票率が落ちることを統計的に示したのである。このことにより，クレイマーは有権者が合理的だからこそ，政府の業績（経済状況）と政権担当政党（大統領の政党）の得票率に相関関係がみられるのだと主張したのである。したがって，クレイマーの研究業績は，有権者が合理的であるという命題を実証的に示したということができる。

その後，タフティ（Tufte, E.）は，経済状況が良ければ政権担当政党が選挙で有利になるという議論をひっくり返して，政権担当者（アメリカ大統領）は選挙の年に景気浮揚策を実施して選挙戦を有利に導こうとするという実証研究を示した（1978）。これは，政府が経済政策を政治的に操作する可能性を示唆したものだが，その根底にはやはり，有権者が政権担当者の経済的業績を合理的に判断して投票するという考え方がある。

日本で最初に，クレイマーと同じように集計データ分析により業績評価モデルを検証したのは，猪口孝である（1983）。猪口は集計データを用いて，経済状況の善し悪しと政権担当政党の得票率の増減には関係（選挙経済循環）があることを示した。だが，アメリカでは国政選挙，地方選挙などすべての選挙が定期的に行われるのに対して，日本では衆議院の解散があるために，選挙が不定期になっている。そのために，日本では与党（自民党）が景気の良いときに解散をして議席を伸ばそうとする「波乗り」現象が現れる（猪口，1983；西澤・河野，1990）。これは，上記のタフティの議論と同様の論理であるが，政権担当政党が景気を操作するのではなく，解散によって選挙の時期をコントロールできる制度を利用している例である。

　以上述べた研究はすべて集計データ分析にもとづいて，有権者の合理性を示そうとするか，それを前提とした研究である。1980年代以降，アメリカでは上述のような集計データにもとづく合理的選択モデルの研究が急増して，近年では日本の研究にもその影響が強く現れるようになった。本章冒頭の「経済状況と選挙結果」で述べたように，鈴木基史（1996）が数年分の経済状況と自民党の得票率とを示すデータをプールして，経済状況と自民党の得票率に関係があることを示したほか，小林良彰の研究（1997）など数多くの成果が近年出てきた。

　また，これらの研究アプローチの延長上ではあるが，選挙制度と選挙結果や政党のあり方の関係を合理的選択論の視点から分析する，新制度論のアプローチによる研究が近年では数多く提出されているが，それらは次章（第6章「選挙制度と政治参加」）と第8章「政党」で触れることにしたい。

むすび

　以上みてきたように，政治学における投票行動研究は社会学，心理学，経済学の影響を受けつつ発展してきた。初期の段階では，投票行動研究は社会学の影響を強く受けて開始され，ヨーロッパでは今日でも政治社会学の一分野として投票行動研究が位置づけられている。しかし，その後アメリカ

では，社会心理学の影響が強くなり，世論調査を駆使してかなり精緻な計量分析が行われるようになった。世論調査データにより，有権者の投票の際の心理的メカニズムをある程度解明しようとしたのであるから，当然のことながら，世論研究（政治意識研究）と投票行動研究は密接な関係を保って発展したのである。

心理学的アプローチの重要な貢献の1つは，政党支持態度の概念の構築であり，ある特定の政党を支持する心理学的態度とある政党に投票する行動とは，別のものであるということを示した点にあった。それ以上に重要でかつ政治学における最大の貢献は，選挙を通して政治に参加してデモクラシーを支える個々の市民が，合理的な判断にもとづいて投票しているのだろうかという，有権者の「合理性」が確認できた点であったといえよう。

この有権者の「合理性」が確認される頃から，アメリカを中心に経済学の影響を強く受けた合理的選択モデルの研究が急増した。合理的選択モデルにもとづく投票行動の研究は，その多くが集計データ分析にもとづくものである。社会心理学モデルにもとづく投票行動研究が，社会心理学で広く使われている世論調査を用いてきたのと同様に，経済学の影響が強い合理的選択モデルにもとづく投票行動研究は，経済学におけるデータ分析の中心を占めている集計データ分析（とくに時系列分析）を多用している。このように，今後は投票行動研究には世論調査データと集計データの双方の分析が必要になってきているのである。

今後，21世紀にかけて，投票行動，政治意識，政治参加などの「個人と政治過程」に関する領域において，合理的選択モデルの影響はしばらく続くであろう。しかし，認知心理学からの新たな貢献がなされてきており，今後は合理的選択モデルと認知心理学モデルの融合も課題となろう。いずれにしても，投票行動研究の領域はますます学際的な研究分野として発展していくことになるだろう。

【設　問】

1. 有権者が投票を決める際に，どのような要因が影響しているだろうか。また，最も重要な要因は何だろうか。
2. 無党派層とは，政治的に無関心な人々で，選挙にとっても政治システムにとっても意味のない存在だろうか。
3. 有権者の合理性とはどのようにして，確かめることができるだろうか。
4. 投票行動における合理的選択モデルでは，有権者がどのように行動すると想定して分析を進めているのだろうか。
5. 投票行動は政治システムのなかではどのように位置づけられ，また投票行動研究はデモクラシーのあり方とどのようにかかわっているといえるだろうか。

第5章のキーワード

ミシガン・モデル　ミシガン大学の研究者たちが社会心理学的な要因を導入して構築した投票行動の説明のための理論モデル。

政党支持態度　有権者がふだん特定の政党を支持している態度。選挙の際に何党に投票するかという行動とは別の心理学的な態度だが，これが最も有権者の投票行動に強く影響している。アメリカの投票行動研究では，政党帰属意識と呼ぶ。

争点投票　選挙の際に，有権者が政策上の争点を基準にして，政党や候補者を決めて，投票すること。ミシガン・モデルでは，有権者の合理性の証明になると考えられた。

業績投票　過去数年間の政権担当政党の業績の善し悪しを基準に，有権者が投票すること。ミシガン・モデルを超えて，この業績投票ができれば有権者の合理性の証明になるという考え方が，強くなった。

個人投票　候補者個人の自分の選挙区へのサービスの善し悪しを基準に，有権者が投票すること。日本では「地元利益誘導型」の候補者への投

票が，これに当たる。

　無党派層　政党支持をもたない有権者層のこと。かつては政治的無関心層と重複すると考えられていたが，近年では政治的関心の高い積極的無党派層の存在が注目されるようになった。

読書ガイド

三宅一郎『投票行動』東京大学出版会，1989年。
　この分野の第一人者による，投票行動研究のアメリカと日本の現状を，理論的にも実証的にも網羅的に解説している。ややハードな内容。

「特集：選挙研究の現状と課題」日本選挙学会編『選挙研究』第13号，木鐸社，1998年。
　投票行動研究に従事する中堅の研究者4名が，政党支持態度，争点投票，業績投票，数理モデルの4つの領域について，アメリカと日本の研究系譜をわかりやすく解説している。大学院のこの分野の入試対策には最適の教科書になる。

三宅一郎『政党支持の構造』木鐸社，1998年。
　政党支持態度研究の現時点での最高水準を示す研究書。政党支持態度に関する様々な問題を実証的に検討している。

蒲島郁夫『政権交代と有権者の態度変容』木鐸社，1998年。
　1993年から96年までの政党再編期の日本の有権者の投票行動を，7回の全国パネル世論調査の結果を通して動態的に分析した研究書。新党，無党派層，選挙制度など多くのテーマを検討している。

小林良彰『現代日本の政治過程』東京大学出版会，1997年。
　世論調査データ分析，集計データ分析を駆使して，戦後日本の政治過程を計量的に分析した研究書。投票行動研究よりも広い視野でカバーしており，政治過程論への重要な貢献をしている。

池田謙一『転変する政治のリアリティ』木鐸社，1997年。
　認知心理学の立場から，政党や政治状況に対する有権者の認知，対人情報ネットワークなどの投票行動への影響を，独自の理論を提示し，実証的に分析している。

●引用文献●

荒木俊夫・相内俊一・川人貞史・蓮池穣，1983『投票行動における連続と変化』木鐸社。

池田謙一，1994「政党スキーマと政権交代」『レヴァイアサン』No. 15, 木鐸社，pp.73-103。

池田謙一，1997『転変する政治のリアリティ―投票行動の認知社会心理学』木鐸社。

猪口孝，1983『現代日本政治経済の構図』東洋経済新報社。

内田満，1972『政治参加と政治過程』前野書店。

蒲島郁夫，1998『政権交代と有権者の態度変容』木鐸社。

小林良彰，1997『現代日本の政治過程』東京大学出版会。

鈴木基史，1996「日本とアメリカ合衆国における国政選挙のマクロ分析」日本選挙学会編『選挙研究』第11号，北樹出版，pp. 3-22。

ダウンズ，A., 1980『民主主義の経済理論』（古田精司訳）成文堂。

田中愛治，1995「『55年体制』崩壊とシステムサポートの継続」『レヴァイアサン』No. 17, 木鐸社，pp. 52-83。

田中愛治，1997「『政党支持なし』層の意識構造と政党支持概念の再検討」『レヴァイアサン』No. 20, 木鐸社，pp. 101-129。

田中愛治，1998「選挙研究における『争点態度』の現状と課題」日本選挙学会編『選挙研究』第13号，木鐸社，pp. 17-27。

統計数理研究所国民性調査委員会編，1961『日本人の国民性』至誠堂。

西澤由隆・河野勝，1990「日本における選挙経済循環」『レヴァイアサン』No. 6, 木鐸社，pp. 152-171。

平野浩，1993「日本の投票行動における業績評価の役割」『レヴァイアサン』No. 13, 木鐸社，pp. 147-167。

三宅一郎・木下富雄・間場寿一，1967『異なるレベルの選挙における投票行動の研究』創文社。

三宅一郎，1984「政策争点・政策能力イメージ・政策選択」日本政治学会編『年報政治学 政策科学と政治学』岩波書店，pp. 265-291。

三宅一郎，1985『政党支持の分析』創文社。

三宅一郎, 1989『投票行動』東京大学出版会。
三宅一郎, 1998『政党支持の構造』木鐸社。
三宅一郎, 1987「地元利益志向と保守化」『レヴァイアサン』No. 1, 木鐸社, pp. 31-46。
三宅一郎・西澤由隆, 1991「日本の投票行動モデルにおける政党評価要因」日本選挙学会編『選挙研究』第7号, 北樹出版, pp. 63-79。
三宅一郎, 1999「中途半端に終わった政策投票——1996年衆議院議員総選挙の場合」日本選挙学会編『選挙研究』第14号, 木鐸社, pp. 50-62。
ラザースフェルド, P.F./B.ベレルソン/H.ゴーデット, 1987『ピープルズ・チョイス』(有吉広介訳), 芦書房。
綿貫譲治, 1976「『伝統』と『近代』の対立としての日本政治」『日本政治の分析視角』中央公論社, 第6章所収 (Watanuki, 1967の邦訳)。
綿貫譲治・三宅一郎・猪口孝・蒲島郁夫, 1986『日本人の選挙行動』東京大学出版会。

Budge, I., I. Crewe and D. Farlie, 1976, *Party Identification and Beyond.*
Cain, B., J. Ferejohn and M. Fiorina, 1987, *The Personal Vote.*
Campbell, A., P. E. Converse, W. E. Miller and D. E. Stokes, 1960, *The American Voter.*
Fiorina, M. P., 1981, *Retrospective Voting in American National Elections.*
King, G., 1997, *A Solution to the Ecological Inference Problem.*
Kramer, G. H., 1971, "Short-term Fluctuations in U. S. Voting Behavior," *American Political Science Review*, 65, pp. 131-143.
Kramer, G. H., 1983, "The Ecological Fallacy Revisited: Aggregate-versus Individual-level Findings on Economics and Elections and Sociotropic Voting," *American Political Science Review,* 77, pp. 92-111.
Lau, R. R. and D. O. Sears., 1986, *Political Cognition.*
Lipset, S. M. and S. Rokkan, 1967, *Party Systems and Voter Alignments.*
Riker, W. and P. Ordeshook, 1968, "A Theory of Calculus of Voting," *American Political Science Review*, 62, pp. 25-42.
Riker, W. and P. Ordeshook, 1973, *An Introduction to Positive Theory.*
Tufte, E. R., 1978, *Political Control of Economy.*

Watanuki, J., 1967, "Patterns of Politics in Present-Day Japan," in *Party Systems and Voter Alignments*, Chapter 9, pp. 447-466.

Weisberg, H. F., 1980, "Multidimensional Conceptualization of Party Identification," *Political Behavior*, 2-1, pp. 33-66.

第6章　選挙制度と政治参加

> 政治参加には選挙における投票参加と，選挙以外の政治参加の形態がある。本章では，おもに選挙と投票参加を中心に述べる。まず，選挙制度への理解を深め（1節），選挙制度の特徴を合理的選択理論による見方から考えて（2節），次に投票参加や投票率の低下についてみてみる（3節）。最後に選挙以外の政治参加に触れる（4節）。

選挙制度と参加をめぐる疑問

　選挙制度と参加をめぐる疑問点は2つある。1つは選挙制度に関してである。2大政党制を導き安定した政党制を促すといわれてきた小選挙区制と，小党分立を招き政権を不安定にするといわれてきた比例代表制を組み合わせた，1996年の衆議院選挙で初めて実施された小選挙区比例代表並立制は，どのような政治的な結果をもたらすのだろうか，という疑問である。

　もう1つは政治参加に関してである。デモクラシーの理論によれば，国民の教育程度が高くなり，独立した判断能力のある市民が増えれば，

政治参加は本来盛んになると考えられてきた。しかし，日本やアメリカのような大学進学率が最も高い国で，投票率が最も低くなっている。このパズルは，どう考えれば解けるのであろうか。

どちらの問いにも正解が確定しているわけではないが，本章が，これらの問いに対する答えを導く糸口になるだろう。

1 選挙制度

選挙制度には，小選挙区制，比例代表制，また長年にわたって日本で実施されていた中選挙区制，さらには1996年から日本で実施されている小選挙区比例代表並立制などの折衷型があるが，それらは本来どういう仕組みになっているのだろうか。いくつもある選挙制度をどのようにみればわかりやすく理解できるだろうか。選挙制度を(1)選挙区制（選挙区定数），(2)投票方式，(3)代表制（代表法），という３つの側面から考えると整理しやすく，この問題を考えやすい。

選挙区制による類型化　まず最初に，(1)選挙区の定数に焦点を当てると，①小選挙区制と②大選挙区制に分けられる。大選挙区制のなかには日本の中選挙区制や比例代表制も含まれる。日本語での小・中・大の区別は選挙区の面積の大小を示しているような誤解を与えるが，実は，その選挙区で選出される議員の数（すなわち選挙区の議席数，定数）を示している。そのことは，英語での名称を考えると明らかである。①小選挙区制（single-member district system）は，すべての選挙区の定数が１である「１人区制」を意味している。アメリカの上院議員選挙は，日本より面積が大きいカリフォルニア州やテキサス州でも各州１名を選出する「１人区制」であり，小選挙区制と分類できる。②大選挙区制（multi-member district system）は，１つの選挙区から複数の議員が選出される制度である。実態としては各選挙区の定数が10～20のところが多い。中選挙区制は，１選挙区の定

数が複数という点では,大選挙区制の1種類である。1993年まで存続した日本の衆議院の選挙区では,定数は原則として3～5(その後,例外措置として定数2～6に変更)だったので,これをとくに中選挙区と呼んだ。現在の日本では参議院選挙における都道府県単位の「選挙区選挙」の一部に中選挙区制がみられる。

> **投票方式による類型化**

次に,(2)投票方式であるが,これは①単記投票制(single-ballot system),②連記投票制(multi-ballot system)に分けられる。①単記投票制は投票用紙に1名の候補者名を書く投票方式であるから,もともとは小選挙区制に対応した投票方式であった。②連記投票制は,10名とか15名とか,複数の候補者名を連記するものなので,大選挙区制に対応した投票方式である。有権者が投票する際に,選挙区の定数と同数の候補者名を連記する場合は「完全連記投票制」となり,選挙区の定数よりも少ない数の候補者を連記する場合は「制限連記投票制」と呼ぶ(西平,1980)。

だが,大選挙区制でも単記投票制を採用する例外的な場合もあり,日本の市議会議員選挙はその典型である。日本の中選挙区制も同じで,参議院やかつての衆議院の中選挙区では,選挙区の定数は複数だが,有権者が投票用紙に記入する候補者数は1名である。ヨーロッパの伝統では,大・中選挙区制のように複数の定数をもつ選挙区では,投票する候補者を連記するのが一般的と思われてきたから,日本の方式は変則的であると考えられてきた(西平,1980)。

しかし,日本以外ではアイルランドが日本とほぼ同じ中選挙区制をとっている。ただし,アイルランドの場合は,単記移譲式(single transferable vote; STV)であり,日本の場合は単記非移譲式(single non-transferable vote; SNTV)と,候補者の決定方式は異なったものとなっている。アイルランドでは,有権者が複数の候補者に順位をつけ,落選が決定した候補者に1位を記した票を,2位の候補者に移譲する方式である。これに対し,日本の中選挙区制は複数の定数をもつ一種の大選挙区制であるのに,単記投票制でかつ票の移譲もできない。こ

の特徴に注目して,新たな研究潮流である新制度論 (new institutionalism) 研究のアプローチをとる欧米の政治学者は,日本の中選挙区制のことをSNTV方式と呼び,このSNTVの選挙制度が特定の選挙結果を生みだしやすいという分析を行っている。これらの研究については,2節「選挙制度の特徴」で選挙制度と選挙結果の関係について述べることにしたい。

代表制による類型化

最後に,(3)代表制の側面に焦点を当てると,①多数代表制,②少数代表制,③比例代表制,の3種類に分けられる。①「多数代表 (majority representation)」とは,選出される議員がその選挙区の有権者の多数派を代表しているという意味である。多数代表制もさらに2つに分類できる。アメリカやイギリスの小選挙区制のように,相対(単純)多数 (relative majority, または plurality) で当選させる制度は,得票数が過半数に達していなくとも最も多い得票を得た候補者が選ばれる仕組みである。一方,フランスの小選挙区2回投票制のように,絶対多数 (absolute majority) すなわち過半数の得票を得た候補者でないと当選できない制度もある。したがって,小選挙区制でかつ単記投票制の場合には,相対多数代表制(単純多数を選ぶ普通の小選挙区単記投票制の場合)か絶対多数代表制(フランスのように特別の規程を設けて絶対多数代表を必要とする場合)になるといえる。

これに対し,日本の1993年までの衆議院選挙のような中選挙区制の場合には,複数の候補者が当選できて,必ずしも多数派の支持を受けた候補者だけが当選するわけではないので,これを②「少数代表制」と日本では呼んできた。たとえば,定数4の選挙区を想定した場合,第4位のC党の支持者が投票者の13％といった少数派であっても4位に入っていれば,中選挙区制ならばこのC党の候補者は当選できるという意味である。しかし,この用語は日本独特であり,欧米には該当する言葉は存在しないといわれている(西平,1980)。日本の中選挙区制が少数派だけを代表に選出するわけではないので,「少数代表制」

表6-1 比例代表制における議席配分の原理（定数10の場合）
――算術的比例配分結果と最大剰余法比例配分の比較

	A党	B党	C党	D党	合計
得票数	26,000	18,000	10,000	8,000	62,000
得票率	41.9	29.0	16.1	12.9	100.0
算術比例による配分議席	4.19	2.90	1.61	1.29	10.0
配分議席（端数切り捨て）	4	2	1	1	8
最大剰余（小数点以下）	0.19	0.90	0.61	0.29	
剰余配分の議席数	0	1	1	0	2
最大剰余方式の配分議席	4	3	2	1	10

注：架空のデータを用いて計算した。

という用語は海外の研究者には誤解を招くかもしれない。日本の中選挙区制は、ある程度の弱小政党でも議員を国会に送り込むことができる仕組みとはいえるが、その点に関しては、後に述べるSNTV制度の視点からの分析の方が、日本の中選挙区制の意味するところを厳密に示すであろう。

多数代表制の対極にあると考えられるのが、③比例代表制（proportional representation system; PR system）である。これは、具体的には大選挙区制において、有権者が政党名を投票用紙に記入する方式で、その大選挙区全体の定数（議席数）を、各党の得票率に比例するように配分する制度である。ただし実際の議席配分に関しては、算術的な比例配分をすると、小数点以下の端数の処理ができなくなる（表6-1参照）。そこで、端数処理をするための議席配分方式として、**ドント式**、最大剰余式（ニーマイヤー式）、サン・ラゲ式、修正サン・ラゲ式など数種類の方式が考案された。その細かな相違点はここでは省略するが、ドント式は、1987年まで西ドイツで行われ、現在日本で用いられている議席配分方式なので、その原理は知っているとよいだろう（*Column* ⑪「ドント式――比例代表制における議席配分方式」を参

表6-2 ドント式配分による比例代表制の議席配分の原理（定数10の場合）

	A党　順位	B党　順位	C党　順位	D党　順位
得票数	26,000	18,000	10,000	8,000
÷1	26,000 ①	18,000 ②	10,000 ④	8,000 ⑦
÷2	13,000 ③	9,000 ⑤	5,000	4,000
÷3	8,667 ⑥	6,000 ⑨	3,333	2,667
÷4	6,500 ⑧	4,500	2,500	2,000
÷5	5,200 ⑩	3,600	2,000	1,600
÷6	4,333	3,000	1,667	1,333
÷7	3,714	2,571	1,429	1,143
÷8	3,250	2,250	1,250	1,000
÷9	2,889	2,000	1,111	889
獲得議席数	5	3	1	1

注：架空のデータを用いて計算した。

照）。また，大政党にはドント式が若干有利になり，サン・ラゲ式が不利に働くといわれている。

日本の小選挙区比例代表並立制

日本では政治改革関連法（1994年成立）により，1996年の衆議院選挙から **小選挙区比例代表並立制** が導入された。これによって，衆議院の定数500のうち，300議席は小選挙区から選出され，残りの200議席は比例代表で選出されることになった。比例代表の選挙では全国を11ブロック（北海道，東北，北関東，東京，南関東，北陸信越，東海，近畿，中国，四国，九州）に分け，それぞれのブロックごとに各党が候補者名簿を選挙管理委員会に提出しておき，有権者は政党名で投票するという制度である。小選挙区の選挙では，有権者は候補者名で投票し，1選挙区1名ずつ議員が選出される。

この新たな選挙制度のねらいは，小選挙区では大政党が有利になる一方，11のブロックでは比例代表制なので小政党でも議員を衆議院に当選させることができるというものである。その意味では，小選挙区比例代表並立制は，大政党と中小政党間の議席配分のバランスをとる

Column ⑪　ドント式——比例代表制における議席配分方式

　ドント式の議席配分では（表6-2参照），各党の得票数を整数で1，2，3，と順に割っていき，その商の大きい順に議席を割り当てて，その大選挙区の定数分の議席を配分し終わるまで続けるという仕組みである。たとえば定数10の大選挙区で，A党からE党までの5党の得票率に応じて10の議席をドント式で配分するためには，表6-2のように，各党の得票率を整数で割って得られた商の大きい順に，①から⑩まで順位をつけて議席を配分していけばよい。表6-2では，1議席目はA党，2議席目はB党，3議席目はA党，4議席目がC党で，7議席目で初めてD党に議席が割り当てられることになる。

　このドント式は大政党に若干有利になるといわれているが，それはドイツが1987年に変更したニーマイヤー式（最大剰余式）とを比べればわかる（表6-1参照）。表6-1に示したように，定数の議席を各党の得票率に応じて比例配分すると，小数点以下の端数が出る（算術比例による議席配分）ので，小数点以下の端数を切り捨て，整数部分だけ議席を各党に割り当てる（配分議席）。ここでは8議席しか配分されない。次に，その小数点以下の数値の大きい順に残りの2議席を配分すると，B党，C党に1議席ずつ割り当てられる（剰余配分）。その結果は，A党が4議席，B党が3議席，C党が2議席，D党が1議席となる。これがニーマイヤー式だが，ドント式の配分結果（表6-2参照）ではA党が5議席，B党3議席，C党とD党が1議席となり，ドント式では若干大政党に有利に議席配分されることがわかる。

ために，小選挙区と比例代表制とを組み合わせる制度として考え出されたのである。

　また，小選挙区にしても比例代表にしても，新制度下での選挙では，有権者が政党を基準に投票するようになり，有権者が候補者との個人的なつながりによって投票を決めることが減少すると期待された。そうなれば，政党間の政策論争も盛んになるだろうという期待も含まれていたようである。しかし，それらの期待通りに小選挙区比例代表並

立制が機能するかどうかは,有権者がこの新選挙制度に習熟してから,はじめて明らかになってくることであろう。

　たとえば,小選挙区比例代表並立制のもとで導入された制度に,1人の候補者が小選挙区と比例区の双方に立候補できる「重複立候補」制度があるが,この制度は,有権者がこの制度の特徴を習熟するまでは,正当に評価することが難しいものの典型といえる。この重複立候補制では,小選挙区で落選した候補者の比例代表での当選か否かを決める際に,「惜敗率」の計算をする方式を用いている。比例代表において各政党が選挙管理委員会に届け出る候補者名簿は,順位をつけても良いが,小選挙区に重複立候補した候補者に限っては順位をつけずに同一順位に何名届けても構わない。小選挙区で落選した候補者の場合は,その小選挙区で当選した候補者の得票数に対し,本人の得票数が何パーセントであったかを「惜敗率」として計算し,その惜敗率の高い順に,該当するブロックの比例代表の政党名簿において同一順位の候補者に優先順位をつけて,当選者を決定していくという方式である。

　1996年衆議院選挙の栃木1区を例にとってみよう。内田満ら(「選挙とデモクラシー研究会」)が,栃木1区で行った選挙後の世論調査によれば,栃木1区で当選した船田候補(当時,無所属)に投票した回答者のうち,31.1％もの回答者が「簗瀬さんの名前が民主党の比例代表の名簿にあったので,小選挙区では船田さんに投票した」と回答している。その31.1％にあたる票数を単純に船田候補の得票数から簗瀬候補に移せば,数字の上では選挙結果は逆転する。船田候補は当時無所属だったので,比例代表から政党名簿によって当選する道はなかったが,簗瀬候補は民主党の北関東ブロックの比例名簿により当選すると思われていたのだろう。しかし結果は,小選挙区で簗瀬候補が獲得した票数が少なく,惜敗率によって簗瀬候補は比例代表でも民主党の名簿における順位が下がり落選してしまった。これは,有権者の「小選挙区では船田さん,比例区では簗瀬さん」という意図通りに,選挙制

度が働かなかった結果であると解釈できる。すなわち,有権者の多くが小選挙区の票と比例代表の票を有効に使い分けるという「戦略投票」を行おうとしたが,惜敗率の仕組みと比例代表の政党名簿での同一順位の意味をよく知らなかったために,結果としては比例代表では簗瀬氏を当選させることができなかったのである。

1996年の総選挙が初回であったにもかかわらず,有権者がすでに戦略的に投票をしようとしていたことは,鈴木による全国の選挙結果の集計データ分析でも示されており,有権者が有効に票を使い分けようとしていたことは確かなようだ (1999)。だとすれば,有権者が選挙を数回経験するうちに,前述の栃木1区で起きたような誤解も次第になくなるであろう。リード (Reed, S.R.) は,有権者が長期間に選挙を数回経験するにしたがって,次第に制度の特徴を理解し,有効に(戦略的に)自分の票を使うようになると指摘し,実証的にも示している (1990)。この議論にしたがえば,新しい選挙制度を評価することには,慎重でなくてはならないであろう。

海外の折衷型の選挙制度

日本以外で,小選挙区制と比例代表制を組み合わせた折衷型の選挙制度は,いくつかある。しかし,もともとは西ドイツ時代から行われていたドイツの連邦議会の下院の**小選挙区比例代表併用制**がその典型であった。ドイツでは,まず各党への議席の配分は比例代表選挙の結果によって決められ,次に誰を議員にするのかということに関しては,全議員の半数は比例代表で決まるが,残りの半数は小選挙区で当選した候補者が選ばれる。すなわち,この制度は,基本的には比例代表により政党に議席を配分するが,有権者が個々の候補者の好みを小選挙区選挙を通して示せるようにしているのである。

イタリアは比例代表制から小選挙区と比例代表の混合制に改革され,1994年の総選挙で実施された。やはり日本と同じく,この選挙制度改革をきっかけに,それまで連立政権の中核を担ってきたキリスト教民主党が政権から脱落し,政党再編成が起こった(第8章2節「政党シス

テム」を参照)。また，ニュージーランドは小選挙区制から比例代表と小選挙区の折衷型の選挙制度に変わった。このように，折衷型の選挙制度を採用する国が増えてきており，それぞれの試みが各選挙制度のもつ利点と欠点とのバランスをとろうとしていることは確かである。だが，それらの選挙制度の評価には，今後の厳密な実証分析の結果を待たなければならないだろう。

2 選挙制度の特徴──合理的選択論の視点から

今まで述べてきた選挙制度が政治に対してどのような意味をもつのかということについては，合理的選択モデルにもとづく新制度論の視点からみると，整理して考えやすい。

合理的選択モデルにもとづく中選挙区制（SNTV）の分析　前節の日本の小選挙区比例代表並立制について述べた際に若干触れたが，1990年代に入ると選挙制度が投票行動や政党のあり方に一定の影響を及ぼすという研究が，新制度論のアプローチをとる研究者によって行われるようになってきた。とくに日本の中選挙区制度が **SNTV**（単記非移譲式投票方式）という独特の選挙制度であるという視点から，合理的選択モデルにもとづいて実証的な計量分析を行った研究が蓄積されてきている。そこでは，SNTV（すなわち，中選挙区制）という選挙制度が，「自己の効用を最大化しようとする」政治家たちを制約する条件を提示していると想定し，合理的なアクターである政党や候補者ならびに有権者の行動を規定するとみなすのである（川人，2000）。

コックス（Cox, G.W.）らの研究によれば，有権者は自分の「1票の効用を最大化しようと」して投票するから，自分が投票しようと思っていた候補者に当選の見込みがないと予想する場合には，中選挙区で最下位で当選しそうな2名の候補者のうち，自分にとって効用がすこ

しでも高い方の候補者に投票するだろう (1994)。また, 自分が投票しようと思っていた候補者が楽に当選すると予想されれば, あえてその候補者に投票する必要がなくなるから, 投票に際しては上述と同じ行動パターンをとることになる。そのような結果が繰り返されれば, 各選挙区における候補者の数は「定数＋1」人に収斂していくことになると, 論理的に (演繹的に) 導くことができる (川人, 2000)。

リード (1990) は, このことをコックスらの数理的な証明に先立って, 日本の中選挙区制では各選挙区で実質的に勝つ見込みのある候補者の数は「定数＋1」($M+1$) 人になるという $M+1$ ルールを, 集計データ分析にもとづき示した。また, リードは日本で中選挙区の候補者数が「定数＋1」人に収斂するまでに10年以上かかったことから, 選挙制度が政党や候補者などの行動に影響を与えるにしても, それが定着するまでに学習の時間がかかるとしている。したがって本章1節「選挙制度」で述べたように, 選挙制度の機能を評価するには時間がかかるといえよう。

中選挙区制 (SNTV) と比例代表制との比較

さらに, 前節で指摘した, 中選挙区制は「少数代表」の特徴をもつということを考えてみよう。日本では中選挙区制は準比例代表的な性格をもつといわれてきたが, それは中選挙区制では比例代表制ほど小政党に有利ではないが, 小選挙区制ほど大政党に有利ではないということを意味していたのである。コックス (1991) ならびに李 (1992) は, 政党がSNTVのもとで獲得できる最大議席数は, 理論的にはドント式比例配分で議席を配分した結果と等しいことを証明した。しかし, 現実にはSNTVのもとでは大政党が候補者を多く立てすぎたりして戦略に失敗すれば, ドント式比例代表制よりも大政党に不利になることもありうると考えられた (川人, 2000)。さらに, 川人は, SNTVは純粋比例代表制よりは大政党に有利だが, ドント式比例代表制よりは小政党に有利であると分析している (2000)。

従来の選挙制度の研究は法学的な制度面からの研究が主だったのに

Column ⑫　定数是正と選挙区の区割り

　中選挙区における選挙制度の問題としてしばしば取り上げられてきたものに，定数不均衡の問題がある。選挙区における1議席（定数1）当たりの有権者数が大きく異なっているという定数不均衡を是正し，均等化するために，中選挙区制度では有権者人口の変動を考慮に入れて人口集中区の定数を増やし，過疎地域の選挙区の定数を減らすことによって，バランスをとろうとしてきた。これを定数是正という。

　一方，小選挙区制では定数は常に1なので，小選挙区制における選挙区間の有権者数の不均衡は，選挙区の区割りを変えることによって是正することになる。

　だが，その選挙区の区割り（選挙区画定）の際に議会の多数派や行政府を握る政党が自党に有利になるように恣意的な選挙区割りをしようとすることがしばしば起こる。1812年にマサチューセッツ州のゲリー（Gerry）知事が，自党に有利なように恣意的な選挙区割りをした結果が，伝説の怪物サラマンダー（火トカゲ）に似て見えたことから，恣意的な党派的選挙区割りをゲリーマンダリング（gerrymandering）と呼ぶようになった。

対し，近年の合理的選択モデルにもとづく新制度論のアプローチでは，選挙制度の機能をより厳密に数理的に分析するようになってきており，また実証的なデータによる分析も踏まえれば，それぞれの選挙制度の評価が可能になってきていると考えられる。新たな小選挙区比例代表並立制に関しても，やはり合理的選択モデルの視点から研究が進みはじめている（鈴木, 1999）。

3　選挙における投票参加

　ここでは選挙における投票参加に焦点を当てるが，上で述べてきた合理的選択論研究の初期の代表的なものを参考にして考えてみよう。

合理的選択モデルと投票参加

個々の有権者は投票をするか棄権するかをどのように決めているのだろうか。やはり合理的選択モデルによる説明は明快である。合理的アクターは「自己の効用を最大化するべく行動する」という合理的選択モデルの公理ともいうべき前提から考えると，一般の有権者が合理性をもつと仮定すれば，自分にとって損になるようであれば，有権者は選挙で投票に行かないだろうと予測される。

第5章5節「合理的選択モデル」で，有権者は政権担当政党と野党のうち，自分にとってより高い効用を与える政党に投票するという，ダウンズ（Downs, A.）の理論（1980）を紹介した。ダウンズはこの理論を，$B=E(U^A_{t+1})-E(U^B_{t+1})$ という式で表した ［式5.1］。すなわち「政党間の期待効用差」という形で表したのである。

このダウンズの理論を発展させたライカーとオーデシュック（Riker, W. and P. Ordeshook）は，有権者が投票することによって得られる利益を，効用（utility）という経済学上の概念を用いて，以下のような数式で示した（1968）。

$$R=PB-C+D \quad \text{［式6.1］}$$

この方程式では，R（Reward）は，有権者が投票することによって得る見返り（利得）を表す。P（Probability）は，自分が投じる1票が選挙結果に影響を与える確率についての有権者の主観的判断を表し，B（Benefit）は，候補者（または政党）間の期待効用差（自分の支持する候補者が当選した場合に自分が得られる効用と，支持しない候補者が当選した場合の効用の差）を示す。このB項が，ダウンズの場合の［式5.1］で表された政党間の期待効用差に相当することになるが，確率P（0〜1.0の間の値をとる）がBに掛けられており，その積PBが，その有権者が投票することによって得られる効用である。C（Cost）は，投票に行くことにかかるコストだが，実際に投票場に行く費用ばかりでなく，見たいテレビが見られないとか，レジャーや買い物等に行く予定を犠牲にして投票に行く心理的コストも含めて考えるべきだろう。D

(Democratic Value) は，投票することによって維持されるデモクラシーに対して有権者が認めている価値を意味する。

上の方程式では，ある選挙において，有権者にとって投票に行く利得が大きい場合ほど投票する可能性が高まる。この場合，$R>0$ の場合のみ有権者は投票に行くと予想され，$R<0$ の場合は棄権すると考えられる。この理論は理屈は明快だが，次のような疑問が生じる。その疑問や，それに対する解決策もみてみよう。

> **投票コストとデモクラシーを守る価値意識**

まず，上の方程式のなかで D を抜いて，$R=PB-C$ だけに注目してみよう。ある選挙で，有権者にとっては自分の1票が選挙結果に影響を与えるとは思えない場合は，P（自分の1票が選挙結果を左右する確率）が非常に小さくゼロに近くなる。すると，$P\times B$ は非常に小さくなり，C（**投票コスト**）の方が PB より大きくなる。その結果，$R=P\times B-C$ はマイナスになるから，その有権者は棄権することになる。具体的には，ある有権者が支持する候補者が断然有利で，自分が棄権しても当選する確率が非常に高い場合（P がゼロに非常に近くなる）には，その有権者は棄権する。それは，自分の支持する候補者が全く当選する見込みがない場合でも同じで，自分の1票の意味がないから棄権することになる。厳密に数学的計算をすれば，自分の1票が本当に選挙結果を変えるという確率 P は「1／（自分の投票予定の候補者の得票数の予測−最下位当選するだろう候補者の得票数の予測）」で表されるから，ほとんどの場合ゼロに近い。したがって，数学的には R はほとんどの場合にはマイナスになってしまい，多くの有権者は棄権してしまうことになるだろう。

それにもかかわらず，現実には多くの有権者が投票に行くのは，なぜだろうか。ライカーらは，短期的な損得の計算によって投票に一切行かなかったら，独裁者の出現などによりデモクラシーが崩壊してしまうかもしれないと有権者が懸念するだろうと考え，デモクラシーを守ろうとする価値観を D で表した。すると，方程式は元の $R=PB-$

$C+D$ になる。したがって、有権者がデモクラシーを守ることが長い目でみれば自分にとって有利だと合理的に判断すれば、R はプラス（>0）になり、有権者は投票に行くことになる。

現実には、この方程式の通りに有権者が判断しているとは限らないが、ライカーらの理論的貢献は、有権者がある程度合理的に判断して投票するか否かを決定しているはずだという、合理的選択モデルにおいて想定される有権者の心理的メカニズムを示した点にあるだろう。たとえば、有権者が「次の選挙は接戦だ」と主観的に判断するならば P は大きくなる。それは、接戦の選挙ほど投票率が高いという政治の世界の常識にも合致した結論を導くのである。

投票コストの再検討：心理的バリアーと制度的要因 　合理的選択理論は、選挙における政治参加の状況を正確に理解するためには、合理的選択アプローチの視点ばかりでなく、心理学的な意味での投票コストも考慮に入れる重要性を示したといえる。たとえば、投票所が遠いとか、大雨の日に投票に行こうとするとずぶ濡れになってしまうなどの要因も、高い投票コストとして投票率を下げるであろう。実際、田中善一郎（1980）は投票日の各地の天候を調べ、投票率との相関関係を発見した。

また、投票に行くために私的な用事を犠牲にすることも、投票コストとして心理的な負担を与える。たとえば、投票所が午前7時に開場し午後6時に閉まるのでは、朝から海水浴に行ったり、結婚式や法事などに出かける家族は、ほとんどの場合は投票できずに終わってしまう。とすれば、心理的な面ばかりでなく、制度的な面での投票コストの軽減も考える意味があろう。

実際に、ウォルフィンジャーとローゼンストーン（Wolfinger, R. and S. Rosenstone）は、アメリカにおける選挙人登録制度が投票率を押し下げていることを実証的に示した（1980）。彼らの行った国勢調査データにもとづくシミュレーションによると、州によっては登録制度がなければ最大で15％も投票が上がるという。それは、投票コスト

にかかわる制度上の条件を緩めることによって、有権者にとっての心理的バリアー（障害）が下がるからであろう。このように、投票コストを下げれば、有権者にとって投票することによって得られる効用が高くなり、投票する動機が強くなる。それは、ライカーとオーデシュックの合理的選択モデルが示唆したとおりである。

同じ考え方にしたがって、日本のおける投票率低下防止策を検討してみよう。日本では、1998年の参院選から投票時間を2時間延長して、午後8時まで投票所を開けておくことにした。同時に、不在者投票の条件も緩和し（従来は仕事上の出張等以外は不在者投票の理由にならなかったが、買い物やゴルフでも理由として認めることにした）、不在者投票の受付時間も、区市町村の役所内に設置されている選挙管理委員会の閉まる午後5時以降も受付け、午後8時までに延長した。これも投票コストを下げることになるはずで、ライカーらの合理的選択理論によれば、投票率の向上に貢献するはずである。

事実、98年の参院選の東京都での投票状況を筆者が調べてみた結果は、このことを裏付けている。東京都だけのデータに限られるが、図6-1に、98年の参院選の投票状況を、投票制度改正以前の95年参院選の投票状況と比べて示した。98年の東京都での投票率は57.8%で、95年の42.3%よりも約15%も上昇しているが、投票日当日の午前7時から午後6時までの投票率の伸びは4.1%だった（40.4%から44.5%への上昇）。午後6時～8時までの延長された投票時間帯だけで8.7%の有権者が投票していたので（図6-1参照）、時間延長の効果はあったと考えられる（午後6時～8時に投票した者のなかには、時間延長がなければ午後6時前に投票をすませた者もいたであろうが）。

さらに不在者投票をやりやすくした効果もあったことがデータから示されている。図6-1によれば、午後5時～8時までの受付を延長した時間帯の不在者投票者数は、全不在者投票数の4分の1に近い（全有権者の1.1%にあたる）。また、各選挙管理委員会の通常の受付時間帯だけの不在者投票は、95年の1.9%（全有権者中）から98年の

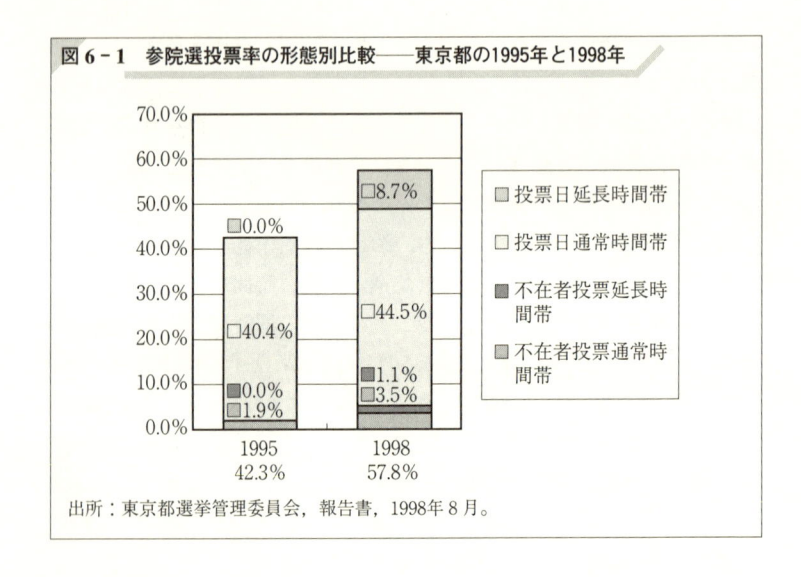

図 6-1　参院選投票率の形態別比較──東京都の1995年と1998年

	1995 (42.3%)	1998 (57.8%)
投票日延長時間帯	0.0%	8.7%
投票日通常時間帯	40.4%	44.5%
不在者投票延長時間帯	0.0%	1.1%
不在者投票通常時間帯	1.9%	3.5%

出所：東京都選挙管理委員会，報告書，1998年8月。

3.5％へと倍近く伸びていることから，不在者投票の理由の緩和も大きな効果をあげたことがわかる。このように，有権者にとって投票コストを下げるということは，必ずしも実際に投票に行くためのエネルギーや費用ではなく，投票しやすくなるという心理的コストの軽減が，大きな効果をもっているといえよう。

心理学的要因と投票参加

そうすると，先ほどまで詳しく述べていた，合理的選択モデルが基礎においている経済学的合理性の論理ばかりでなく，心理学的な視点からの投票参加を考えてみる必要もあるだろう。たとえば，個々の有権者が投票する動機としては，自分が何らかの形で政治過程に影響を与えられるという「**政治的有効性感覚**（political efficacy）」を，有権者がもっているかどうかも重要である。その政治的有効性感覚は，有権者自身が政治や経済の動きを理解できるといった自己の能力に関する「**内的有効性感覚**（internal efficacy）」と，政治家や政党，国会など

が有権者の気持ちに応えてくれるかという「外的有効性感覚 (external efficacy)」との，2つに分類できる (Miller, Miller, and Schneider, 1980)。

　ということは，国民全体の教育程度が高くなり政治への関心も高くなると，内的有効性感覚が高くなり，投票率は上がると考えられる。しかし，高度情報化社会になって，国民の教育程度がさらに高くなり，かつマスメディアが高度に発達すると，有権者の多くは政治家や政党の行動を詳しく知るようになり，それまでの期待が裏切られることも起こり，外的有効性感覚が低下することにもなろう。多くの民主主義国において国民の教育程度の向上に比例して投票率が上昇する傾向がみられるのだが，アメリカや日本のように大学進学率が40％を超える国で投票率が低下する現象は，内的と外的な有効性感覚という心理学的要因からはうまく説明ができるのである。

　それと同時に，有効性感覚の強さが有権者の投票参加に影響を与えるということは，政党への愛着が低下するとか，政治不信が高まるといった心理学的要因も，外的有効性感覚を低下させ，選挙での投票率を下げる原因となりうる。アメリカでは，史上最大の政治スキャンダルとなったウォーターゲート事件が起きた1972年以降，投票率は低下した。日本でも，1988年のリクルート事件以降は投票率が低下する傾向にあり（図6-2参照），政治指導者の汚職や政党の腐敗によって引き起こされるスキャンダルが，いかに外的有効性感覚の低下に悪い影響をもたらすかがわかる。

　しかし，日本の1998年の参院選では，それまでの傾向に反して投票率が上がった。この現象は，当時悪化を続けていた日本の経済状況を政府に変えさせようと，合理的な有権者があえて投票に行き，内閣の交代を促したとみることができる。その意味では，内的有効性感覚の高い有権者は，ダウンズやライカーらの合理的選択モデルが予測するように，自分への利益をもたらすであろう選択肢が提示されれば，自分にとって効用の高い方の選択肢を選ぼうとするし（ダウンズの式

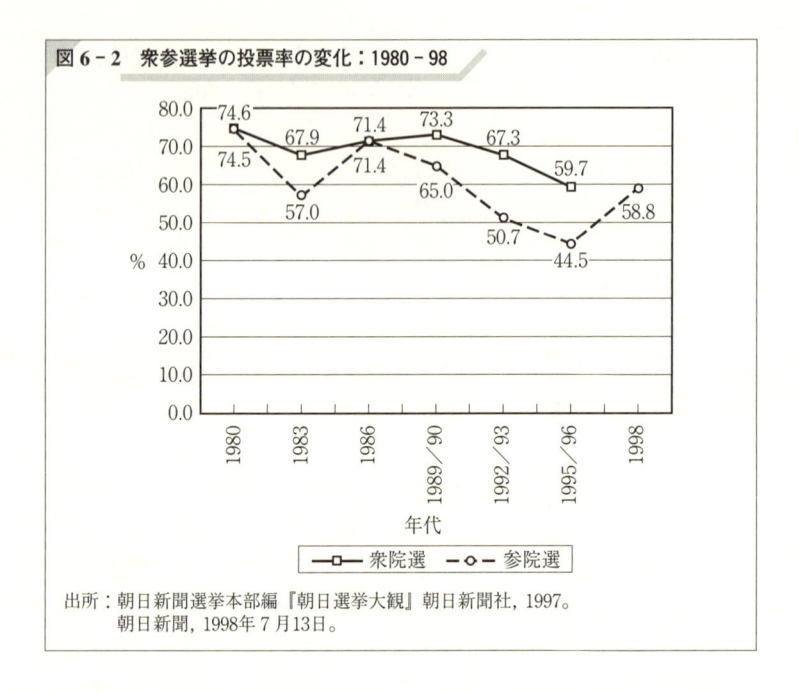

図6-2 衆参選挙の投票率の変化：1980-98

年	衆院選	参院選
1980	74.6	74.5
1983	67.9	57.0
1986	71.4	71.4
1989/90	73.3	65.0
1992/93	67.3	50.7
1995/96	59.7	44.5
1998	—	58.8

出所：朝日新聞選挙本部編『朝日選挙大観』朝日新聞社，1997。
朝日新聞，1998年7月13日。

5.1)，その期待される効用が投票コストを超えれば投票に行く（ライカー・オーデシュックの式6.1），ということを意味しているのである。

4 投票とそれ以外の形態の政治参加
――心理学的視点から

ここまでは，政治参加といってもすべて選挙における投票参加について述べてきたが，実は政治参加の形態はそればかりではない。ヴァーバとナイ（Verba, S. and N. Nie）は，政治参加の形態を4つに分類した（1972）。(1)投票，(2)選挙運動の手伝いをするなどの「選挙関連の活動」への参加，(3)選挙とは別に町内会・自治会や住民運動等に参加する「地域活動」への参加，(4)政治家や官僚へ直接陳情をしたり

頼み事をするような「個別的接触」としての参加の、4つの形態である（ヴァーバ／ナイ／キム，1981；蒲島，1988）。投票以外の政治参加の形態に関する分析には，今まで述べてきた合理的選択論の研究はあまりみられず，第4章と第5章で述べた世論調査を用いた社会心理学的なアプローチの研究の方が多い。

その理由は，合理的選択論の研究では，制度の制約を厳密に（数理的に）考慮して議論を進めるので，投票という制度的に明確なルールで規定されている行動の分析に適しているからだろう。それに対して「選挙関連の活動」や「地域活動」への参加，また政治家への「個別接触」などは，行動の幅も広く，それらを規制するルールも様々に解釈できることから，数理的な分析よりも社会心理学的なアプローチの方が適していると考えられる。

社会学的・心理学的要因と政治参加

ここでは投票もそれ以外の政治参加の形態も，一括して考えてみよう。政治的有効性感覚以外にも，政治参加を促す心理学的な要因の重要なものとして，政党支持態度がある（第5章3節「心理学モデル」を参照）。政党支持が強い有権者ほど，政治的有効性感覚が高く，投票する傾向が強いことがわかっている（三宅，1985；蒲島，1988）が，それは投票ばかりでなく他の形態の政治参加においても同様である。さらに，何らかの形で政治的つながりのある組織に加入している者ほど，政治的有効性感覚が強くなり，政治参加の程度も上昇することを，ヴァーバらは政治参加に関する7ヵ国の比較分析のなかで示した（ヴァーバ／ナイ／キム，1981）。その理由は，政治にかかわりのある組織のメンバーであれば，低い教育程度や社会的地位といったような，内的有効性感覚を低くするような社会学的要因（低教育，低所得など）の制約をはね返して，組織を通じて有効性感覚が高まるからであると，考えられる。

このような，一般の人々が政治参加する動機の説明は，「投票」「選挙関連活動」「地域活動」「個人的接触」以外のさらに広い幅の政治活

動への参加をも説明できる。たとえば,学生や労働者がデモ行進に参加するとか,労働者がストライキに参加するとかといった「大衆運動」や,組織に属さないが同じ目標(環境保護など)をもつ人々による「市民運動」や,地域住民による「住民運動」への参加も同じように,心理学的要因と組織加入などの社会心理学的な分析枠組で説明が可能である。

オールド・ポリティクスとニュー・ポリティクス

しかし,ヴァーバらの示した4種類の政治参加の形態でも,「地域活動(住民運動を含む)」以外は従来から既成政党が想定している政治活動の範疇に入るものであった。また,ヴァーバらが政治参加の形態に含めなかったが,「大衆運動(労働運動・学生運動を含む)」も1970年代中頃までは世界的に盛んであり,研究の対象でもあった。そして,その頃までの研究では,投票以外の形態の政治参加をする人々は,投票だけをする人々よりも政治的関心が高いので,投票以外の政治参加をする人々は必ず投票もすると考えられていた(ミルブレイス,1976)。しかし,これらはいずれも既成の政治活動の範疇に収まるものであった。

これら従来型の形態の政治活動に参加する人々の政治的態度や価値観と,1970年代後半以降に注目されるようになった「市民運動」や「住民運動」に参加する人々の政治的態度や価値観は,異なってきたようである。これらの新たな形態の政治参加を説明するには,それまでの政治学の分析枠組みでは十分ではない部分が出てきたのである。その新たな形態の政治参加とは,イングルハート(Inglehart, R.)が指摘した脱物質的価値観によって説明されるような(1978;第4章4節の「『脱物質主義的価値観』の登場とニュー・ポリティクスの出現」を参照),環境保護活動や地域社会へのボランティア活動といった,新たな政治的価値観によって説明されるような政治行動だったのである。これらの新たな政治的価値観や政治活動をニュー・ポリティクスと呼ぶことができる(Dalton, 1988)。

これらのニュー・ポリティクスに対して，「投票」「選挙関連の活動」「個別的接触」または既成の政治団体が組織する「大衆運動」などの従来型の形態の政治活動をオールド・ポリティクスと呼ぶことができる。これらのオールド・ポリティクスの価値観は，既成の政党や政治団体の掲げる政治利益（多くの場合は，職業利益やイデオロギー的な価値観にもとづく利益）の追求を促すものである。

　日本では，ニュー・ポリティクスの出現にともなって，既成の政党や政治団体，職業団体が中心に行うオールド・ポリティクス型の政治活動に興味を失う有権者が多くなった。しかし，彼らが必ずしも政治的に無関心なわけではなく，「地域活動」や「市民運動」などには参加する場合が出てきた。とくに，次にみるように「住民投票」などの地域活動への参加はするが，オールド・ポリティクス型の地方選挙（市町村議会議員選挙や首長選挙）には棄権してしまうパターンがみられるようになったのである。

住民投票　　このように，従来の既成政党や団体を軸とした政治運動への参加傾向が弱まるなかで，新たな参加の形態として注目を浴びているのが，住民投票である。住民投票は，多くの場合は，単一争点に関して，その地方自治体の住民が賛否をかけて投票するものであるが，沖縄の普天間基地移転問題，新潟県巻町の原子力発電所の誘致，岐阜県御嵩町の産業廃棄物処理場の誘致などをめぐっては，同時期に行われた市長選挙などの地方選挙の投票率よりも，住民投票の投票率の方がずっと高かった事例がある。このように，日本においては，従来からの地方政治システムの枠組みのなかで政党を中心に政策争点を形成するオールド・ポリティクスの枠組みには，参加しようとしない有権者が多くなっていることを示している。

　ただし，住民投票は一般にその地域住民の地域に根ざした利害や感情が表される場合が多いために，国全体の政策決定や意思決定と矛盾する結果が出る場合には，利益集約過程において利害の調整をして，

何らかの妥協案を導くような形で意思決定をする必要が出てくる。また，住民投票の方が地方選挙よりも高い投票率を示すという事実は，これまでの日本のオールド・ポリティクスの政治的価値観を利益表出する政治システムから，ニュー・ポリティクスの政治的価値観を利益表出する政治システムに変換していく必要があることを示唆するだろう。

むすび

以上みてきたように，選挙制度が政治システムに対してもつ意味や，選挙制度のルールのもとでの政治参加などを説明するためには，合理的選択アプローチが有効である。その理由は，合理的選択モデルは，投票というフォーマルな制度に拘束されている形態の行動に関しては，有権者の心理的メカニズムをうまく説明できるからであろう。ただし，政治参加の形態が「投票」とは異なるインフォーマルな形態の場合は，第4章「政治システムと個人」や第5章「世論と投票行動」で述べてきた世論調査データ分析にもとづく社会心理学的なアプローチが有効なようだ。とくに，脱工業化社会以降の時代において新たな価値観にもとづく新しい政治参加の形態が次々と出現してくると，新たな価値観の変動を説明する分析枠組みが必要になってきたといえよう。

【設　問】

1. 小選挙区制は，選挙区の面積が小さくなるから，選挙運動の費用がかからず，公正で良い選挙ができるという考え方は，どこの国にも当てはまるだろうか。
2. 日本では，中選挙区制は自民党に有利に機能しているという議論が盛んにされた時期があったが，実際に，比例代表制と比べると，中選挙区制はより小選挙区制に近い選挙結果を招き大政党に有利に働くと，いえるだろうか。
3. 有権者が自分の利得を考えて投票に行くという考え方は，利他的

な理念を重視する政治学においては受け入れられないものだろうか。
自分の利益の最大化をはかるというような考え方が，どのように政治学に応用されているだろうか。
4. 教育程度が上がれば政治的関心は高くなるので，どの国でも教育程度が高くなるほど，選挙での投票率も上がっていくと考えられるだろうか。
5. 有権者は，政治に積極的に参加する義務があるから，政治参加をしないのは有権者のわがままや甘えであり，政治指導者や政党には，何の責任もないとみてよいだろうか。

第6章のキーワード

小選挙区比例代表並立制 1996年以降，日本の衆議院選挙で実施している選挙制度。小選挙区制と比例代表制のそれぞれの利点を活かし，欠点を緩和する目的で考えられた折衷型の選挙制度。衆議院の定数500のうち，300名を小選挙区で選び，残りの200名を全国を11ブロックにわけ，それぞれのブロックにおいて比例代表選挙を行い選ぶ（近い将来定数削減の予定あり）。

ドント式比例代表制 現在日本で用いている比例代表制度（衆議院の比例代表選挙と，参議院比例区）で用いている，議席配分方式。1987年まで西ドイツが用いていた制度で，若干大政党に有利になるといわれているが，安定した比例代表制の議席配分方式としてしられてきた。

SNTV（単記非移譲式投票） 日本の中選挙区制は複数の定数をもつが，連記投票式ではないという点で多くの大選挙区制と異なり，また単記投票式であるが票の移譲ができないという点でアイルランドの選挙制度とも異なっている。中選挙区制のこの点に注目して，合理的選択論の視点から，この制度の特徴を分析しようとした研究が欧米で多く行われ，近年は日本でも注目されるようになってきた。

投票コスト 有権者が投票に行く際にかかるコストのこと。費用やエネルギー，時間といった物理的なコストの他に，有権者が何かを犠牲にしなければならないという心理的コストも，投票に行く動機を低下させる働き

をする。合理的選択モデルでも，社会心理学的なモデルでも，投票コストは政治参加を低下させる要因として重視されている。

　政治的有効性感覚（political efficacy）　有権者が政治過程に影響を与えられると感じる意識で，これが高い者ほど政治参加をする。自分が政治の世界で起きていることを理解できるとか，何らかの影響力を行使できるという意識を内的有効性感覚と呼び，政治指導者や政治家，政党が自分たちの要求に応えてくれるという意識を外的有効性感覚と呼んで，区別している。

読書ガイド

蒲島郁夫『政治参加』東京大学出版会，1988年。
　政治参加に関して理論的にわかりやすくまとめ，かつ実証的分析も含んだ，政治参加に関する入門書の決定版。

小林良彰『選挙制度』丸善（新書），1995年。
　選挙制度の分類をして，さらに国別にわかりやすく解説した新書。新たな選挙制度の変化や，小選挙区と比例代表の折衷型などの新しい事例も含んでおり，読みやすい。

西平重喜『比例代表制』中央公論社（新書），1980年。
　現在は絶版で書店では入手が難しいが，主要図書館にはおいてある。比例代表制だけでなく，各国の各種の選挙制度をわかりやすく解説している。例が古くなっていたり，選挙制度が変わった国があるものの，各制度を原理から実際の選挙データを用いて解説しており，選挙制度の原理の理解には古典として重要である。

小林良彰『公共選択』東京大学出版会，1988年。
　合理的選択論，すなわち数理的アプローチの研究を理解するには，欠かせない邦語の入門書であるが，この分野の水準の高い研究までも紹介しており，この分野を学びたい者の必読書である。

「特集：合理的選択理論とその批判」『レヴァイアサン』No. 19，木鐸社，1996年。
　わが国の政治学の最先端を示す専門誌の一つだが，この号では，最近の

合理的選択論の主張と，それへの批判論文，また最近の合理的選択論の研究を掲載していて，1990年代のこの分野の発展を知るには，最適である。

●引用文献●

イングルハート，R., 1978『静かなる革命』（三宅一郎・金丸輝男・富沢克訳）東洋経済新報社。

ヴァーバ，S.／N.H.ナイ／J.キム, 1981『政治参加と平等』（三宅一郎監訳）東京大学出版会。

蒲島郁夫, 1988『政治参加』東京大学出版会。

川人貞史, 2000「中選挙区制研究と新制度論」日本選挙学会編『選挙研究』第15号，木鐸社, pp. 5-16。

小林良彰, 1988『公共選択』東京大学出版会。

小林良彰, 1995『選挙制度』丸善（新書）。

鈴木基史, 1999「衆議院新選挙制度における戦略的投票と政党システム」『レヴァイアサン』No. 25, 木鐸社, pp. 32-51。

ダウンズ，A., 1980『民主主義の経済理論』（吉田精司訳）成文堂。

田中善一郎, 1980「雨の選挙学(1)・(2)」『通産ジャーナル』1980年10月号・12月号，通商産業省。

西平重喜, 1980『比例代表制』中央公論社（新書）。

三宅一郎, 1985『政党支持の分析』創文社。

ミルブレイス，L.W., 1976『政治参加の心理と行動』（内山秀夫訳）早稲田大学出版部。

李甲允, 1992「衆議院選挙での政党の得票数と議席数—公認候補者数と票の配分に関する政党の効率性と選挙区間定数不均衡の効果」『レヴァイアサン』No. 10, 木鐸社, pp. 109-131。

Cox, G. W., 1991,"SNTV and d'Hondt are 'Equivalent,'" *Electoral Studies*, 10, pp. 118-132.

Cox, G. W., 1994, "Strategic Voting Equilibria under the Single Non-transferable Vote," *American Political Science Review*, 88, pp. 608-621.

Dalton, R., 1988, *Citizen Politics in Western Democracies.*

Inglehart, R., 1977, *The Silent Revolution.*

Miller, W. E., A. H. Miller and E. J. Schneider, 1980, *American National Election Studies Data Sourcebook, 1952-1978.*

Reed, S. R., 1990, "Structure and Behaviour: Extending Duverger's Law to the Japanese Case," *British Journal of Political Science*, 20, pp. 335-356.

Reed, S. R., 1994, "The Incumbency Advantage in Japan," In ed. Albert Somit et al. *The Victorious Incumbent: A Threat to Democracy?*

Riker, W. and P. Ordeshook, 1968, "A Theory of Calculus of Voting," *American Political Science Review*, 62, pp. 25-42.

Verba, S. and N. Nie, 1972, *Participation in America.*

Wolfinger, R. E. and S. J. Rosenstone, 1980, *Who Votes?*

第Ⅲ部 政治過程における組織化

第7章 利益団体

> 利益団体は，政治において重要な役割を果たしている。国民の社会経済生活に根ざしているとともに，そのあり方に大きな影響を及ぼしているからである。本章では，利益団体の種類，生成と存続の条件，リソースと活動形態，議会や行政との関係，影響力，政治システムにおける位置を比較論的にみていこう。

1987年，政府は財政再建と不公平税制の是正を目的に売上税を導入しようとした。しかし新税を消費者に転嫁することが難しいことを憂慮した，日本繊維産業連盟，百貨店協会，チェーンストア協会などをはじめとする製造業者と小売業者団体は，消費者団体や労働組合と連携し，新聞広告，署名，集会開催などによって大型間接税反対を訴え，統一地方選挙で自民党候補者を推薦しないことを決定し，その結果自民党は敗北した。そこで政府は，これらの反対をやわらげるために，(1)税申告は税額票方式から所得補足効果の弱い帳簿方式とする，(2)年間売上高3000万円以下の業者を免税業者とする，(3)マージン率を一律

とみなす簡易課税制を売上高 1 億円の業者から 5 億円の業者へ引き上げるなどの措置を講じ，88 年にようやく消費税を導入することができた。しかしながらこの妥協は公平性を損なうものであり，その是正が大きな課題となった。

この事例にみるように，今日の政治は利益団体の存在と行動を無視しては理解できない。オデガード（Odegard, P. H.）が「組織を欠いたデモクラシーは考えられず，未組織の世論は，はかなく，効果的でなく，まぼろし」であるといい，ベントレー（Bentley, A. F.）が「社会それ自体は，それを構成している集団の複合体以外のものではなく」，「集団が十分に解明されれば，すべてのことが解明される」と語り，またビアード（Beard, C. A.）が「集団利益が，理論と実際における政治の本質を形成する」と述べたのは，まさにこの意味においてである。

1 団体の分類と形成

利益団体と圧力団体　　政治に関心をもつすべての集団を，広く利益集団（interest group）というが，人々が職業的ないし生活的な利益をもとに組織化されるとき，それをとくに利益団体（組織化された利益集団；interest association, organized interest）と呼ぶ。そして利益団体が自らの利益を守ったり，推進するために議会や政府に働きかけを行う場合，ふつうそれを圧力団体（pressure group）と呼ぶ。他方，政治活動を行う団体を価値中立的に分析する場合に利益団体というタームが使用され，その団体の利己的・特殊的側面を批判的に強調する場合に圧力団体というタームが使用される傾向もある。しかし，ほとんどの利益団体が多かれ少なかれ政治に働きかけるのであり，また利益団体を中立的に分析するか，否定的にみるかは多分に論者の主観によるものだとすれば，利益団体と圧力団体を区別する積極的な理由はなく，どちらのタームを使うかは好みの問題

といってよいであろう (内田, 1988)。

利益団体の研究は, トルーマン (Truman, D. B.) に代表される集団過程論, ないしそれを含むゆるく定義された多元主義にみるように, おもにアメリカで発展したが, 比較政治学の発展および第1章で触れたもう一つの利益団体論であるコーポラティズムの登場によってさらなる広がりをみせた。以下においては, こうした研究の発展を踏まえて, 利益団体の分類, 多元主義とコーポラティズムにおける利益団体政治の相違, 利益団体の行動と影響力, そして日本の利益団体の状況を順にみていきたい。

団体の分類

利益団体の分類は研究をはじめる第一歩であり, 理論的な関心から様々に分類される。最も一般的な分類法は, セクター団体と価値推進団体に分類する方法である。セクター団体は経済的利益を基礎とするものであり, 価値推進団体は特定の価値や主義にもとづくものである。セクター団体にはビジネス, 労働, 農業, 専門家 (医師会など) などがあり, 価値推進団体には, 平和団体, 環境団体, 有権者意識向上団体などがある。

次いで, 利益団体が組織としてどのように形成され, 維持されるかという観点から組織誘因に着目した分類法がある。ウィルソン (Wilson, J. Q.) は, 組織内で交換される便益ないし誘因を, 物質的誘因, 連帯的誘因, 目的的誘因に大別しており, どの誘因がとくに重要かによって団体を分類している (ここで便益とはメンバーが団体を支持することへの報酬であり, それは団体からみれば支持を獲得するための誘因である)。まず物質的誘因とは, 財, サービスなどの貨幣に換算できる有形物であり, セクター団体にとって重要な誘因である。連帯的誘因とは, 社交の楽しみや一体感, さらにメンバー (組織成員) であることによって享受できる社会的地位や尊敬といった無形物であり, 同好会とか名士のクラブなどにとって重要であろう。目的的誘因とは, 価値ある目的のための貢献から得られる満足感という形の報酬であり, 価値推進団体にとって重要な誘因である。ソールズベリー (Salisbery,

> **Column ⑬　公共利益団体と NPO/NGO**
>
> 　近年，アメリカでは，従来の私的利益重視の団体と異なって，「きれいな空気」「きれいな政治」といった公共財をめざす「地球の友」などの環境団体や「コモンコーズ」といった政治改革団体が目立ってきた。これらを公共利益団体 (public interest group) という。日本でも，80年代ころからNPOやNGOといった組織が増えてきた。一般にNGO（非政府組織）は開発援助や地球環境問題など海外でのプログラムにかかわる非営利組織をさし，NPO（非営利組織）は内外にかかわらず広く公共的目的をもつ非営利組織をさす場合が多い。これらは「国家・政府」と「市場」の2つのセクターとは別個に，形態は民間的で目的は公共的という第3のセクターを構成している。NPOの目的は，福祉サービス，開発援助における草の根的協力，環境悪化の阻止，人権の擁護，難民の救済というように多様である。わが国では，1998年に，ボランティア組織やNPOの法人化をこれまでの公益法人の認可制度から大幅に簡素化することを基本とした「NPO法」（特定非営利活動促進法）が成立した。阪神・淡路大震災におけるボランティアやNPOの活動がNPO法成立に大きな影響を及ぼした（五百旗頭ほか，1998）。

R. H.) は，目的的誘因について，これらの団体のメンバーは目的，価値，意見を表出することに満足を見いだすとして，これを表出的誘因と名づけている。

　福祉国家の進展にともなう政治経済的展開を分析することを目的とした分類もなされている。たとえばオッフェ (Offe, C.) は，利益団体を市場団体と **政策受益団体** (policy-taker) に分類している。前者は，市場における財そして労働を含めたサービスの供給と需要に関する利害を代表する団体であり，これには先のセクター団体に加えて，消費者団体が含まれる。政策受益団体は，産業部門や市場に直接的利害関係をもたないが，政府の決定や政策によって直接的に影響を受け，それゆえ特定の政策に利害関心をもつメンバーによって構成される団体

であり，福祉団体，教育団体，行政関連（外郭）団体などがその例である。政策受益団体の概念が提示されたのは，利益団体政治において国家の役割の重要性が再認識されてきたこと，またその関連でセクター団体や価値推進団体のカテゴリーに収まらない団体が同じく重要になってきたからである。

　ロウイ（Lowi, T.）の政策類型論の与えた影響も大きい。ロウイは規制政策，分配政策，再分配政策，体制構成的政策の4つを区分したが，これらの政策に関連の深い集団化にもとづいて団体を分類することができる（第2章4節の「政策類型論」を参照）。わが国の80年代における代表的な利益団体研究では，規制政策と関連の深いセクター団体，分配に強い関心をもつ政策受益団体，再分配や体制全体のあり方を問題とする価値推進団体の3つに分類されている（村松ほか，1986）。理論的にいえば，これらの3つの団体類型は，直接的にはそれぞれ，利益，政策・制度，価値・理念（アイディア・イデオロギー）にもとづいて組織化されており，こうした分類自体が，政治を動かすものは何かという理論的関心と密接に関連づけられているのである。

　上述の分類法のほかに，団体規模の大小（大集団か小集団か），意思決定が寡頭制的か民主的か，成員資格からみて開放的団体か閉鎖的団体か，個人単位か団体単位か，中間団体か**頂上団体**かといった組織的特徴に着目したいくつかの分類法がある。一般的に，規模の大小は組織維持・形成の困難さや影響力の大小を左右し，意思決定タイプの分類は利益団体政治の評価基準となり，頂上団体の有無や形態は政治システム全体の特徴づけにかかわるというように，利益団体の分類はそれ自体目的ではなく，それぞれ理論的意味をもっていることに注意しなければならない。

| 団体の形成と存続 | 利益団体の生成，存続，衰退についての分析や理論化は，団体の組織化や活動をダイナミックに研究するうえで重要である。そしてこの団体の生成と存続については，マクロな社会要因論，合理的選択論，政治的交換論などのい

くつかの理論的視点から説明されてきた（内田，1988；辻中，1981，1988；丹羽，1995-96）。

　まず，トルーマンに代表される社会要因論では，利益団体の形成を導く基本変数はマクロな社会的変化であり，ここには増殖仮説と均衡化仮説が含まれる。すなわち工業化，都市化といった社会的分化が利益と価値の多様化を生み，それが様々な団体を生み出すというのが増殖仮説であり，多くの政治学者，社会学者に受け入れられてきた。均衡化仮説は，より短期的にマクロな社会変動にともなって既存の社会勢力間の均衡が崩れるとき，不利になる社会集団の側から均衡回復のために組織化や圧力活動の活性化が起こるというものである。この均衡化仮説は，一方の社会集団の組織化が，それによって不利益を被る集団の対抗組織化を連鎖反応的に引き起こすという過程を含んでいる。このように，トルーマンにおいては，団体形成は社会的変動の直接的かつ自動的帰結として考えられたのである。

　しかしオルソン（Olson, M.）は，個人が合理的に（すなわち自己の効用を最大化するように）行動することを前提にする合理的選択論の立場から団体形成の自動性を否定する。たとえば，環境保護運動が人々の共通利益（集合財）であるクリーンな大気を確保しようするとする場合，特定の個人からすれば，そうした運動や諸活動の費用を負担しないこと（すなわちフリー・ライダーになること）が合理的である。というのは集合財は非排他的であるために，共通利益の実現に費用を負担しなかった人でも，その利益（この例ではクリーンな大気）から排除されないからである。すなわち共通の利益があるからといって多くのひとはそうした運動に参加するわけではないし，自動的に集団が組織化されるわけではないというのである。

　集団が組織化されやすいのは，寡占産業の大企業業界団体のようにメンバーの数が少ない集団の場合である。小集団ではお互いに目立つのでフリーライダーが難しい。逆に，対象となるメンバーの数が多い大集団ほど，フリーライダーの発生を抑制しにくいので組織化が困難

となる。大規模集団に対して組織化を行うにはクローズド・ショップの労働組合のように強制加入を行うか，それとも団体加入とひきかえに特定の便益を提供すること，すなわちメンバーの側からいえば団体加入には排他的な **選別的誘因**（たとえば農業団体に加入する農民にのみ補助金を交付するとか）が必要なのである。

このようにオルソンは団体加入の理論に大きな貢献をしたが，かれの理論には2つの限界がある。1つは，物質的便益を目標とする合理的個人を前提としているために，利他的ないし博愛的な目標をもつ団体については十分に説明できない。さらにもう1つは，オルソンの理論は，むしろ既存の団体への加入について説明しており，団体形成そのものを十分に説明しているとはいえないことである。この難点を克服したのが，政治的企業家概念と社会学の交換理論を組み合わせたソールズベリーである。

ソールズベリーによると，団体は **政治的企業家**（ないし組織者）とメンバーの間の便益の交換によって成立し，その交換が継続するかぎり存続し，交換が維持されなければ団体は衰退する。交換される便益は，物質的，連帯的，表出的のいずれでもありうるが，メンバーは団体加入にともなう費用に比べて提供される便益が大きいかぎりその団体にとどまる。しかし，まず団体形成のために便益を提供するのは政治的企業家であり，その創造的役割が重要である。ただし，政治的企業家の動機についてはいくつかの見方がある。たとえば，ある見方は，政治的企業家もメンバーと同じく合理的個人であり，かれらが最初に便益を投資するのは，団体の生む便益の総量が組織化の費用を上回り，企業家が利益を確保できるからであると考える。別な見方は，企業家に自己犠牲的な要素をみたりする。

ここで，団体形成についてのトルーマンの社会的仮説とソールズベリーの企業家仮説の関係をみてみよう。ウィルソンは，この問題を社会における理念（ないし世論）の重要性という観点から説明している。つまり，社会において，特定の理念が有力になり，多くの人がそれを

支持している時代には，その理念に関連した目標をかかげる政治的企業家とその団体は，支持を調達しやすい。これは，とくに目的的誘因を重視する団体についていえる。トルーマンが社会変動と団体形成を直接的に結びつけているのにたいして，ウィルソンは理念の流行による政治的企業家の組織化費用の低下という媒介項を想定することにより，社会的要因と企業家による団体形成の関係を説明しているといえよう。

　アメリカでは，1970年代に入り，環境，教育，福祉，政治浄化などの社会全体の集合財の増進を目指す公共利益団体（public interst group）が活発になってきたが（*Column* ⑬参照），ウォーカー（Walker, J. L.）によると，それは行政機関や財団などが，団体の形成を支援し，政治的企業家の組織化を容易にしたからである。消費者団体，環境団体，あるいはNPOは，しばしばこうした外部の支援をえることによりフリーライダーの問題を克服することができるのである。今日，利益団体の形成あるいは組織化の理論について，上記の発展をふまえて，さらに精緻化と統合化の試みがなされている（丹羽，1995-96）。

2 多元主義とネオ・コーポラティズム

　おもにアメリカで発展してきた利益団体論は，競争し対抗しあう利益団体の影響力の相互作用の帰結として政策が生まれるといったゆるやかに定義された多元主義の政治システムを前提としていた。しかしながら，70年代初めの石油危機とそれに続く世界同時不況への西側各国の対応と成果の違いが認識されるにつれて，西欧ではアメリカ多元主義とは異なるもう一つの民主主義モデル，すなわちネオ・コーポラティズムの概念が確立されるにいたった。そしてこの両者の間では，利益団体の組織化の形態，団体と国家の関係，そして団体の行動の点

で大きな相違がみられるのである（第1章4節の「権力構造論」を参照）。

コーポラティズムは，団体（corporation）を基礎として政治統合をはかる体制を指し，第2次世界大戦前のファシズム期に権威主義コーポラティズムとして登場し，戦後も，発展途上国に同様の体制がみられた。これに対して，本章で議論するネオ・コーポラティズムとは，先進国でみられる自由民主主義を前提としたコーポラティズムを指している（終章 *Column* ㉕「政治的近代化論」を参照）。

シュミッター（Schmitter, Ph. C.）は，多元主義とネオ・コーポラティズムを次のように対比させている。多元主義においては，システムを構成する集団の数は非特定であり，集団構成員は複数の団体に重複的に所属し，参加が自発的であり，集団は競争しあい，集団間には集権化も階統化（ハイアラーキー化）もなされてなく，国家機関による団体への認可もなく，利益表出の仕方も制約はなく，団体による準公的業務の引き受けもなく，また各領域内（たとえば農業の分野）で複数の集団が競争しあい，領域内では特定団体が独占的に代表権を付与されるということもない。

これに対して，コーポラティズムは，それを構成する団体の数が限定されており，団体の構成員は1つの団体にのみ帰属し，参加が義務的であり，利益領域間には競合がなく棲み分けされており，領域内では集権化と階統化（ハイアラーキー化）が進み，団体の存在が国家によって認可され，利益表出は一定の仕方に制約され，また準公務的業務を引き受け，こうした制約などと引き換えに領域を代表する独占権を付与される，といった特徴をもつ。

こうして多元主義では，社会の自発的な利益団体が政治のあり方を決め，政府はせいぜい社会の延長にすぎないとされる。これに対して，コーポラティズムではむしろ国家が利益団体のあり方を決めるというように，国家と社会の関係に大きな相違がみられる。

こうしたネオ・コーポラティズムが典型的にみられるのは，オーストリア，オランダ，スウェーデン，ノルウェーである。たとえば，

オーストリアでは，利益団体は法律によってビジネス，労働，農業といった職能別の会議所への加盟が義務づけられ，この会議所はすべての法案に意見を表明し，諮問委員会へ参加する権利が与えられ，とくに物価，賃金，産業などの経済政策を中心に大きな発言権をもっている（高橋，1986）。こうしてコーポラティズムでは，各領域を代表する**頂上団体**の代表と政府官僚機構とのエリート協調的な政策決定が行われ，70年代の危機を乗り切るのに一つの有効なシステムであるとみなされた。すなわち，コーポラティズムは，利益団体を領域ごとに限定された数にまとめあげ，それを直接間接に統治過程に組み入れることによって，団体の制御を容易にする機能をもったのである。それはまた，選挙―議会といった議会制デモクラシーの正統な代表のルートを迂回した，団体―政府官僚制というもう一つの代表ルートの重要性を高めるものであった。

　コーポラティズムが典型的にみられるのは中・北欧の小国であるが，いわゆる先進主要国はどうであろうか。まずアメリカはコーポラティズムから遠く，最も多元主義的な特徴をもっている。何よりも，アメリカでは各領域内で組織が分立している。また，政府は西欧ほど大きな責任を果たすことが期待されず，さらに中央政府の断片的特徴と連邦制のために，決定作成へのアクセスを少数の公認された団体に限定することは不可能だったのである（ウィルソン，1986）。

　フランスやイタリアでもコーポラティズムの特徴は弱かったが，それはおもにこの両国では，長年にわたり共産党が強固で相当の勢力をもったことなどにより，イデオロギー対立が利益団体に亀裂を与えて頂上団体の形成とエリート協調を困難にしたこと，またともに政党や議会の断片化によって多元主義的特徴が強かったことが指摘される。コーポラティズムは，より穏健な社会民主主義政党が有力な国でうまれやすいのである。しかし，フランスでは大統領の権限を強め，議会の権限を弱めた1958年の第5共和制発足後，ある程度コーポラティズムの傾向がみられた。

イギリスおよび旧西ドイツでは，70年代に政府・労働・ビジネスの間の協議制などのコーポラティズムを構造化することが試みられたが，グローバリズムが進む80年代に入る過程で，コーポラティズムのコスト（生産性，国際競争力の低下）が認識され，「小さな政府」論＝新自由主義が支配的になっていった（石田，1992）。先進主要国では，それほどにはコーポラティズム化は進まなかったのである。

しかしながら，多元主義とコーポラティズムは必ずしも明確に区別されるものではなく，多くの国は，多かれ少なかれ多元主義的要素とコーポラティズム的要素をあわせもっている。先進主要国は多元主義のアメリカとコーポラティズムの中・北欧を両極とした連続線の上に，アメリカに近い方からイギリス，フランス，ドイツと順に位置づける論者もいる。そして，これらの国の利益団体政治もまたこの連続線上の位置によって特徴づけられるのである（Zeigler, 1992；下平，1994）。

3 利益団体の戦術と影響力

団体のリソースと戦術　利益団体は，その利益の実現のために議会，政党，行政，世論などに働きかけるが，政治的リソース，団体戦術，影響力は多様である。まず団体のリソースとしては，組織規模や財政規模，情報や専門知識などがある。これ以外に，人的ネットワーク，戦略的地位，そしてその団体が社会によって認められている正統性，などが考えられる。組織規模は選挙における票になりうるし，財政規模は諸活動の基本的資源であると同時に政党や議員への政治資金になりうる。団体目標の公共性が高ければ正統性を得やすく，また情報とくに政府が必要としている専門知識はますます重要になっている。さらに，労働組合によるゼネストなど，社会に不可欠なサービスの提供を停止することによって危機を生み出すことができるなら，その団体は戦略的地位を占めていることになる。また

天下り官僚を受け入れたり、友好的議員と緊密な関係をもっている場合は、政策過程への接近を容易にする人的ネットワークをもっているといえよう。

利益団体の戦術には、問題が起きるごとに働きかける方法と、比較的恒常的な方法がある。そして前者には政策決定者や実施者に直接働きかける方法と、世論に広く訴えて当該団体に有利な状況をつくる間接的な方法がある。アメリカでは直接**ロビイング**と間接（草の根）**ロビイング**と呼ばれている。間接的な方法としては、一般市民への宣伝活動（ビラやパンフの配布）、新聞やテレビでの広告、大衆集会、すわり込みなどの行動がとられる。他方、恒常的な方法には、団体の利益を代弁する議員を議会に送ったり、各種の審議会・諮問委員会に代表を派遣する方法がある。

利益団体の行動と政治システム

利益団体がその利益を実現するための戦術および有効なアクセス・ポイントは、権力分布、政党制、および団体活動一般に認められている正統性（ないし政治文化）といった政治システムの特徴によって左右される（ボール／ミラード、1997）。キィ（Key, V. O. Jr.）は、「権力の存在するところ、そこに圧力がかけられる」と述べた。コーポラティズムのシステムの下では、利益団体と政府の接触は制度化されており、団体は行政官僚と頻繁に接触し、また政策の形成や実施に関与し、ときには実施機関になる。そしてこれらの関係や行動の有効性は高い。他方で、議会や政党そして選挙キャンペーンへの働きかけは稀であり、重要でもない。これに対して、多元主義システムの下では、利益団体の議員や政党そして選挙キャンペーンへの働きかけは頻繁に行われ、しかもこれらの活動が重要である。また政府にも働きかけるが、コーポラティズムにおけるように、それは政府の構成員としてでなく、あくまで政府外のアクターとしてである。

以上の点を念頭において、先進主要国における利益団体の戦術を比較してみよう。イギリスやフランスのような単一主権制の国では、利

表7-1 圧力団体の影響力行使の方法

順位	影響力行使の方法	行使団体比率%
1	公聴会で証言する	99
2	自分の考え方を直接的に伝達するために政府官僚に接触する	98
3	大会場や昼食のおりなどに官僚と非公式な接触をする	95
4	調査結果や技術的情報を提示する	92
5	自分の活動について知らせるために自分の組織のメンバーに手紙を送る	92
6	他の組織と連合関係を作る	90
7	政策の実施の方向に影響を及ぼそうと試みる	89
8	マスコミ関係者と会談する	86
9	立法戦略をたてるために政府官僚と協議する	85
10	法案作りに助力する	85
11	手紙・電報運動を指示する	84
12	新しい問題を提起したり，以前には無視されていた問題に注意を喚起することによって，政府の政策策定日程に影響を及ぼす	84
13	草の根ロビイングを実施する	80
14	有力な選挙区民にかれらの連邦議会議員のオフィスとコンタクトをとってもらう	80
15	規制，規則，ガイドラインなどの草案作りを助ける	78
16	諮問委員会などの委員になる	76
17	連邦議会議員に対して，かれらの選挙区に対する法案の影響について注意を促す	75
18	訴訟を起こしたり，その他の方法で訴訟にかかわる	72
19	選挙運動に献金する	58
20	助力を必要とする官僚に手を貸す	56
21	公職への任命に影響を及ぼそうと試みる	53
22	候補者の議会での投票記録を公表する	44
23	自分の組織のためにダイレクト・メールによる資金調達をおこなう	44
24	政治問題についての自分の立場についてメディアに広告をだす	31
25	選挙運動に労務や人員を提供する	24
26	公職候補者の公的支持をおこなう	22
27	抗議運動やデモに参加する	20

出所：Lehman, K. and Tierney, J. T., 1986, p. 150（内田，1988, p. 25所収）.

益団体はおもに中央政府に影響を及ぼそうとする。しかし，アメリカのような連邦制の国では，たとえば教育など州に多くの権限が留保されている領域では，団体はまず州政府に影響を及ぼそうとする。同様に連邦制をとるカナダやドイツなどにおいても同じ傾向がみられるものである。

　議会と行政の間の権限配分はもう一つの重要な要素である。フランスでは，1958年にそれまでの議会優位のシステムから大統領の権限を強化した第5共和制への移行によって，利益団体は行政官僚に働きかけるようになった。アメリカでは，議会の権力が強いので利益団体は第1に議会に，次いで行政機関に影響を及ぼそうとする。議会内の権力配分も大きな意味をもつ。アメリカは上院が下院とほぼ同党の権限をもつ2院制であるため両院に働きかけることができ，また政党規律が弱いこととあいまって強い委員会が利益団体のアクセス・ポイントとなっている。さらにイギリスのハイアラーキカルな官僚制に比べて，アメリカの権力分散的な官僚制も利益団体に多くのアクセス・ポイントを与えている。

　政党制の特徴も利益団体の戦略に影響を及ぼす。まず政党の数が重要である。2党制では，一般に（アメリカを例外として）政党規律は厳格であり，団体のアクセス・ポイントは限られる。これに対して，多党制は多くのアクセス・ポイントを提供するばかりでなく，しばしば政党規律が弱いために，団体は政党を通して政策に影響を及ぼすことができる。このように政党の非集権的構造は利益団体に多くのチャンスを与えるのである。また，政党制のイデオロギー的要素も重要である。アメリカのように，合意の範囲が広い2大政党制では団体は両党を標的とするが，西欧のようにイデオロギー的対立の顕著な政党制では，労働組合が社会民主主義政党を支持してこれに影響を及ぼすのに対して，経済団体が保守政党を支持してこれに影響を及ぼす傾向がある。

　アメリカの全国規模の団体の具体的な戦術をみると（表7-1），9

Column ⑭　利益集団自由主義

　アメリカでは，一方で結社の自由は多元的民主主義の基礎であるという信念が広範に受け入れられながら，他方では利益団体政治では，公共の利益に反して，少数者が政治を支配しているという批判的見方が絶えず存在してきた。そうした批判的多元主義論の今日における代表者がロウイ（Lowi, T.）である。ロウイによると，現代国家は，既成の組織された私的利益のみに特権を与えたために，その政治的正統性を減退させてきた。かれのいう「利益集団自由主義」とは組織利益にそうした特権的利益の享受の自由を与えることをいい，それはまた既成組織の取り分を守るという意味で「恒久管財体制」と呼ばれる。この体制の病巣は，行政機関が利益団体に捕らわれているところにあり（「捕虜理論」），ロウイはそこから脱出する途を，政府が裁量によって利益団体に有利なはからいをすることを抑制する方法，すなわち厳密な法律の適用にもとづく「依法的民主主義」に求める。

割以上の団体が，公聴会での証言，議員や官僚との接触，調査結果や専門的情報の提供，他団体との連携などを行い，そのほか，政策実施への影響力行使，メディアとの接触，手紙戦術，草の根ロビイングなどを利用しているのが注目される。

　また，利益団体の正統性，つまり団体のあるべき行動についての市民の認識が及ぼす影響は無視できない。西欧とくにコーポラティズムの特徴をもつ国では，利益団体は正統性を与えられその存在が承認されてきた。アメリカでも，利益集団活動は民主主義の内容をなすものととらえられていたが，他方では絶えず不信をもってみられてきた。「利益団体の活動が統制されなければ，多数者の利益を犠牲にして少数者の利益が支配する」のであり，「結社の自由は民衆の権利を基礎としていながら，圧力政治は反民主的である」というパラドクスがしばしば指摘されてきた（シャットシュナイダー，1972）。

団体別の圧力行動　政策への影響力は，利益団体研究のハイライトである。まず，いくつかのタイプの団体の影響力を概観してみよう（ボール／ミラード，1997）。ビジネス団体は一般に政府の決定に最強の影響力をもっているとみなされやすいが，それは次のような理由からである。(1)ビジネス団体は豊富な資金を政党や議員に提供することによって有利な決定を期待できる。(2)しばしばエリート論者によって指摘されることであるが，実業家と政府エリートは，上流階層とか上層中産階級の出身者という背景を共有していることから同様の見解をもちやすい。(3)何よりも重要なことであるが，自由民主主義国には保守的バイアスがあり，ビジネス団体に好意的な価値観が支配的である。それは，政府財源がビジネスの順調な活動に直接依存しているということにとどまらず，好調な経済が雇用をはじめ社会の安定の基本的条件だからである。近年では，政府がビジネスに良好な環境を提供できなければ，ビジネスは外国への投資や工場移転といった対抗手段さえもつのである。こうして，ビジネスの政府への影響力は（必ずしも反証に開かれていないのであるが）明示的なものというより黙示的な（ルークスのいう2次元的，3次元的）影響力がむしろ重要であるとみなされる。

　しかしながら，他方ではビジネスの影響力を強く制約するものがあるという有力な反論がなされている。たとえば，戦後のイギリスで経済界の反対を押し切って決定され執行された政府決定の長いリストが存在している（モラン，1988）。同様にアメリカでは60年代から70年代にかけて，自動車の安全性から石油販売価格に至るまでビジネスの利益を規制する多くの公的規制が打ち出された。こうした論争は第1章で触れたように，権力現象を反証可能な範囲で論じるべきかどうかという論点に関連している。

　先進国においては一般にビジネスへの好意的なバイアスが優勢であり，労働組合は不利な地位にあるという見方が多い。しかし，労働組合も資源動員の仕方によっては，十分な利益を確保できるという見方

もある。すなわち，労働組合の影響力は，どの程度集権的な統一組織をつくり，資本や国家に対して資源を動員をできるかに左右されるというのである（「資源動員的」階級政治アプローチ）。コーポラティズムの程度が高いほど労働組合の影響力が大きくなるという見方もその一種である。コーポラティズムでは，労働組合は組織率と統合度が高く，政府から存在を承認され，公式の交渉相手として認められ，協調的に重要決定に参加し，そのことによって所得再分配や福祉国家の発展をもたらしてきたのである。反面，所得政策などを受け入れるなど従順でもあった。

　このように，静かに交渉を行って成果を確保する労組が強いのか，争議に訴える「戦闘的」な労組が強いのか，という問いも可能である。結局，労組は何を目指すべきなのかという基準によるであろう。労働運動がイデオロギーによって分断されるフランスやイタリアでは，共産党に率いられる左派の労働組合は目前の利益よりはむしろ反体制の側に立ち，ストライキとか示威運動など直接行動にでることが多かった。他方，アメリカの労働組合は一層分散的であり，労働団体を最も重要な利益団体であると考える議員は多いが，他の利益団体とそれほど異なる特徴をもつとは考えられていない。

　多くの先進国において，実質的な農業従事者は10％未満にすぎないのに，農民は多額の補助金を得ている。それは長い間農業の要求は正統であると認められてきたことに大きな理由があるが，その正統性は，戦時中や農業不況における食料不足が人々の記憶に深刻なものとして残されているからだといわれる。その意味で農業は，（政府にとって重要だという点で）「戦略的地位」にいるといえよう。そして農業はその弱さのゆえに保護されるべきだという考え，あるいは社会福祉的な意味で農民の所得を保障すべきだという考えがあることも，農業補助にとっては好条件である。しかし，80年代に入り，アメリカでもイギリスでも，新自由主義のスローガンのもとで農業補助金の獲得は不安定になり，EU諸国でも不況時に消費者が農業補助金を問題にし始め，

政府も農業に寛容な態度をとるのが困難になってきた。各国の農業団体は,こうした農業の要求の正統性の低下を政治活動で補おうとしているが,有効な戦略を見いだせていない。

　環境保護団体や反原発団体は,通常単一争点団体でかつ価値推進団体である。こうした団体は,一般には公衆の広い支持を求めるために,特定の政党に深く関わることを避ける傾向があり,むしろ団体に理解を示す個人議員を見つけるほうが有効だと考える。しかし,政府機関とくに環境保護を担当する行政機関と安定的な関係をもつことができれば運動はより有効になる。また裁判所はしばしば環境団体にとって一層有効なアクセス・ポイントである。

　環境団体の戦術でとくに重要なのが,間接ロビイングである。たとえば,動物保護団体は動物製品のボイコットや大集会などの示威行動,ポスターやバッジの配布,全国的キャンペーンを行う。環境団体のなかには,反核団体が核廃棄物運搬道路に障害物をおいたり,また敷地を占拠するなど,直接行動をとるものもある。これらはしばしば全国的メディアによって好意的に取り上げられる。環境団体の影響力行使の成功例は少なくないが,その成功を過大評価はできない。高度産業民主主義社会には,ビジネスをはじめ環境規制強化に消極的な有力な勢力が存在するからである。他方では,二酸化炭素の排出規制など国際的に環境意識が高まり,環境団体にとって有利な変化もでてきている。

　次節においては,上に述べた各国との比較を念頭におきながら,日本の利益団体政治の特徴を検討してみよう。

4 日本の利益団体

利益団体の日本的特殊性？

1945年の敗戦とともに，日本は本格的な集団の時代に入り，60年前後には相次いで戦後の利益団体政治の状況についての研究成果が公刊された。その成果の主要点として，(1)保守与党系列の団体と革新野党系列の団体の固定化，(2)自発性ではなく，「既存集団の丸抱え」による組織の成立，およびそれにもとづく「白紙委任的リーダーシップ」，(3)行政機構がおもなアクセス・ポイントとなり，議員は補助的にすぎない，(4)団体政治を支配するものとしての政官財のパワーエリートの存在，などの特徴が析出された（石田，1961；日本政治学会年報，1960）。これらの指摘は重要であったが，欧米との体系的な比較の手続きをとらずに日本の特殊性として解釈されてしまい，そうした現象が現代民主政治や組織化過程に共通のないし普遍的な面をもつ可能性が考慮されなかった。たとえば，(1)ビジネスが保守政党に，労働組合が左派政党に結びつきやすいのは，西欧で共通にみられることであり，(2)「既存集団の丸抱え」は組織化コスト低減の点で，また「白紙委任的リーダーシップ」は一般成員の負担軽減の点で合理的で，かつ日本以外の国でも見いだすことができるかもしれず，(3)行政機構が主なアクセス・ポイントであることは西欧のいくつかの国によくみられることであり，また(4)日本パワーエリート論も必ずしも実証分析に基づくものではなかったことなどが，後に指摘されるようになった。

1980年代の利益団体

その後の体系的で実証的な利益団体研究としては唯一ともいえる村松岐夫らによる『戦後日本の圧力団体』(1986)がある。以下にその内容をみてみよう。ここでは，利益団体は，セクター団体（経団連や鉄鋼連盟などの経済団体，農業団体，医師会などの専門家団体），政策受益団体（幼稚園連合会などの

表7-2 団体の影響力・リソース

団体分類	政治活動の方向	圧力活動の標的	認知影響力	影響力のリソース
専門家団体	政策実現・阻止両方型	自民党・野党	強	戦略的地位,組織力と資金
経済団体（財界）	政策実現型	自民党	強	正統性,組織力と資金
経済団体（大企業）	政策実現型	行政志向	中	正統性
経済団体（中小企業）	政策実現型	自民党志向	弱	組織力と資金
農業団体	政策実現型	行政・自民党	準強	組織力と資金,正統性
教育団体	政策実現型	行政志向	強	正統性,戦略的地位
行政関係団体	政策実現型	行政志向	強	正統性,戦略的地位
福祉団体	政策実現型	行政志向	準強	正統性,戦略的地位
労働団体	政策阻止型	野党	中	組織力と資金
市民・政治団体	政策阻止型	野党	弱	組織力

出所：村松ほか，1986より。

教育団体，地方6団体などの行政関係団体，福祉団体），価値推進団体（労働団体，消費者団体や原水協などの市民・政治団体）に類型化される。このうち，農業団体は政策受益団体としての性格，また労働団体はセクター団体としての性格も強い。

表7-2は，(1)政治活動の方向，(2)圧力活動の標的，(3)認知影響力（利益団体の代表者によって評価された当該団体の影響力），および(4)政治的影響力のリソースについての調査結果を要約的に示したものである。まず，政治活動の方向についてみれば，多くの団体は政策実現型であるが，2つの価値推進団体は政策阻止型であり，また大企業団体と価値推進団体はしばしば対抗関係にある。次いで，圧力活動の標的については，日本の利益団体はトータルでは行政（48％）にも政党（46％）にも同等に働きかけるが，団体によって差異がみられる。そして団体と政治・行政との結びつきとしては，比較的狭い政策領域に関心のあ

る政策受益団体は「行政ネットワーク」,セクター団体は「政権党ネットワーク」,価値推進団体は「野党ネットワーク」というように,団体類型に対応した3つのネットワークが析出された。ここでは国会を舞台とした野党の抵抗力を通した価値推進団体の政策阻止力が無視できないことも注目される。

さらに民間大企業の労組団体は必ずしも価値推進団体ではなく,また経営者団体とともに,市場活動を通じて相対的に有利な便益を確保でき,そのために自由経済体制の維持という共通の利益を自覚して,「民間大企業労使連合」を形成しているという重要な発見がなされた。この発見は,ビジネス団体は本系列で労組は別系列というかつての団体系列論を修正するものであった。また増税を回避し小さな政府を求めるこの民間労使連合は,予算配分をもとめて結果として大きな政府の推進圧力となる政策受益団体(農業,福祉団体など)と対抗関係にあり,さらに消費者団体や環境団体からも牽制されている。福祉,農業,消費者,環境の領域においては,政府は必ずしも大企業の期待通りには行動してこなかったのである。

日本の団体の影響力と政治体制

影響力の大きさでは,地方6団体と教育団体が上位にあり,農業団体と福祉団体がこれに続くが,これらはいずれも政策受益団体である。ただし専門家団体も両方向型であるが影響力の点では地方6団体に並ぶ。ビジネス団体と労働団体は中位であり,民主・平和団体,消費者団体,環境団体の影響力は弱い。政府に影響を及ぼそうとするのは政府政策に大きく依存する政策受益団体や価値推進団体であり,政府政策に依存しない,オッフェのいう市場団体の多くは,自立するほど政府に影響力を及ぼそうとしないと考えられるのである。

そのうえで団体の影響力の差を説明する仮説としては,(1)規模,財政力,情報力などを重視する組織リソース仮説,(2)政府役職者との相互作用を通して正統性を高めた団体の影響が大きいとする**相互作用正統化仮説**,(3)政権党や行政との安定した関係をもつ団体の影響力が大

きいとするバイアス構造化仮説，(4)頂上団体の影響力は大きいとする頂上団体統合仮説の4つが考えられた。分析の結果，組織リソース仮説の説明力は部分的であり，最大クラスの会員規模や財政規模をもつ団体や，大衆集会を戦術とする労働団体や市民団体の影響力を説明する場合に限定される。団体の影響力を最も説明するのは相互作用正統化仮説であり，バイアス構造化仮説はほとんど説明力がなかった。頂上団体統合仮説は，領域によって成り立つ場合とそうでない場合があり，後者はおもに領域に亀裂のある統合度の低い団体であった。ここで論じたのはおもに明示的影響力（第1次元的影響力）についてであり，黙示的影響力をどう考えるかについては，第1章で触れた通りである。

日本政治は，1980年前後から実証研究を基礎とした多元主義的理解が有力になったが，しばらくしてコーポラティズムの適用可能性も模索された（辻中，1986；篠田，1994）。しだいに労働組合の政策過程への参加が観察されたが，コーポラティズムの日本への適用の難点は，労働組織率が低くしたがって頂上団体の代表性も正統性も低いこと，そして，1989年に新「連合」（全日本労働組合連合会）が形成されるまでは全国組織が分立しており集中度の低いこと，また，企業別組合を基本とするために集権度（階統性）が低いことなどであった。こうした事実を前に，日本を「労働なきコーポラティズム」（Pempel and Tsunekawa, 1979）としたり，労使の協調性が企業レベルで図られていることから，企業コーポラティズムとかミクロ・コーポラティズムとか呼ぶ論者もいた。しかし，少なくとも，わが国の政治システムをマクロ・システムな意味でコーポラティズムと呼ぶには制約条件が多すぎた。

それでは，少なくとも80年代までに，日本の労働が比較的良好な賃金と雇用を確保してきた要因が，コーポラティズムでないとすれば何であったのだろうか。ある論者は，新制度論の視点から，労働の政治的影響力を規定するものとして，労働組合の客観的リソースというより，労働が利用しうる「政治的機会構造」に着目する。たとえば，労

働組合は70年代には企業の長期雇用制度を機会構造として、より少ない政治リソースで事業主に対する政府の助成金という市場志向的な雇用政策を引き出すことができたという（久米，1998）。

他方，80年代以降の政治システムの特徴を，市場化の優位＝新自由主義とする立場，とくに労働者を組織化部分と非組織化部分に区別して，後者を拡大することによって労働の組織力の弱体化を図るデュアリズムとしてとらえる立場もある（石田，1992；新川，1989）。さらに，同じく今日の日本の政治システムに新自由主義の優位をみながら，依然として基本的に多元主義か，あるいはその1バージョンとしての利益集団自由主義（*Column* ⑭ 参照）と特徴づける論者もいる。この点におけるデュアリズムと多元主義の差異は，前者が労使関係ないし階級関係が政治システムを決定づけると考えるのに対して，後者はたとえば，「大企業労使連合優位の多元主義モデル」にみられるように労使関係の重要性は否定しないが，それ以外の多くの団体が，労使連合を大きく制約している点を重視することにあろう（伊藤，1988，1998）。

むすび

利益団体は政治の実質であるという主張も理由のないことではない。利益団体に視点を合わせることによって，政治システムの特徴を広くかつ深くみることができる。利益団体は多様であり，また政治システムによっても団体の行動や影響力は異なる。利益団体研究は，様々な政治学の理論的発展を刺激する分野であることが理解されたであろう。

【設　問】

1. 利益団体が社会的，経済的変動によってほぼ自動的に生成されるのでないとすれば，それはなぜか。
2. 多元主義システムとコーポラティズム・システムにおいて，利益団体の地位や行動はどういった共通点と相違点をもつだろう。

3. 大企業と労働組合の政治的影響力をそれぞれ検討してみよう。
4. 大企業の経営者団体と労働団体が，他の利益団体に対抗して協力関係を結ぶといったことがなぜ生じるのだろうか。
5. 公共利益団体やNPOはなぜ増えてきたのだろうか。利他的なひとが増えてきたからなのだろうか。

第7章のキーワード

政策受益団体（policy-taker） 市場に直接利害関係をもたないが，政府の政策によって直接影響を受け，それゆえ特定の政策に関心をもつメンバーによって構成される団体。福祉団体がその典型。

選別的誘因 オルソン（Olson, M.）は，大規模集団は強制によるか，加入者に特別の財あるいはサービスを提供しなければ組織化されないとしたが，その財あるいはサービスのことを選別的誘因という。

政治的企業家 経済的企業家からの連想によって生まれた言葉で，新しい政治組織や政策をつくることを呼びかけ，そのために資金，情報，技能などのコストとリスクを引き受けて政治的事業を実現しようとする人をいう。

頂上団体（peak association） 経団連や連合など，各セクターで中間団体が全国レベルの団体に統合されている場合に，その全国的団体をいう。組織の集権度が高いほどコーポラティズムに近づくと考えられる。

ロビイング（lobbying） アメリカにおいて利益団体が議会や行政に圧力活動を行うことをいう。利益団体の依頼をうけて活動するロビイストには，法律家，前議員，前官僚，広報関係者など政治の専門家が多い。

相互作用正統化仮説 政府役職者との相互作用が多いほど団体の正統性が認められ，それが影響力に結びつくという，利益団体の影響力を説明する仮説の一つ。日本の1980年の調査ではもっとも有力とされた。

読書ガイド

内田満『現代アメリカ圧力団体』三嶺書房，1988年。
　現代アメリカの圧力団体の特徴と行動，および圧力団体研究の動向を知るうえで有用な研究書。

オルソン，M．（依田博・森脇俊雅訳）『集合行為論』ミネルヴァ書房，1983年。
　利益団体は社会的分化に応じて自動増殖するという従来の正統説を，合理的選択論の観点から批判した画期的な研究。

日本政治学会編『年報政治学　日本の圧力団体』岩波書店，1960年。
　特殊性を強調する文化還元主義的な面があったが，第2次世界大戦後から60年代末までの日本の圧力団体の状況をヴィヴィッドに描いた水準の高い論文集。

辻中豊『利益集団』東京大学出版会，1988年。
　おもに日本とアメリカの比較を基本として，利益団体に関する理論的かつ実証的研究を整理した水準の高い標準的研究書。

村松岐夫・伊藤光利・辻中豊『戦後日本の圧力団体』東洋経済新報社，1986年。
　200以上の主要な利益団体についてのサーベイ調査を基礎にした，わが国で唯一の包括的かつ実証的な研究。多くの仮説のチャレンジングな検証と提示がなされている。

● 引用文献 ●

五百旗頭真・入江昭・大田弘子・山本正・吉田慎一・和田純，1998『「官」から「民」へのパワー・シフト—誰のための「公益」か』TBS ブリタニカ。

石田雄，1961『現代組織論』岩波書店。

石田徹，1992『自由民主主義体制分析—多元主義・コーポラティズム・デュアリズム』法律文化社。

伊藤光利，1988「大企業労使連合の形成」『レヴァイアサン』2，木鐸社。

伊藤光利，1998「大企業労使連合再訪」『レヴァイアサン』特集，木鐸社。
ウィルソン，G.K.，1986「合衆国には何故コーポラティズムがないか」シュミッター，Ph.C.／レームブルッフ，G.編『現代コーポラティズムⅡ』（山口定監訳）木鐸社。
ウィルソン，J.Q.，1973『アメリカ政治組織』（日高達夫訳）自由国民社。
内田満，1980『アメリカ圧力団体の研究』三一書房。
久米郁男，1998『日本型労使関係の成功―戦後和解の政治経済学』有斐閣。
阪野智一，1993「圧力団体」依田博『政治 新版』有斐閣。
篠田徹，1994「有意義な他者―現代日本の労働政治」『レヴァイアサン』14号，木鐸社。
下平好博，1994「コーポラティズムの経済パフォーマンス」稲上毅ほか『ネオ・コーポラティズムの国際比較』日本労働研究機構。
シャットシュナイダー，E.E.，1972『半主権人民』（内山秀夫訳）而立書房。
シュミッター，Ph.C.／レームブルッフ，G.編，1984・1986『現代コーポラティズム』（山口定監訳）木鐸社。
新川敏光，1989「デュアリズムと現代日本の政治経済」『レヴァイアサン』5号，木鐸社。
高橋秀行，1986「利益団体―理論と実際」『明治大学大学院紀要 23集』
田口富久治，1969『社会集団の政治機能』未來社。
辻中豊，1981「利益集団の分析枠組―新段階の諸アプローチを中心に」『阪大法学』116-117号。
辻中豊，1986「現代日本のコーポラティズム化―労働と保守政権の二つの『戦略の交錯』」内田満『講座政治学Ⅲ 政治過程』三嶺書房。
丹羽功，1995-96「利益団体の組織分析(1)・(2)」『法学論叢』137巻6号。
ボール，R.A.／ミラード，F.，1997『圧力団体政治―東西主要国の比較分析』（宮下輝雄監訳）三嶺書房。
モラン，M.，1988『イギリスの政治と社会』（犬童一男監訳）晃洋書房。
ロウィ，Th.J.，1981『自由主義の終焉』（村松岐夫監訳）木鐸社。
Offe, C., 1981, "The attribution of public interest groups: observation on

the West German case," Berger, D. ed., *Organizing Interest in Western Europe.*

Pempel, T. J. and K. Tsunekawa, 1979 "Corporatism without Labour? — The Japanese Anomaly," in P. C. Schmitter and Lehmbruch eds., *Trends towards Corporatist Intermediation.*

Salisbery, R. H., 1969, "An Exchange Theory of Interest Groups," *Midwest Journal of Political Science*, vol. 13, No. 1.

Walker, J. L., 1983, "The Origins and Maintenance of Interest Group in America," *The American Political Science Review*, Vol. 77, No. 2.

Zeigler, H., 1992, "Interest Groups," Hawkesworth et al., *Encyclopedia of Government and Politics*, Vol. 1.

第8章 政　党

> 本章では，現代政治において政党がどのような働きをし，なぜ必要なのかを考えるために，まず1節で「政党の機能」について概観する。つぎに政党研究の伝統的な研究課題として2節で政党システム（政党制），3節では政党組織について考えてみよう。政党システムは政党間の関係に注目し，政党組織は個々の政党の内部の構造に注目する研究のしかたである。最後に4節では，日本について政党システムと政党組織の双方の側面をみることにする。

　政党研究は，政治過程論の系譜のなかでは，投票行動や世論の研究（第4～6章参照）よりもずっと長い。国を動かす政治的指導者の活動が政党に基盤をおいてきたからであり，投票行動研究とは異なり，行動科学革命の進展を待つまでもなく，政党は従来から政治学の重要な研究対象であった。だが，過去半世紀の政党研究は投票行動研究などの行動科学的な研究の影響をうけて発展してきたことも確かである。したがって本章では従来の政党研究の視点を中心に述べ，新たな進展をみせている近年の研究にも触れることにしたい。

　政党研究の視点は無数にあるが，本章では，まず政党の機能に簡単

に触れてから，政党システム（または政党制；party system）と政党組織（party organization）の2つの視点に絞って述べることにする（デュヴェルジェ，1970; サルトーリ，1980）。政党システムとは，政党間の勢力のバランスなど政党間の関係を分析する研究領域であり，政党組織論は政党内部の組織を対象とする。また政党研究には，(1)「選挙民のなかの政党」として政党システムの分析，(2)「政党の組織」の分析，(3)「政府のなかの政党」として行政府や立法府のなかにおける政党の役割を分析する見方もあるが（Key, 1958），本章では(3)「政府のなかの政党」については深く入らず，1節の「政党の機能」のなかで簡単に触れるにとどめ，詳しくは第9章1節「議会と立法過程」ならびに第10章3節「官僚と政治家」の議論にゆずりたい。

本章の4節では日本の政党状況に言及し，政党研究に関する新たな研究動向についても若干触れてみることにしたい。

選挙制度と政党システム

フランスの政治社会学者デュヴェルジェ（Duverger, M.）は，小選挙区制は2大政党制の発達を助長するという「デュベルジェの法則」を示した（1970）。確かに，イギリスやアメリカは小選挙区制で2大政党制になっているから，小選挙区制と2大政党制は関連があるようにみえる。しかし，カナダは伝統的にイギリスと同じく小選挙区制で，まったく選挙制度は変わっていないのに，93年の下院議員選挙では，それまで政権を担当していた保守党が2議席にまで激減するという政党システムの大変動が起こった。

また日本では，1993年に自民党が分裂して，それまでの政党システムが崩れたが，その直後の94年に選挙制度改革が実現し，96年の衆議院選挙から小選挙区比例代表並立制が実施された（第6章「選挙制度と政治参加」を参照）。この選挙制度改革は，政党本位の政治をめざし，小選挙区制を基盤に2大政党制が日本でも実現することを狙ったものであった。しかし，その後の日本では多くの政党が離合集散を繰り返し，政党システムが2大政党制に収斂する兆候はみえていない。

これらカナダや日本の例は，選挙制度が政党システムのあり方を完全に規定しているわけではないようにみえる。これらの現象はどのように解釈できるのだろうか。

1 政党の機能

政党は政治のなかでどのような役割を果たしているのだろうか。また，我々国民生活にどのようなかかわりをもつものなのだろうか。すなわち，政党の存在理由は何なのだろうか。多くの政党研究によって考えられてきた政党の役割・機能というものを，大きなカテゴリーにまとめると，(1)政策の形成（policymaking），すなわち利益表出（interest articulation）・利益集約（interest aggregation），(2)政治的指導者の選抜と政府の形成，(3)政治家の人材発掘と登用（政治的補充；political recruitment），(4)国民の政治教育（政治的社会化；political socialization）になろう。それぞれのカテゴリーをさらに詳しく分ければ15以上にも分類することも可能だが，ここでは以上の4つに分類してみよう（Wattenberg, 1998; Dalton and Wattenberg, 近刊）。

政策形成の機能：利益表出と利益集約の機能

政党が果たしている役割で最も重要，もしくは少なくとも一般国民に最も明確に理解されている機能が，政策を形成する機能である。政策形成の機能はさらに2つに分けられよう。まず，利益表出機能と呼ばれる，国民，企業や業界団体，組合や農協のような圧力団体などの各種団体がもっている利益や意見を政治過程に吸い上げる機能を政党は果たしている（第7章3節「利益団体の戦術と影響力」を参照）。この利益表出過程は，政党のメンバーである国会議員や地方議員が，その議員の「地元（選挙区）」の団体や個々人の要望を聞き入れて，投票してもらうことを期待して，地元に有利な政策を推進するという過程である。選挙は，利益を表出した政治家への支持の表明であり，その政

治家が表出した利益を政策に実現できるように、当選させる過程でもある。それとは別に、政党は自らのイニシアティブにもとづいて政策提言をする場合もあるが、政策案をつくる過程では、その政党の支援団体のニーズ（利益）が表出されるのである。

次に、政党は利益集約と呼ばれる機能をもつ。上述の数多くの団体や個人が表出する利害を調整して、いくつかの政策にまとめるという機能である。この機能は、政党が提案する政策案をまとめる際に発揮される場合も多いが、国会に提出された法案（法案は政策案の最も重要な1形態である）をめぐって政党間の利害や主張が対立する際に、国会内外で政党間の意見調整を行う場合にも発揮されるのである（第2章「政策決定過程」ならびに第9章「議会と立法過程」を参照）。

このように、利益表出と利益集約の過程を通して政党は、国民や各種の団体・組織のもつ意見や要望、利益などをいくつかの政策にまとめていくのである。その意味で、この機能は本章では深くは踏み込まないと述べた「政府のなかの政党」の働きに関する側面にあたる。

政治的指導者の選抜と政府の形成

政治的指導者の選抜と政府の形成は、その国（政治システム）の執政府をどの政党が担当し、誰が政府首班（執政府の長；the head of the government）になるかを決める機能である（第12章「執政集団とリーダーシップ」を参照）。もちろん、アメリカの大統領制のように、国民が政府首班を選ぶ大統領制と、イギリスや日本のように議会で第1党を占める政党（または連立する政党）の党首が政府首班になる議院内閣制とでは、政党の果たす役割に違いは出てくるが、それでもやはり政党が政治指導者を選んでいるのである。まず、政党のなかで有能な政治家が大統領や首相候補として名前があがってくるという長期にわたる政党リーダー選抜過程で、政党は政治的指導者選抜の機能を果たしている。次に、議院内閣制では実際に議会内で各党党首が首班指名を争うわけで、政党を抜きには考えられない。大統領制では、選挙の際に政党支持態度にもとづいて投票する候補者を決める有権者が最も多

Column ⑮ 　大統領制と議院内閣制における政府首班の選び方

　政党の果たす機能のなかで、政治指導者の選抜や政府の形成は重要だが、国によってその仕組みが若干異なるので、国家と政府の枠組みを整理しながら、政党のこの機能をみてみよう。国家には国家元首（the head of state）と執政府の長である政府首班（the head of government）の役割が概念的には分かれている。たとえば、イギリスなどの立憲君主国で議院内閣制の国では、国王（女王）が国家元首で、首相が政府首班として内閣を形成する。日本では、天皇は国民の象徴なので国家元首は存在しないが、首相が政府首班であることは同様である。この場合には、政党は政府首班の選出と内閣の形成に大きな役割をもつ。だが、アメリカのように大統領が国家元首でありかつ政府首班である国では、国民が大統領を選ぶ選挙において、政党は大きな役割を果たしている。フランスも大統領制で、国家元首である大統領は国民の選挙によって選ばれるのは同じだが、それとは別に政府首班としての首相が存在している。ただし、大統領の政治的指導力の方が強い。ドイツの場合も形の上では、国家元首の大統領と政府首班の首相が存在するが、フランスの場合と逆に議会によって選出される首相の方が政治的指導力は強く、議院内閣制である。議院内閣制の首相であれ、大統領制の大統領であれ、政府（内閣）を形成する際には、その首相か大統領の政党のメンバーによって内閣の主要部分を形成するのが一般的で、政党の役割はここでも重要なのである。

いことから（第5章3節「心理学モデル」を参照）、政治的指導者の選出に政党が間接的だが重要な役割を果たしていることがわかる。このように、政党が政治的指導者選出に果たす役割は重要である。

　また、政府の形成、すなわち内閣の形成においては、大統領制でも議院内閣制でも、政党が果たす役割は大きい。アメリカの大統領は当選した後は、自分の所属政党のメンバーか立場が近い民間人から内閣のメンバーを選ぶし、日本やイギリスの議院内閣制では、議会の第1党が内閣のメンバーの9割以上を占め、若干の民間人が時たま入閣する程度である。

また，議院内閣制における連立政権の形成においては，政党の役割はいっそう重要になる。単一の政党が議会における獲得議席数において過半数を占めることができなかった場合に，複数の政党の連立による連立政権（coalition government）が形成されるが，その連立の形成こそ，政党間の交渉の結果に他ならないからである。

政治家の人材発掘と人材登用

　どのような人が国会議員になって，国の政治を担うようになるのだろうか。そのパターンは，国によって異なるが，政治家をめざす人々を見つけだし，議員になる道を開いて，選挙の際に公認候補もしくは推薦候補として後押しするのも政党である。また，議員に当選した後は，議会のなかで各種委員会のメンバーとして個々の政策問題に取り組んでいく際にも，政党の推薦や政党内での人選の過程を経るし，大臣や議会の委員長としてのポストを決めるのにも，政党の役割は重要である。このように，政党は議員になった者が経験（キャリア）を積んでいく過程（この道程をキャリア・パスと呼ぶ）で，議員の教育・育成の役割を担っている。政党のこのような機能（人材の発掘・登用の機能）を，政治学の専門用語では「**政治的補充**（political recruitment）」と呼ぶ。

　今日の日本の政党の政治的補充の機能は弱いと思われる。はじめから選挙で有利であると思われるタレント議員や，選挙の地盤を継承する2世議員候補をリクルートする例が多いことから，政党の努力が足りないようにみえるからである。もっとも，このような印象論的な結論を出す前に，政治的補充に関する実証的な研究が必要であろう。

　日本における政治的補充と題する研究はほとんどなく，わずかに福井治弘の研究（Fukui, 1997）と，地方議員の政治的補充についての『地方議員の研究』（村松・伊藤，1986）に限られる。ただし，国会議員については『「族議員」の研究』（猪口・岩井，1987）が，若干触れており，また政治家のキャリア・パスについては小林良彰の研究（小林，1997）がある。だが，今日の日本ではこの分野の体系的な研究はまだ

不十分であり，今後の政治過程研究のなかの重要な研究課題になってこよう。

> 国民の政治教育

政党は，国民に対しても直接に様々な働きかけをしうる存在である。たとえば，選挙の際の各党の選挙運動は，結果としては有権者の政治参加を促している。また，国会における政策論争を通じて国民に政治教育を行っていることになる。このような政党の存在や活動は，直接，間接に国民の政治意識の形成に役立っており，第4章3節で述べた「政治的社会化」において政党は重要な機能をもっているということができるだろう。

2 政党システム——政党間の関係

政党システムとは，その国（すなわち政治システム）における政党と政党との関係のことである。すなわち，政党システムは，その政治システムおける主要政党の数，政党間の勢力バランス，および政党間の政策やイデオロギー上の立場の位置関係などによって形成されている。政党間の勢力バランスは，議会での議席数や，選挙での得票数などによって測定できる。政党間の位置関係は，多くの場合には保守革新のイデオロギー上の軸における位置関係であらわされる。したがって，図8-1に示すように主要政党の数，イデオロギー上の位置関係，および勢力を帯グラフで表すと，政党システムを理解しやすい。

> 政党システムの類型

政党システムの類型として，(1)1党制（one-party system），(2)2党制（two-party system），(3)多党制（multi-party system, pluralism）の3つがまず考えられるが，実際には，(3)多党制はさらにいくつかに分けられる場合が多い。

1党制は，全体主義政党や権威主義政党として1党のみの存在が許されたナチス・ドイツや，フランコ体制下のスペイン，旧ソ連などが当てはまるが，本書の第5・6章で述べた自由競争の下の選挙を実施

している政治システムに対応するものとして、また本書全体を通して議論の対象としている自由民主主義（liberal democracy）の国々の政治過程を考えると、ここでは、議論を2党制と多党制に絞って進めることにしたい。

2党制は、イギリス、アメリカを代表としてアングロ・アメリカン（Anglo-American）モデルと呼ばれており、イギリスの旧植民地であった国々に多く、その多くが小選挙区制をとっていたために、「デュヴェルジェの法則」と呼ばれる「小選挙区制の選挙制度が2党制を導く」という理論が長年にわたって広く受け入れられてきたのである（デュヴェルジェ，1970；白鳥／砂田，1996；岩崎，1999）。

多党制とは、基本的には主要政党が3つ以上ある政党システムを意味する。したがって、日本も多党制の1つとみなすこともできるが、サルトーリ（Sartori, G.）に代表されるように現代の政党研究では**1党優位政党制**（predominant-party system）として、多党制とは区別する場合が多い（1980）。1党優位政党システムとは、日本の1955年から93年までの「55年体制」と呼ばれた政党システムのように、1つの政党（自民党）が他を圧倒していて単独政権を形成するほど優越している場合に、その政党システムをさす用語である。正確な訳語は、1党優越政党システムとなろうが、1党優位が用いられる場合が多い（内田，1983，1999）。

サルトーリは1党優位政党システムを多党制とは区別する立場に立つので、彼は多党制を、3つ以上の政党が存在するがどの政党も単独では政権を担当できずに、その結果連立政権が形成される状況の政党システムとする。さらにサルトーリは、多党制を(a)穏健な多党制（moderate pluralism）、(b)分極化された多党制（polarized pluralism）、(c)原子化された多党制（atomized pluralism）に3分類している。(a)穏健な多党制とは、西ドイツや、デンマーク、オランダのように、政党数が3～5党くらいで、各党がイデオロギー上または政策上妥協が可能で、中央による傾向（求心性）がある政党システムである。(b)分極化

された多党制とは,1950〜60年代のイタリアなどのように,政党数が6〜8党くらいで,各政党のイデオロギー的距離が大きく,またその方向性も反対方向を向いている(遠心性がある)場合で,その国の政治体制を否定するような反体制政党が存在する政党システムである。(c)原子化された多党制は,とくに優位な政党が存在せず,多数の政党が競合している政党システムをさすが,極度に混乱した時期以外にはほとんど存在しないと考えられる。

1980年代のスウェーデンの政党システムでは,社会民主労働党(SAP)が単独の少数政権を担うか,連合政権の中心であったので,その時期は1党優位政党システムであったとみることもできる。1993年以降の「55年体制」崩壊後の日本は,政党システムが1党優位政党システムから穏健な多党制に移行したとみることもでき,逆に,依然として1党優位政党システムであるとみることもできよう。このように,政党システムは一定の類型にとどまっているわけではなく,社会構造や政治状況の変化とともに少しずつ変化しているのである。

政党システムの変動と再編成：具体的事例

上述の政党システムの類型とその変化を具体的に各国の例をとってみてみよう(下斗米・高橋,1996)。図8-1では1980年代と90年代の議会における各党の獲得議席数をしめし,その類型と変化をしめした。

まず第1に2党制であるが,その典型と考えられているのが,アメリカとイギリスである。アメリカ(図8-1のA参照)は,民主党(Democratic Party)と共和党(Republican Party)の2大政党が競合しており,この2大政党が交代で大統領を輩出し,政権を競い合っている。イギリス(図8-1のB参照)では,伝統的には保守党(トーリー；Conservative Party)と自由党(ホイッグ；Liberal Party)が2大政党制を形成していたが,戦後の労働党(Labour Party)の躍進で自由党が第3党に転落し,過去40年間は労働党対保守党の競合になっている。だが現在では,かつての自由党は社会民主党と合同して自由民主党と

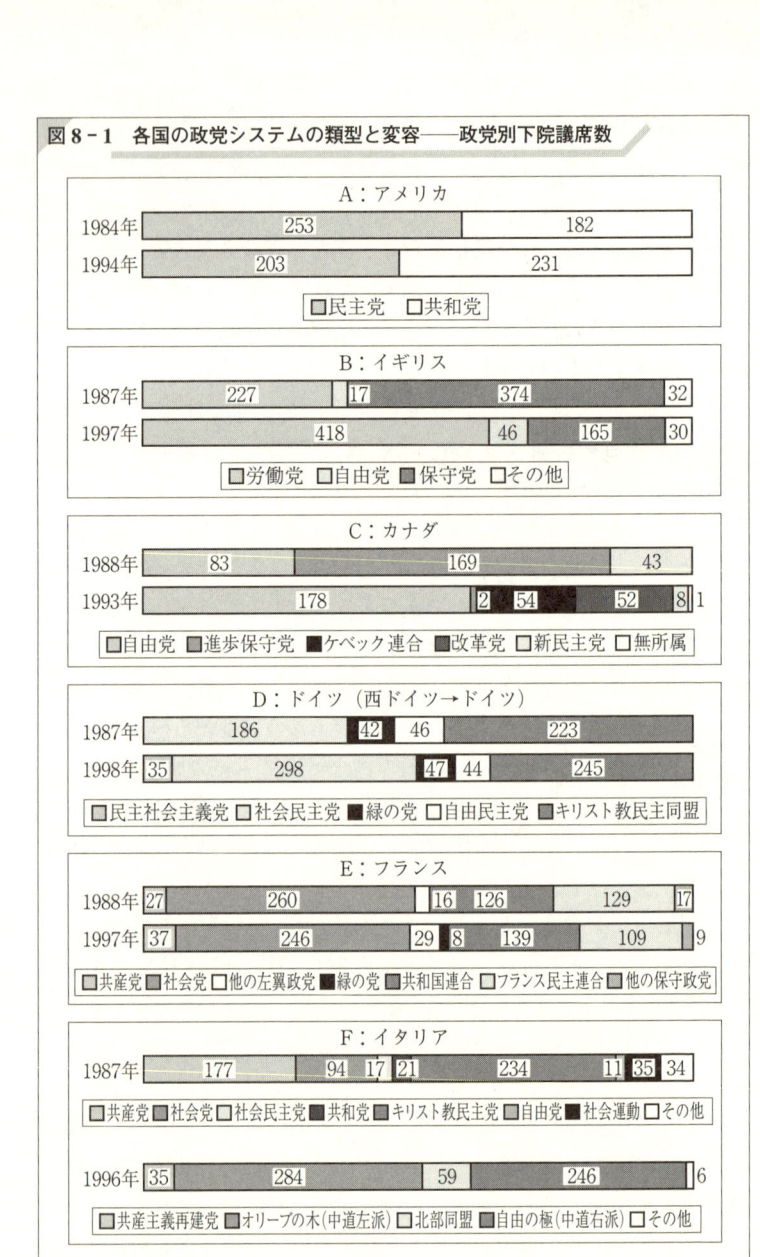

図8-1 各国の政党システムの類型と変容——政党別下院議席数

A：アメリカ

年	民主党	共和党
1984年	253	182
1994年	203	231

B：イギリス

労働党／自由党／保守党／その他

年	労働党	自由党	保守党	その他
1987年	227	17	374	32
1997年	418	46	165	30

C：カナダ

自由党／進歩保守党／ケベック連合／改革党／新民主党／無所属

年	自由党	進歩保守党	ケベック連合	改革党	新民主党	無所属
1988年	83	169			43	
1993年	178	2	54	52	8	1

D：ドイツ（西ドイツ→ドイツ）

民主社会主義党／社会民主党／緑の党／自由民主党／キリスト教民主同盟

年	民主社会主義党	社会民主党	緑の党	自由民主党	キリスト教民主同盟
1987年		186	42	46	223
1998年	35	298	47	44	245

E：フランス

共産党／社会党／他の左翼政党／緑の党／共和国連合／フランス民主連合／他の保守政党

年	共産党	社会党	他の左翼政党	緑の党	共和国連合	フランス民主連合	他の保守政党
1988年	27	260	16		126	129	17
1997年	37	246	29	8	139	109	9

F：イタリア

1987年：共産党／社会党／社会民主党／共和党／キリスト教民主党／自由党／社会運動／その他

年	共産党	社会党	社会民主党	共和党	キリスト教民主党	自由党	社会運動	その他
1987年	177	94	17	21	234	11	35	34

1996年：共産主義再建党／オリーブの木(中道左派)／北部同盟／自由の極(中道右派)／その他

年	共産主義再建党	オリーブの木(中道左派)	北部同盟	自由の極(中道右派)	その他
1996年	35	284	59	246	6

なり，労働党対保守党の2大政党の対立の間に第3勢力を形成している。

一般にアメリカ，イギリスともに政党システムは安定しており，図8-1の変化は一時的な変化とみなされる。1980年代から90年代にかけて，議会での多数派が入れ替わったのは確かだが，アメリカでもイギリスでも長期的には2大政党が交互に政権についている。その意味では，政党再編成（partisan realignment）と呼ばれる現象とは異なっている。政党再編成とは，政党間の勢力バランスが変化すること，すなわち政党間の支持者のバランスが変化することである。ただし，その変化は長期にわたるものをさし，政権交代や数年ごとに優位な政党が入れ替わるという形態は含まない。

それでは，政党間のバランスの変化が長期にわたる政党再編成と呼べるような例をみてみよう。カナダ（図8-1のC参照）も小選挙区制で，イギリスと似た自由党（Liberal Party）と進歩保守党（Progressive Conservative Party）による2大政党制の国として知られてきた。しかし，93年の総選挙では自由党が政権に復帰しただけでなく，それまでの政権担当政党だった進歩保守党が過半数の議席を2議席にまで減らしてしまい，事実上消滅してしまった。また，労働組合を基礎におく新民主党（New Democratic Party）も議席を大幅に減らした。その一方で，ケベック州の分離独立運動を基礎におくケベック連合（Bloc Québécois）と西部諸州を基盤とする改革党（Reform Party）は，それぞれ，議席数を伸ばした。これらの結果から，カナダの2大政党制は崩壊し，元には戻りそうもなく，政党再編成と考えられる。

選挙制度は異なるが，政党システムが現在のイギリスと似ているのは，かつての西ドイツである（図8-1のD参照）。西ドイツでは，社会民主党（SPD）とキリスト教民主同盟（CDU）の2大政党の間に小政党の自由民主党（FDP）が存在した。多くの場合，自由民主党はキャスティングボートを握り，自由民主党が連立を組む方の大政党が政権を担当していた。東西ドイツ統一後は，それ以前から勢力を伸ばして

いた緑の党（Die Grüne）と旧東ドイツ共産党の流れを継承する民主社会主義党（PDS）が加わり，現在のドイツでは5党による政党システムが形成されている。ドイツの場合は，西ドイツから東西ドイツの統一を経て新たな政党も加わり，穏健な多党制から徐々に政党システムが変動していることがわかる。

　以上みてきた国は，2党制または穏健な多党制の政党システムの国とみなすことができる。それに対し，分極化された多党制の国としてはフランスとイタリアがよく知られている。

　フランスでは（図8-1のE参照），かつては共産党（PCF）と社会党（PS）といった大政党を中心とした左派勢力と，有力な政治家ごとに小党が分立している右派勢力との対立の構図があった。右派勢力のなかでは，第2次世界大戦時に反ナチスのレジスタンス運動の英雄として戦後のフランス政治に君臨したド・ゴール大統領をとりまくド・ゴール派が，現在の共和国連合（RPR）に継承されている。これよりやや穏健で自由主義的なフランス民主連合（UDF）が78年に結成されたが，その後は勢力が衰退した。72年に結成された国民戦線（FN）は，極右と反動的保守勢力の結集であり当初は弱小だったが，90年代に入り勢力を伸ばしてきている。このように，個々の政党は頻繁に分裂したり新結成されて変化しており，フランスの政党システムは不安定であるように考えられてきたが，左右対立の基本構造自体は年を隔てても，ほとんど変わっていない。したがって，従来の説とは逆に，フランスの政党システムは多党制の下でその政治構造は安定しているのである。

　イタリアの政党システム（図8-1のF参照）においては，穏健保守に位置した最大政党のキリスト教民主党（DC）が中心となって連立（連合）政権を形成してきたが，その連立政権のパートナーは，中道保守政党であった自由党（PLI），共和党（PRI）と，中道左派政党であった社会民主党（PSDI）と社会党（PSI）が入っていた。極右のネオ・ファシスト運動の系譜を引くイタリア社会運動（MIS）と王政復

帰派である王党（Monarchist）は，常に連立政権から排除されていた。また左派の大政党で，現実主義路線を採り西ヨーロッパで最も成功していた共産党であったイタリア共産党（PCI）も，一時期（76〜79年）を除いては，常に連立政権から排除されていた。しかし，キリスト教民主党など連立政権に参加してきた政党の腐敗が1990年代に明らかになると，国民の既成政党への不信感は極限に達して，94年の下院議員選挙では上述のほとんどの政党が消えてしまった。96年の下院選挙結果も，イタリアの政党システムが80年代から90年代にかけて大きく変動したことを示している。

以上，図8-1で西欧各国の政党システムの類型と変化をみてきたが，1980年代から90年代にかけてほとんどの国で政権担当政党が交代している。しかし，政党再編成にまで至った国は，カナダとドイツ，イタリアであろう。ドイツは東西ドイツの統一という政治体制の大きな変化があったので，政党システムが変わるのは当然であっただろう。イタリアは政治スキャンダルの発覚と政治不信の増大，それにともなう選挙制度改革によって，政党再編成が起こった。しかし，カナダは選挙制度は変わっていないが，地域政党の出現によって政党再編成が起こった。このように，政党システムの変動の原因もそれぞれの国によってかなり異なっていて，複合的な要因で起こると考えられる。

政党システムと合理的選択論

政党システムのあり方が，選挙制度や政党の数などによって規定されるという指摘は，デュヴェルジェやサルトーリらによってしばしばなされてきたが，なぜそうなるのかについては，各国の政党のあり方をみて経験的にそういう結論を導く上述のような研究方法と，政党の数や選挙制度によって論理的に（理屈のうえでは）そうなるはずだという演繹的（数理的）なアプローチがある。ここでは，その演繹的アプローチの研究をみてみよう。

ダウンズ（Downs, A.）は，2大政党制で次のような条件下においては，政党の政策方向は中央による傾向（求心性）をもつので，安定し

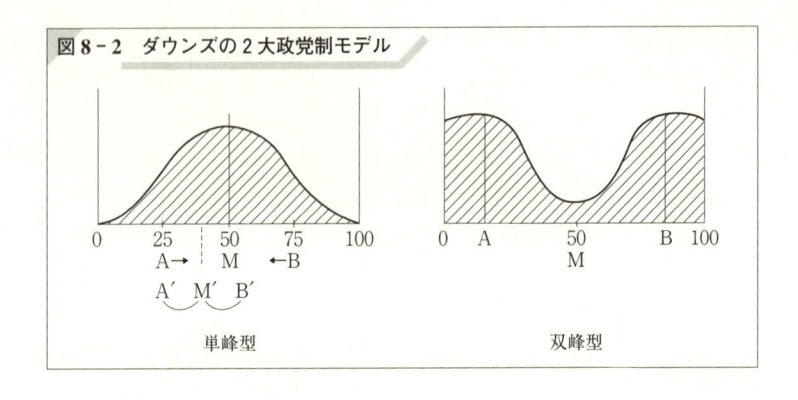

図8-2 ダウンズの2大政党制モデル

単峰型　　　　　　　　　双峰型

た政党制になると指摘している（1980）。ダウンズによれば図8-2の単峰型のように有権者のイデオロギーの分布が中央付近で最も多くなっている場合（単峰型）は、双方の政党はそれぞれ真中に政策傾向をよせてくるはずである。なぜならば、現時点で政党Aと政党Bの政策が有権者のイデオロギーの軸上で、中点から左右へ等距離の位置にあるとした場合、もし右派の政党Bが中央より（左方向）に動いたとすれば、政党A′と政党B′との中間点は、現在の中点Mよりも左よりのM′に移ることになる。そうすれば、政党Aは対抗して政策を中央（右）よりに変更せざるを得なくなろう。その結果、政党Aと政党Bの政策次元上の中間点は、もとの中点Mの付近に戻ることになり、両党の勢力バランスは、Mの付近で均衡することになる。このようにして、2大政党制においては政党の政策上の立場は中道による傾向をもち、政局は安定すると考えられる。

これに対し、もし有権者のイデオロギー上の分布が図8-2の双峰型のように両極に分かれている場合には、政党A（もしくは政党B）が有権者の数が少ない中点Mに向かって政策を変更することは、新たな政党が現在の政党A（もしくは政党B）の位置に出現するかもしれず、その場合には支持層を失う危険性が高いので、政策を変更することはできないのである。このようにして、国民の政治意識が遠心的な方向

に向いている場合には，サルトーリが指摘するように，政党は中央によることがなく，分極的な政党システムになりやすい。

次に，選挙制度が小選挙区制の場合には，2大政党制になりやすいという「デュヴェルジェの法則」が正しいかどうかを合理的選択論の視点から考えてみよう。

小選挙区制は2党制を促進し，比例代表制は多党制を促進するという「デュヴェルジェの法則」をさらに広げて，リード（Reed, S.R.）は日本の中選挙区制をも含める理論として「M＋1」ルールを示した（1990；第6章2節「選挙制度の特徴」を参照）。すなわち，選挙区の定数をMとすると，それより1つ多い数の候補者数が，その選挙区にとって合理的な候補者数であるという理論である。この「M＋1」ルールは合理的選択モデルにより数学的に証明されている（Cox, 1994）が，実際に日本でそれが定着するのは1963～67年にかけてであるので，リードは政党が選挙制度の特徴を理解し，それに適応するのには10年近くの年月が必要であることを示唆している（Reed, 1990）。そして，「M＋1」ルールによって定数ごとの合理的な候補者数が規定されるなら，かつての日本のような中選挙制をもっている政党システムにおける適正な政党数も予測できるはずである。河野勝は「M＋1」ルールを適用して，日本の中選挙区制において生き残れる政党の最大数は6であるとした（Kohno, 1997）。事実，1970年代から80年代半ばまでは日本の主要政党は自民党，社会党，民社党，公明党，共産党の5つに対し，大都市圏では新自由クラブと社民連という小政党が交互に（時には同時に）存在していたが双方が生き残ることはできなかったので，河野の議論はほぼ妥当していたといえるだろう。

3 政党組織──政党内の構造

前節では政党システムという政党間関係をみてきたが，本節では政

党内の構造に関する政党組織論について述べたい。政党組織の類型は，従来から(1)幹部政党，(2)大衆政党，(3)その中間の間接政党の3種類に分類されてきた（デュヴェルジェ，1970；岡沢，1988）。

幹部政党　まず第1に，幹部政党は，最も伝統的な形態で，各地域社会における名望家（荘園領主や企業主など）を中心にその支持者が集まり，それらの名望家が議員として議会に選出され，それらの政治的エリートである議員どうしがグループをつくって政党を形成する場合である。欧米の保守政党がこれに当てはまるが，日本の自民党もこのタイプと考えられる。フランスでド・ゴール大統領を慕った政治家たちがゴーリストとして形成してきた政党などは，典型的な幹部政党と考えられよう。また，ドイツやイタリアのキリスト教民主同盟も，カソリック教会を中心に地方の名望家を支持する人々が支持基盤となり，その名望家どうしの集団が幹部政党を形成した。アメリカの政党は，政党の全国組織が弱く地方分権型で，党中央が拘束力をもつような規律を欠いている点で，ヨーロッパの政党とは性格が異なるものの，共和党・民主党ともにその起源はやはり幹部政党である。

幹部政党はクライエンティリズム（clientelism）と呼ばれる人間関係にもとづいて形成されていると考えられる。たとえば，かつての日本やイタリアの保守政党はともに，クライエンティリズムの一つの形態である「親分-子分関係」（patron-client relationship）を基礎にした，地方名望家とその支持者の関係を軸に政党が成り立っていたと考えられている（西川，1986；西川・河田，1996；河田，1989）。政党エリートである地方の名望家と一般の党員との関係は，日本（とくに自民党）もイタリアのキリスト教民主党も，地方名望家の周りをその名望家への支持と忠誠を示す地方エリートの支援者たちがとりまき，それらの支援者たちは票を集めその名望家を当選させて，地方または国の議会へと送り出すというパターンを示していた。

しかし，「親分-子分関係」だけがクライエンティリズムではなく，

社会の都市化や工業化など時代の進展とともに,幹部政党が大衆政党化していく過程のなかでは,地方名望家に限らず,クライエンティリズムにもとづく政党政治が発展していった。20世紀前半まで存在していたアメリカ都市部における政治マシーンを基礎とするボス支配も,現代の日本やその他の国々における「利益還元型の政治(pork-barrel politics)」も,やはりその地域や業界に恩恵(国や地方自治体の補助金や,政策上の便宜)を与えるパトロンとしての議員と,その議員への忠誠と支持(投票)を提供するクライエントとしての支持者たちが結びついているのである(西川,1986;西川・河田,1996;河田,1989)。このように縦につながった人間関係をクライエンティリズムと呼ぶが,それを軸に政党が形成されている政党が,幹部政党である。

大衆政党 第2に,大衆政党は,現代大衆社会に入って参政権が拡大し,政治に参加する人々の数が飛躍的に増大した状況下で登場した。その点で,近代市民社会において,幹部政党がその社会のエリート層の市民を支持基盤として登場したのとは,対照的である。歴史的には,大衆政党は,一般市民を組織化して党員の数を増やすことで支持基盤を拡大した。各国の共産党が大衆政党の典型といえよう。

間接政党 第3に,間接政党であるが,これは幹部政党と大衆政党の中間型である。この間接政党を中間政党と呼ぶこともある(岡沢,1988)。その原型は,イギリスの労働党にみることができ,直接に党員を勧誘せず,労働組合や知識人団体のメンバーが組織母体となって支持を形成する形態である。ヨーロッパの社会主義政党やカソリック政党の多くがこの例になる。カソリック政党は党組織が幹部政党型から大衆政党化するにしたがって農協や商工会議所,業界団体などを通して間接的に支持基盤を拡大していったのである。すなわち,間接政党とは個人党員をもたない大衆政党なのである(デュヴェルジェ,1970)。

包括政党

政党組織の性格は大まかに分ければ、以上のように3種類に分類できるが、この分類方法は、政党がどのような方法や組織によって有権者の支持を得るかという視点にもとづいている。政党がどのような有権者層を支持層としての対象にするのかという視点から政党の特徴を考えると、**包括政党**(catch-all party)の概念が登場する。包括政党とは、特定の社会階層や地域、職業グループ、宗教などに焦点をしぼらず、どのタイプの有権者層からも支持を取りつけようとする政党である（西川，1986；白鳥／砂田，1996）。かつての社会主義政党が、階級政党として労働者階級を対象にして政策をかかげたのや、宗教政党（とくに西欧のカソリック政党）が特定の宗派を支持母体にしていたのとは対照的に、多くの有権者の支持を獲得しようとする包括政党は、現代社会においてあらわれた大衆政党の1類型である。その意味では、かつての幹部政党の多くが大衆化するにしたがって包括政党になり、かつての社会主義政党の多くも包括政党化したのである。日本では、自民党が包括政党の典型である。

ネットワーク型政党

強固な党組織がある中央集権型の政党ではなく、各地域に自然発生的に形成された市民グループなどが、地域間を超えてネットワークをつくることによって、政党として機能し始めたものをさす。英語でこれに対応する言葉が存在していないが、西欧におけるこのネットワーク政党の典型が「緑の党（the Greens）」である。これは、1970年代に西ヨーロッパで環境問題・環境保護に関心のある市民運動やシンクタンクなどのゆるやかな連携のもとに政党として議会に代表を送るようになったものである（吉野，1999）。日本では、1980年代末から神奈川県の神奈川ネットなどいくつかの都道府県でネットワークをつくりながら地方議会や参議院に代表を送りだしている。

政党組織の他の側面

政党組織は、その類型をみるだけで理解できるわけではない。たとえば、同じ類型の政党

でも国によって党組織の性格や運営の方式は異なっているのである。同じ幹部政党でかつ包括政党であっても，日本の自民党はアメリカの共和党よりも党の中央集権的な性格はずっと強い。また，党の中央執行部が党員の行動を規制する「政党規律」(party discipline)（議会での法案審議に際し，党執行部の方針通りに法案に賛否の投票をするようその党所属の議員の行動を拘束することは「党議拘束」と呼ぶ）の程度などは，国ごとにかなり違いがある。アメリカよりも日本の方が政党規律・党議拘束が強く，政党のタイプの違い以上に，各国の政党の歴史上の発展経緯の違いにより政党規律や中央集権的な党運営上の差異がみられる。

4 日本の政党

日本の政党システム　　第2次世界大戦後の日本の政党システムの形成をみると，まず，1955年に左派社会党と右派社会党が統一されたのに対抗して，保守政党の自由党と日本民主党が合併（保守合同）して自由民主党（自民党）が結成された。戦後日本の政党システムの変遷は図8-3に示した通りである。

この保守合同以降，自民党は1993年7月の衆議院選挙で過半数を割るまで38年間，一貫して政権を担当してきた。この自民党が継続して政権を担当した政党システムを「**55年体制**」と呼んでいる。

ただし，「55年体制」という用語が意味するものは多岐にわたり，細かく分ければ7種類以上にも分けられる（山口, 1985）。ここでは大きく3種類に分類した。第1には，本来の語の意味に最も忠実な考え方で，1955年の社会党統一と保守合同以降に，自民党が国会で第1党として政権を担当し，社会党が野党第1党としてそれに対抗してきた政党システムをさす。第2には，政党にかかわらず，憲法改正・日米安保賛成の保守陣営と憲法維持・日米安保反対の革新陣営によって特徴づけられる保守革新上のイデオロギー対立を反映した，外交面と国

図8-3 戦後日本の政党の変遷

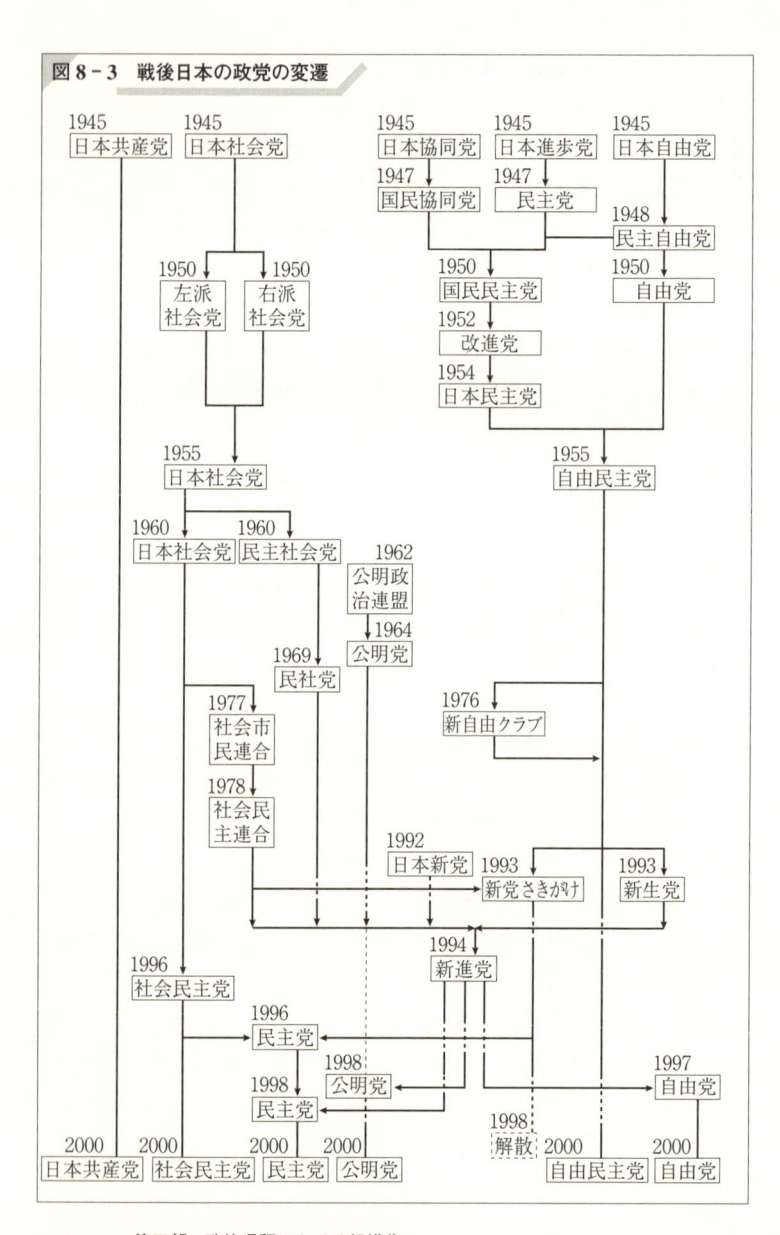

212 第Ⅲ部 政治過程における組織化

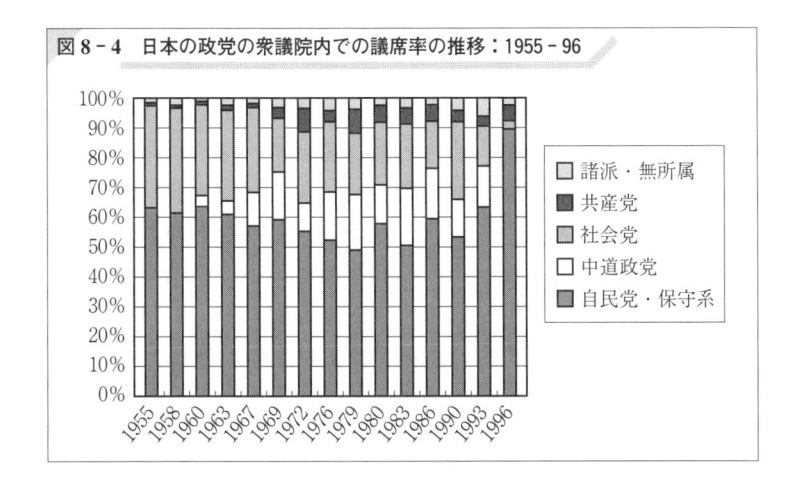

図8-4 日本の政党の衆議院内での議席率の推移：1955-96

凡例：
- 諸派・無所属
- 共産党
- 社会党
- 中道政党
- 自民党・保守系

（横軸年次：1955, 1958, 1960, 1963, 1967, 1969, 1972, 1976, 1979, 1980, 1983, 1986, 1990, 1993, 1996）

政面の双方での政治のあり方をさす用法がある。第3には，自民党を中心とする政治経済政策の形成にかかわる各セクター（政界，官界，財界のみならず労働界や，各地方の様々な産業界，各地方自治体など）のエリートによって，それぞれのセクターの既得権益を守るためのシステムを意味する用法である。

本章では，第1の政党システムの視点から「55年体制」をみていくことにする（図8-4参照）。選挙における有権者の支持の分布，ならびに国会内の政党間の議席配分における自民党対社会党の勢力比をみると，1950年代末から60年代末までは社会党が自民党の半分のサイズで「1か2分の1政党制」と呼ばれていたことがよくわかる（岡, 1958；スカラピーノ／升味, 1962；内田, 1983）。その後，社会党は長期低落傾向を示し，他の野党すべての合計が自民党の勢力の半分を超える程度になっていく。したがって，自民党への対抗勢力としての社会党の衰退によって，1980年頃を境に日本の政党システムは自民党による1党優位政党制の特徴がより一層明確になったといえる（内田, 1983；富森, 1993）。しかし，93年には自民党は政治改革をめぐって分裂し，「55年体制」は終焉を迎えたのである。この自民党と野党の勢

力関係の変遷は，第5章「世論と投票行動」で示した有権者の間における政党支持態度の変化（図5-2）によっても，確認することができる。

以上みてきたように，日本の政党システムは，サルトーリの分類によれば，1955年以降は1党優位政党制（「1か2分の1政党制」もその1つの形態）であったが，93年以降は政党システムが新たな形態に移行する過渡期に入ったと考えられる。既成政党の多くが離合集散を繰り返し，まだ政党システムとしては不安定な状態である。今後は穏健な多党制に向かって進む可能性はあるようだが，本章でみてきたように，政党システムの形態は，選挙制度や政党数だけでは決定されず，様々な要因が複合的に作用するので，先き行きは不透明である。

日本の政党組織：自民党を中心に

政党組織は，公式（formal）な組織と，非公式（informal）な組織との2種類に分けられるが，日本においては，そのインフォーマルな組織，すなわち派閥（faction）は重要な役割を果たしている。そこで，まずは公式の組織から述べて，続いて政党内の派閥について述べることにしたい。

政党内の公式の組織　個々の政党によって差があるが，ここでは，戦後日本で長く政権を担当してきた自民党を例にとってみよう。自民党においても他の政党と同様，党大会が党の最高の議決機関であるが，その党の方針や政策を立案し実行していくのは，総裁を中心に党3役（幹事長，総務会長，政務調査会長）によって構成されている党執行部（場合によっては副総裁が設けられることもある）である。自民党が政権を担当している場合は，この執行部が内閣の大臣の顔ぶれを決め，衆議院の解散のタイミングを計ったりと，事実上政権の司令部として動く場合が多い。

この役割をそれぞれみると，自民党総裁は，自民党が政権を担当したほとんどの場合に内閣総理大臣になっており（例外は，村山内閣時の河野洋平自民党総裁），大きな権力をもつが，執政府の長としての仕事

の方が比重が大きい。党内の運営に関しては，幹事長が選挙の際に公認候補を決めたり，比例区の自民党候補者の名簿順位を決めたりと，強い権限を握っており，党内のナンバー2の地位を占める。総務会は，党運営，政策，国会対策などの事実上の最終決定機関であり，その長としての総務会長の重要性は70年代までより80年代以降の方が高まってきたと考えられる。政務調査会長（政調会長）は，党内で政策審議を行う政務調査会の長であり，その下に政策分野ごとに部会があり，政府の政策となる法案の骨子などを審議するので，きわめて重要である。「族議員」と呼ばれるある特定の分野の政策に精通し，その分野の業界利益の代弁もする国会議員は，通常，自分の専門とする部会のメンバーになって，政務調査会を活躍の場としている。

それ以外の自民党の機関で重要なものは国会対策委員会であろう。内閣提出法案として国会に提出される法案に関して他の政党への根回しや，交渉を担当するのが国会対策委員会であり，野党との妥協点を探り国会運営を円滑にするために，1970年代後半に与野党の勢力が伯仲するようになってからは，次第に重要な役割を担うようになった。このような与野党間の協議を中心とする政治運営を「国対政治」と呼ぶようになった（第9章「議会と立法過程」を参照）。

インフォーマルな政党組織——派閥　どの国の政党の組織にも公式な党組織構図以外の部分はあるのだが，日本とイタリアの政党の派閥は重要である。イタリア同様に日本では，クライエンティリズムと呼ばれる「親分-子分」的なタテ社会の人間関係を軸に政党が形成されているが，その軸が派閥である。派閥は政党のなかだけにあるのではなく，その社会のあらゆる組織のなかでみられるが，政党における派閥はより明確にその特徴を表している。

自民党の派閥では，個々の政治家は自分の面倒をみ，自分を昇進・出世させてくれる親分である派閥の長（領袖）に忠誠を尽くす。そうやって，タテ社会の人間関係が形成され，派閥は領袖の下にピラミッド型の人間関係を形成する（中根，1967）。具体的には，派閥の領袖は，

自派閥のメンバーに選挙資金を提供したり，大臣や党の役員のポストを配分し，その見返りに，メンバーは自分の派閥の領袖が自民党総裁に立候補する際には協力し，また他の面でも領袖の指示通りに行動する。このように，派閥はそのメンバーの行動を規制する機能ももつ（「派閥の締めつけ」）ので，国会内での法案の審議や投票の際には，党の執行部は派閥を通して党議拘束を維持できるのである（西川・河田，1996）。

　日本の政党では派閥の存在に対しては強い批判がある。派閥の領袖は無理してでもメンバーのための選挙資金を集めてくるので，政治資金規正法違反の行為も起こりやすくなり，汚職などの腐敗をうみやすいと，派閥の存在は批判の対象になってきた。また，大臣ポストや党の役職を配分する際にも，派閥単位に推薦してくる派閥推薦の候補によって大臣ポストを決めていくのでは，適材適所の人材活用ができないという批判がある。たとえば，ある大臣のポスト（たとえば大蔵大臣）に適任と思われる名前が異なる派閥から重複してあげられ，他の大臣ポスト（たとえば外務大臣）に適任者が全くいないときには，適任ではなくともそのうちの一人を大蔵大臣ではなく外務大臣に指名せざるを得ないかもしれないのである。これが派閥人事の弊害といわれるものである。

　これらの欠点や批判にもかかわらず，派閥が消滅しないのは，派閥のメンバーにとっても，また党全体にとっても，派閥の存在のどこかに合理性があるからであろう。どこに合理性があるのかを探るために，派閥の機能を整理してみよう。

　派閥の機能は，(1)党のリーダーの選出，(2)政策に関する党議拘束の維持，(3)政策争点上の合意点の派閥単位での形成，(4)役職の配分，(5)政治資金の調達と配分，(6)新人議員の発掘と育成・登用（政治的補充）などが考えられる。

　このうち，(1)から(3)は「派閥の締めつけ」の機能であり，党の執行部にとって党運営には欠かせないものであろう。それらは，逆に党員

の側からみれば,自分たちが個々の問題について判断するよりも,派閥の決定にしたがえばよいので情報コストなどを削減することを可能にしている面がある。

(4)と(5)は派閥のメンバーにとって恩恵を受けるものと考えられるが,党執行部の側からみても,執行部が党の全議員の能力や適性を把握して役職の配分を行うことや,政治資金の調達までをすべて行うことは困難なので,派閥が代行してくれることは,党運営においても党執行部の仕事（コスト）を減らす機能を果たしているといえる。

さらに,(6)新人議員の発掘と育成は,長期的にしか効果が現れないが重要な機能である。日本の政党の派閥のメンバーも,党の執行部も短期的な視点が強く,十分にこの機能を政党も派閥も果たしていないかもしれないが,この新人政治家の発掘と育成,また人材の登用は,今後の日本政治にとって重要な問題であり,派閥が有効に機能することが期待される。

自民党派閥間における疑似政権交代

自民党の派閥は,実はもう一つの機能をもっていたようである。55年体制下においては,自民党総裁は常に首相になったのだが,自民党総裁が異なる派閥から選出されてきたことは派閥間の一種の政権交代であり,政党間の政権交代に似た機能を果たしていたという議論がある（富森,1993）。これを「**疑似政権交代**」と呼ぶ。

派閥間の疑似政権交代を,たんに自民党内の派閥による政権のたらい回しにすぎず,有権者とはかけ離れた意味のないパワー・ゲームとみることもできるが,自民党政権の派閥間の変遷（図8-5参照）をよくみると,違った側面もみえてくる。「55年体制」の安定期であった1960～70年代における自民党の3大派閥は,吉田茂の弟子であった池田勇人と佐藤栄作の2大派閥と,鳩山一郎の後を次いだ岸信介の派閥である。そのうち,池田派（宏池会）が防衛・外交政策ではハト派で,経済政策ではケインジアンに近い積極財政策（「大きな政府」志向の政策）をとってきたのに対し,岸派（清和会）は防衛・外交政策ではタ

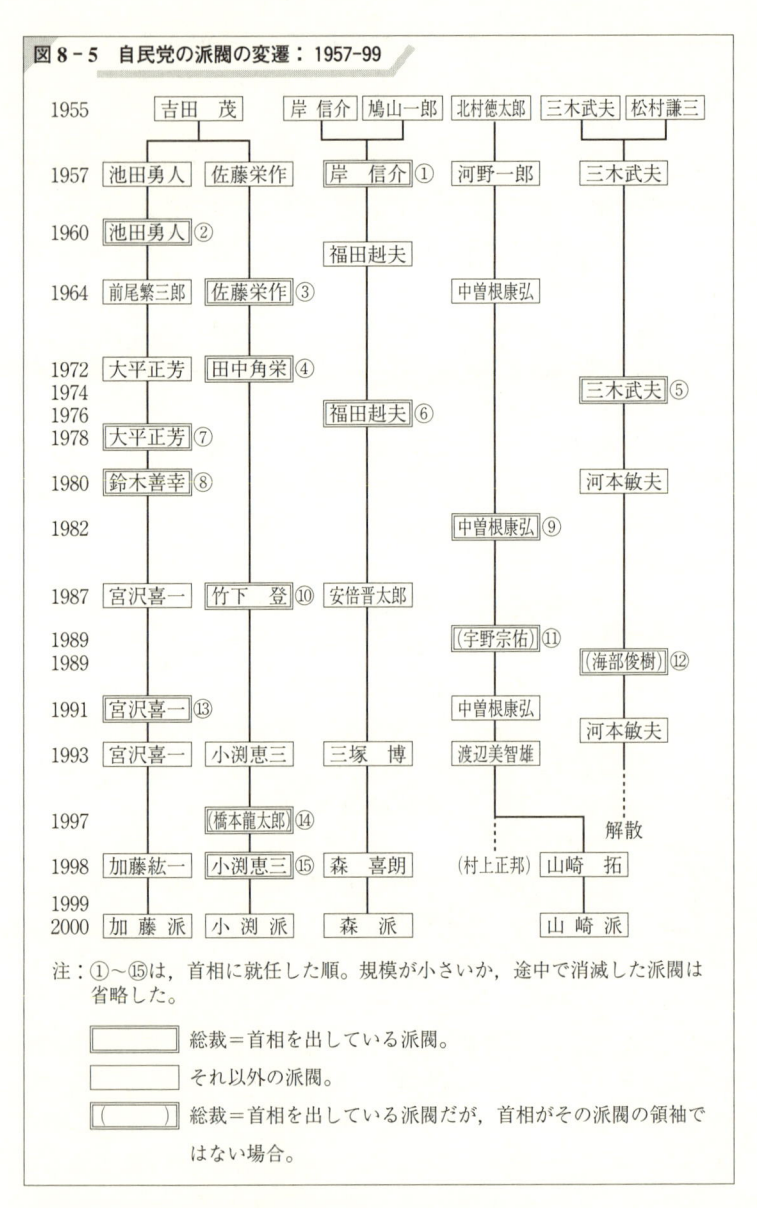

図8-5 自民党の派閥の変遷：1957-99

1955	吉田 茂		岸 信介	鳩山一郎	北村徳太郎	三木武夫	松村謙三
1957	池田勇人	佐藤栄作	岸 信介 ①	河野一郎		三木武夫
1960	池田勇人 ②					
			福田赳夫			
1964	前尾繁三郎	佐藤栄作 ③		中曽根康弘		
1972	大平正芳	田中角栄 ④				
1974						三木武夫 ⑤
1976			福田赳夫 ⑥			
1978	大平正芳 ⑦					
1980	鈴木善幸 ⑧					河本敏夫
1982			中曽根康弘 ⑨			
1987	宮沢喜一	竹下 登 ⑩	安倍晋太郎			
1989			(宇野宗佑) ⑪			
1989						(海部俊樹) ⑫
1991	宮沢喜一 ⑬			中曽根康弘		
						河本敏夫
1993	宮沢喜一	小渕恵三	三塚 博	渡辺美智雄		
1997		橋本龍太郎 ⑭				解散
1998	加藤紘一	小渕恵三 ⑮	森 喜朗	(村上正邦)	山崎 拓
1999/2000	加藤派	小渕派	森 派		山崎派

注：①〜⑮は、首相に就任した順。規模が小さいか、途中で消滅した派閥は省略した。

　[　　]　総裁＝首相を出している派閥。

　[　　]　それ以外の派閥。

　[(　　)]　総裁＝首相を出している派閥だが、首相がその派閥の領袖ではない場合。

カ派で，岸の後継者の福田は経済政策では新古典学派に近い「小さな政府」志向の政策をとった。そして佐藤派は，その中間で政策的にははっきりした色はないが自民党内の派閥間の利害調整に巧みだったとみることができる。中曽根元首相は，3大派閥の出身ではなかったが，タカ派で「小さな政府」志向であった。そうすると，1950年代末から1980年代中頃までは，首相は異なる派閥から出ていて，それなりに政策傾向もタカ派とハト派の間で，また経済政策も「大きな政府」志向と「小さな政府」志向の間で，動いてきたようにみえる。

その意味では，「疑似政権交代」はたんなる「意味のないパワー・ゲーム」であったというよりも，政策のバランスをとるために派閥間で政権を移してきたという解釈も成り立つ。その意味では，当時はまだ多元的な異なる政策志向のぶつかり合いが自民党内に存在したようにみえる。

しかし，1980年代後半に入って，自民党が「総主流派」宣言をし，竹下派支配に入った後は，派閥間の政策傾向の差がなくなり，派閥間の政権交代が政策傾向の変更をともなわない，意味のない形式的な首相交代のゲームになったとみることも可能である。自民党の運営が，このような単一派閥の一元的な支配構造に移行してから，自民党が分裂して「55年体制」が終焉するまで5年足らずしかかからなかったのである。その意味では，擬似的ではあったが「疑似政権交代」が実質的な政策の変更をともなっていたという可能性は高いと考えられ，逆にそのような派閥間の政権交代が実質的な政策変更をともなわなくなったときに，まさに形式的な派閥間の政権のたらい回しに変質して，自民党政権は活力を失ったとみることもできよう。

派閥・政党間の連立政権：合理的選択モデル

上述の自民党内の派閥間の政権移行に関する記述はきわめて印象論的であるが，総裁が誕生する過程を，ゲーム論の視点から派閥間の勢力均衡を求めて連合を組む行動ととらえると，あたかも政党間の連立政権の成立のように説明できる。すなわち，自民党総裁を選出する

派閥間連合の形成と,政党間の連立による連立政権の成立は,類似のモデルによって説明が可能になる。

まず「55年体制」下での自民党総裁の選出であるが,自民党内では単独の派閥が党員の過半数を占めることはなかった(現在もないが)ので,ある派閥の領袖が総裁選挙で勝つためには,他の派閥と連合を組む必要がある。その連合の組み方をゲーム理論によって説明したのが,ライサーソン(Leiserson, M.)である。ライサーソンは1956~66年までの自民党の総裁派閥がどのように大臣と党3役のポストを他派閥に配分したかというパターンを分析し,総裁を勝ち取った派閥は「最小勝利連合(minimal winning coalition)」を組む傾向があることを示唆した(1968)。最小勝利連合とは,その連合から参加メンバー(派閥)が一つでも抜けてしまえば,その連合は負けてしまうという必要最小限の規模の連合であるが,この場合に1参加メンバー(派閥)当たりに配分される報酬(ポストの数)は最大になるわけである。ただ現実には,総裁を出す派閥がその総裁選で敵対した派閥にも,将来立場が逆転したときのために若干のポストを配分する傾向があることも示唆されている。

自民党が1993年7月に分裂し「55年体制」が崩壊した後は,自民党を含む含まないにかかわらず,基本的には連立政権が形成されることが現代日本の政党システムの通常のパターンになりつつある。そのような状況では,政党間の連立政権の形成が必要になる。連立政権の形成に関しても前述の最小勝利連合を組むというゲーム理論の考え方(Riker, 1962; Gamson, 1961)が伝統的であったが,近年では各政党の政策上の立場を考慮した,従来とは異なったアプローチの合理的選択モデルが登場してきた。

政党間の政策上の位置に注目して連立政権の安定性を演繹的に導き出すレイヴァーとシェプスリー(Laver, M. and A. Shepsle)の「ポートフォリオ・アロケーション・モデル」もその1つだが(1996),加藤淳子と前2者は,このモデルを日本に適用している(加藤/レイヴ

Column ⑯　アナウンスメント効果とバッファー・プレイヤー

　政党システムと選挙の関連する現象に，バッファー・プレイヤー (buffer player) という概念がある。また，バッファー・プレイヤーの動きは，アナウンスメント効果（announcement effects）と関連がある。

　1980年代の日本の選挙で，投票率の変動を起こした要因として選挙予測のマスコミ報道が考えられる。選挙前の予測報道で，自民党が大勝しそうだと報道されると投票率が下がって自民党が議席を減らし，与野党逆転になりそうで自民党政権が危ういと報道されると投票率が上がって自民党が議席を伸ばすという現象がしばしば起きた。これを日本では選挙予測報道の「アナウンスメント効果」と呼ぶが，正確には，選挙予測報道で不利とされた政党（候補者）が実際の選挙では有利になることを「アンダードッグ効果（under-dog effects）」と呼ぶ（その逆の現象をバンドワゴン効果；band-wagon effects と呼ぶ）。

　日本ではアナウンス効果がしばしば起きたのは，バッファー・プレイヤー（猪口，1986；蒲島，1988）と呼ばれる「基本的には自民党政権の存続を望み」ながら，自民党が政権運営で独走しないように，「与野党伯仲の状態を望む」有権者群が，選挙予測報道に反応して，自民党が大勝しないように，しかし政権から転落しないように投票した結果だと解釈できる（蒲島，1988）。

　しかし，1993年の総選挙で自民党が過半数を切ってしまった。自民党に代わって政権を担当する政党群が自民党の経済政策の継承を約束したために，多くの有権者は政権交代があっても，日本の政治システムは存続するという安心感をもったので，自民党に投票しなかったのである。

　すなわち，日本の一部の合理的な有権者は，日本の政治経済システムを維持できる政党が自民党しかないと思っていた「55年体制」下では，バッファー・プレイヤーとして自民党をコントロールしようとし，政権交代が起きても日本の政治経済システムが存続すると確認できると，自民党以外の政党に政権をとらせるようになったと，解釈することができる（田中，1995）。

ァー／シェプスリー，1996)。加藤らによれば，1993年の「55年体制」崩壊後の非自民連立政権（細川内閣・羽田内閣）の中には財政政策と外交政策において正反対の立場をとる政党が含まれていた。税制政策では新生党は増税をしてでも赤字国債への依存度を下げようとしていたが，社会党はその逆であり，外交政策では新生党はPKOを含めた国際安全保障への貢献度の増大に積極的であったが，社会党は慎重であった。これに対し，自民党の政策上の位置はこの両者の中間であったから，論理的には自民党を含まないどの連立政権も，彼らのモデルによれば不安定にならざるを得ないのであった。ただし，政治改革の次元においては，細川連立政権に参加した各党の立場は共通していたので，自民党を排除した連立政権が成り立ち得ることがこのモデルによっても示唆された。だが，ひとたび政治改革が実現してしまえば，非自民連立政権は不安定にならざるを得ず，事実，政治改革法案成立から5ヵ月後の1994年6月末には非自民連立政権は崩壊したのである。

　以上は，近年進展が進んでいる合理的選択モデルを用いた政党研究のほんの一部であるが，これらの研究は，政党や政党指導者が合理的な判断能力をもって，合理的に行動するはずだという前提（assumption）に立って，論理的（数理的）に推論を進めることで，現実の日本政治を説明することが可能なことを示唆している。

むすび

　以上，政治過程論から政党をみる見方として，政党システム論と政党組織論について述べた。いずれも，比較的長い研究の歴史をもつ分野だが，それぞれ，近年は合理的選択論の立場からの研究も増加している。第4～6章でみたような行動科学主義の経験的・帰納的な研究アプローチと，第5・6章と本章でみたような合理的選択論の数理的・演繹的な研究アプローチの双方が，この政党研究の分野に利用できる。

　政党政治は「腹芸」であり，合理的な結論は得られないという神話を抱く人が世の中には多いが，それはみる者の印象として合理的にみえないということにすぎないのである。現実政治を客観的に分析する

近年の政治学の視点からは,個々の政治的アクターが自己の利得(utility)を最大化しようとして合理的に行動していることがみえるし,そのような説明が説得力をもつこともわかってきている。ただし,個々の有権者の非合理性が時として示される投票行動や政治意識の研究分野よりも,アクターである政治家や政党が自己利益の最大化を目的として合理的に行動すると考えられる政党研究の分野での方が,合理的選択研究の前提に,より適合的とも考えられる。「腹芸」の世界ほど,合理的説明をつけやすいのかもしれないのである。

　日本における政党研究の今後に残された分野の一つとしては,本章でも若干触れたが,どのように一般の国民が政治家として自分の国の政治に貢献できるようになるのかという過程,すなわち「政治的補充」過程の解明が重要であろう。現実政治に重要な意味をもつテーマを客観的かつ学術的に分析することが,政治過程論の役割であるとすれば,政党研究との関連では,政治的補充の問題は今後ますます重要になってこよう。

【設　問】

1. 政党は政治に必要か。国民にとって必要な役割を担っているのだろうか。政党はどのような役割・機能を果たしているのだろうか。
2. 小選挙区制は2大政党制を導くという「デュヴェルジェの法則」は常に正しいだろうか。
3. 多党制の政党システムは常に不安定になるのだろうか。
4. 政党の派閥はなぜ消滅しないのだろうか。派閥はどのような機能を果たしているのだろうか。
5. 日本の政党の機能で十分に果たされていない点はどの部分だろうか。また,日本における政党の研究で遅れている部分はどの部分か。

> 第8章のキーワード

「55年体制」 日本における1955年から1993年までの政党システム。自民党が単独で政権を担当していたが、それに対抗する勢力として社会党が位置づけられていた。前半期は、社会党がちょうど自民党の半分の勢力をもち、他に存在感のある野党がいなかったために「1か2分の1」政党制と呼ばれた。1970年頃からこの構造は変化し、社会党の衰退と他の野党勢力の伸長により、自民党による「1党優位政党制」になった。

1党優位政党制（predominant party system） 世界の政党システムの類型のなかでは多党制の一種類だが、多数の政党があるなかで一つの政党が他の政党を圧倒する勢力を、議会内の議席数でも選挙での国民の支持においてももっている政党システム。イタリアの政治学者サルトーリは日本の政党システムをその典型と考えた。「1党優越政党制」とも訳される。

包括政党（catch-all party） ドイツの政治学者キルヒハイマーが示した概念で、政党がその支持基盤を特定の社会的階級・階層や、特定の地域、宗教、職業の業界にしぼらず、社会のどの層からも支持を得ている政党のこと。日本では自民党がその典型である。

疑似政権交代 日本の「55年体制」下では自民党の総裁を出す派閥は、総裁選出のたびに異なる派閥に移っていったが、その動きがあたかも派閥間で政権が移動しているようだということで、こう呼ばれた。これをたんなる自民党内の政権のたらい回しで無意味な政治的動きとみる見方と、総裁を出す派閥が変わると政策傾向も変わるのでそれなりの意味はあったとみる見方とがある。「55年体制」崩壊後はこの用語も使われなくなった。

政治的補充（political recruitment） 国や地方の議会議員、もしくは地方自治体の長といった政治家になっていくことをさす。政党の機能として、有能な人材を発掘し、育成して、登用することが期待されており、必要である。この機能が弱くなれば、有能な人材が国の政治を担当しないことになり、その国の政治システムの運営が困難になるからである。

📖 読書ガイド ●●●

岡沢憲芙『政党』東京大学出版会，1988年。
　政党研究についての多様な流れをよく整理してあり，政党研究をめざす者には必読書である。

サルトーリ，G.（岡沢憲芙・川野秀之訳）『現代政党学』早稲田大学出版部，1980年（1992年新装）。
　イタリアの政治学者サルトーリの名著の日本語訳。原著は1976年の刊行だが，政党論の研究ではこれを上回る著作は，現在までのところ見あたらない。

デュヴェルジェ，M.（岡野加穂留訳）『政党社会学』潮出版，1970年。
　フランスの政治学者デュヴェルジェの名著の日本語訳。原著は1951年刊行の古典といえるが，サルトーリの政党研究が現れるまで最も網羅的で最も優れた政党研究であった。また，サルトーリが触れていない政党組織論について，デュヴェルジェは本書の前半を当てて詳細に述べている。

的場敏博『戦後の政党システム』有斐閣，1990年。
　国際比較にもとづいて政党システムを理論的に類型化した，政党システム論の研究書。選挙制度，社会的クリーヴィッジ，景気循環などを，政党システムに影響を与える変数としてとらえた分析も含む，政党システム論の貴重な研究書である。

西川知一・河田潤一編『政党派閥』ミネルヴァ書房，1996年。
　政党内の派閥に関して理論と実証の両面から国際比較をした大著。日本の自民党・社会党に関する実証的な研究とともにアメリカ，イギリス，フランス，イタリア，ウルグアイなど海外の政党派閥に関する章も含む，派閥研究の決定版。

●引用文献●

猪口孝，1986「経済業績と投票行動」綿貫譲治・三宅一郎・猪口孝・蒲島郁夫『日本人の選挙行動』東京大学出版会。
猪口孝・岩井奉信，1987『「族議員」の研究』日本経済新聞社。

岩崎正洋, 1999『政党システムの理論』東海大学出版会。
内田満, 1983『政党政治の論理』三嶺書房。
内田満編, 1999『現代日本政治小事典』ブレーン出版。
岡義武, 1958『現代日本の政治過程』岩波書店。
岡沢憲芙, 1988『政党』東京大学出版会。
加藤淳子／M.レイヴァー／K.シェプスリー, 1996「日本における連立政権の形成」『レヴァイアサン』No. 19, 木鐸社, pp. 63-85。
蒲島郁夫, 1988『政治参加』東京大学出版会。
河田潤一, 1989『比較政治学と政治文化』ミネルヴァ書房。
小林良彰, 1997『現代日本の政治過程』東京大学出版会。
サルトーリ, G., 1980『現代政党学』(岡沢憲芙・川野秀之訳), 早稲田大学出版部。
下斗米伸夫・高橋直樹, 1996『先進諸国の政治』放送大学教育振興会。
白鳥令・砂田一郎編, 1996『理代政党の理論』東海大学出版会。
スカラピーノ, R．／升味準之輔, 1962『現代日本の政治と政党』岩波書店。
ダウンズ, A., 1980『民主主義の経済理論』(古田精司訳), 成文堂。
田中愛治, 1995「『55年体制』の崩壊とシステム・サポートの継続」『レヴァイアサン』No. 17, 木鐸社, pp. 52-83。
デュヴェルジェ, M., 1970『政党社会学』(岡野加穂留訳), 潮出版。
富森叡児, 1993『日本型民主主義の構図』朝日新聞社。
中根千枝, 1967『タテ社会の人間関係』講談社(新書)。
西川知一編, 1986『比較政治の分析枠組』ミネルヴァ書房。
西川知一・河田潤一編, 1996『政党派閥』ミネルヴァ書房。
村松岐夫・伊藤光利, 1986『地方議員の研究』日本経済新聞社。
山口定, 1985「戦後日本の政治体制と政治過程」三宅一郎・山口定・村松岐夫・進藤榮一『日本政治の座標』有斐閣。
吉野孝, 1999「ネットワーク型政党」内田満編『現代日本政治小事典』ブレーン出版。
Cox, G., 1994, "Strategic Voting Equilibria under the Single Nontransferable Vote," *American Political Science Review*, 88: pp. 608-621.

Dalton, R. J. and M. P. Wattenberg eds., forthcoming, *Parties Without Partisans*.

Fukui, H., 1997, "Japan" chapter 6 in Pippa Norris ed., *Passage to Power: Legislative Recruitment in Advanced Democracies*.

Gamson, W. G., 1961, "A Theory of Coalition Formation," *American Sociological Review*, 26: pp. 373-382.

Key, V.O. Jr., 1958, *Politics, Parties, and Pressure Groups*.

Kohno, M., 1997, *Japan's Postwar Party Politics*.

Laver, M. and K. A. Shepsle, 1996, *Making and Breaking Governments*.

Leiserson, M., 1968, "Factions and Coalitions in One-party Japan: an Interpretation Based on the Theory of Games," *American Political Sciece Review*, 62: pp. 770-787.

Reed, S. R., 1990, "Structure and Behaviour: Extending Duverger's Law to the Japanese Case," *British Journal of Political Science*, 20: pp. 335-356.

Riker, W. H., 1962, *The Theory of Political Coalitions*.

Wattenberg, M. P., 1998, *The Decline of American Political Parties, 1952-1996* (6th edition).

第Ⅳ部　政治過程における制度

第9章 議会と立法過程

> 現代民主政治は，議会なしにはうまく運営されるとは思われないが，他方では議会の機能不全が指摘されて久しい。とくに政策過程ないし立法過程における議会の地位の低下が問題とされている。本章では，こうした意味で政治過程において各国の議会が共通に直面する問題と，各国の議会をめぐる政治過程の特殊性をあわせて検討していきたい。

1 議会と立法過程

　1999年7月13日，国会論議を活性化し，省庁の政策形成に政治家が積極的に参画することをめざす国会改革関連法案が，衆院を通過した。本法案における国会改革のポイントは「党首定例討論」「政府委員制度の廃止」「副大臣制導入」の3つである。第1に，イギリス議会の「クエスチョンタイム」をモデルとした党首定例討論を定着させるため，2000年から衆議院と参議院が合同で国家基本政策委員会を設置し，

閣僚と各党幹部，そして首相と各党党首が議論する。普通の国会質疑は，多くの場合，野党の質問に対して首相が事前に用意された答弁書を棒読みするという一方通行だが，この委員会では首相にも「反論権」を認める。首相や各党党首は臨機応変の問答をする能力が問われる。第2に，従来，国会質疑において各省庁の局長クラスが閣僚に代わって答弁する政府委員制度によって，政治家どうしの活発な議論がなされなかったという反省から，この制度を廃止することにした。第3に，2001年から，閣僚に次ぐポストとして，省庁の企画・立案に参加できる副大臣を22人新設する。副大臣が国会で答弁する機会が増えると予想される。これらの改革は，おもにイギリス議会をモデルとして，国会の活性化，政治家の選抜・淘汰および質の向上，官僚の影響力の削減などを目的としている。これらの改革が期待通りに機能するかどうか注目される。

　議会は，紛争制御（conflict management），代表，政策への影響，といった機能を果たすことが期待されており，現代民主政治の制度的中核である（Loewenberg and Patterson, 1979）。まず，社会の多様な対立を集約し，体制の許容範囲内に紛争を制御する機能を果たす制度は議会以外に発明されていない。また，この紛争制御は統合や体制維持の機能と重なる部分がある。紛争制御機能は，地域，集団，階級，あるいは国民全体を代表し（代表機能），さらに諸利益を調整して政策に結びつける議会の能力，すなわち政策影響力，に大きく依存している。それゆえ代表過程や議会をアリーナとする政策過程が重要な研究課題となる。こうした機能に付随して，行政監視・統制，リーダー選抜，争点明示なども議会の重要な機能である。

| 議会の衰退？ | 政治過程における議会を，それ自体1つのアクターとしてとらえる見方と，政党や議員などのアクターが影響を及ぼしあう場，ないしそれらのアクターの行動を制約したり機会を提供したりする機会構造ととらえる見方がある。

いずれにせよ，議会は政策過程や立法過程における重要なアクターとか，重要な場となっているかどうかが問われているのである。

現代政治において「議会の衰退」がいわれて久しく，またわが国でも「国会無能論」が有力であった。高度産業民主主義諸国の共通現象としての議会衰退の主たる原因は，(1)行政機能の拡大による官僚制の台頭，(2)議院内閣制における政党組織の発達とそれにともなう党規律の強化による党首・党執行部＝執政府への権力の集中，(3)利益団体政治の顕著化（さらにはコーポラティズム化傾向）による社会的利益と官僚制との直接的結合と議会の迂回の3つに求められる。すなわち，(1)は，政策や法律の形成過程において，官僚制が重要な役割を果たすようになったこと，(2)は，党首・党執行部＝執政府が議会をコントロールするようになってきたこと，(3)は，第7章でみたように，重要な決定が議会を迂回して利益団体と官僚制の協調によってなされる傾向をさす。しかし，こうした現代的趨勢が認められるとしても，各国政治において議会の占める重要性は多様である。(3)についてはすでに論じ，(1)については第10章で検討するので，本章では，おもに(2)について検討することにする。

政策影響力と執政府－議会関係

ノートン（Norton, P.）は，先進主要国の議会の強さの基準として「政策形成力」と「政策影響力」という概念を提示している。政策形成力とは「政策を修正したり拒否するだけでなく，自己の政策を提示する能力」をさし，そうした能力をもつ議会は「強い」とみなされる。他方で，政策影響力とは「政策を修正したり拒否する能力であり，自己の政策を提示する能力は含まれない」（Norton, 1990）。政策形成機能，つまり文字どおりの立法機能をもつのはアメリカの議会であり，先進国のなかでは例外である。他の国では，政策を形成するのは執政府であり，議会はそれを修正したり，拒否したりするにすぎない。政策影響力とは，アメリカ以外の先進国の議会の強さの程度を比較するために提示された概念である。このように，議会の強弱は，執政府との関

係で，内閣提出法案に対する議会の影響力によって測られるのである。内閣提出法案に対する議会の政策影響力が小さいということは，議会が執政府にコントロールされており，執政府に対する議会の自律性や抵抗力が小さいことを意味する。逆に，議会の政策影響力が大きいということは，執政府による議会のコントロールがむずかしく，執政府に対する議会の自律性や抵抗力が大きくなることを意味する。

　執政府が議会をよくコントロールすることができるかどうかは，執政府と議会の関係のなかで権力が執政府（とくに執政府の長である大統領か首相）に権力が集中しているか，それとも権力が議会のなかに広く分散しているかに依存している。執政府に権力が集中していれば，執政府は議会をコントロールしやすく，逆に権力が議会に広く分散していれば，執政府は議会をコントロールすることが困難になるのである（第12章3節の「制度の効果」を参照）。

議会のアクター

議会の政策影響力（したがって執政府に対する自律性および抵抗力）を強める可能性をもつアクターは，議会委員会，与党議員集団，および野党である。本会議が，議会の政策影響力を強める要因になりにくいのは，本会議が大規模で公開性が高いために，実質的な審議が困難であり，そこでの発言は，政策に影響を及ぼすための詳細な議論ではなく，国民にアピールするスローガン的な意見表明になりやすいからである。これに対して，議会委員会，さらに与党内審議における議論は，より詳細かつ実質的になり，政策や法案に影響を及ぼす可能性が大きい。野党も一定の条件の下で，執政府による国会運営にとって障害物となり，間接的に国会が政府提出法案を拒否したり，修正したりする要因となる。

　この執政府と議会の関係において，権力の分布を規定する重要な要因は，憲法をはじめとするフォーマルな規定および政党である。

> **大統領制における執政府 - 議会関係**

執政府 - 議会関係からみた大統領制と議院内閣制のフォーマルな制度上の最大の差異は，前者が執政府と議会の間で権力分割を明確にしているのに対して，後者では執政府と議会の間の権力分割があいまいであり，むしろしばしば執政府と議会多数派が強く結びついているところにある。

　大統領制は，権力分割を明確にするために，大統領と議会がそれぞれ実質的に国民から直接選出されるしくみを採用している。その論理的帰結として，第1に，一方で大統領は議会に責任を負っていないので，議会には大統領に対する不信任決議権はなく，他方で大統領には議会の解散権がない。大統領と議会は相互に高い自律性をもっているのである。第2に，議会側が大統領選出のための議会内多数派を形成したり，そのために党規律を強めたりする誘因をもたないので，かえって大統領が政党を通して議会をコントロールすることはできない。党組織は未発達で，議員たちは自前のリソースで再選をめざすのである。第3に，大統領制は，議員職と閣僚などの政府役職との兼任を認めていないので，議員と執政府のキャリア・ルートはまったく別個である。それゆえ，議会における大統領への従順さが必ずしも政府内における出世につながるわけでないから，議員は大統領の提案に従順になる誘因をもたない。こうして議員は執政府に対して自律性をもちやすいことになる。

　さらに，大統領制は，フォーマルな立法権を議会にのみ認め，大統領に議案提出権を認めない点でも，権力分割を徹底している。この規定は，立法作業を担う議会委員会を発達させ，議員の専門化や議会スタッフの整備を促し，議会の自律性を高める要因となっている。このように，大統領制は強い議会を生みだしやすいのである。

> 議院内閣制における執政府－議会関係

これに対して議院内閣制では、首相は議会多数派の支持によって選出される。ここでは執政府と議会の権力分割は、大統領制ほどには徹底されてはおらず、むしろ執政府と議会の権力的一体化が進む。それゆえ、議会多数派は内閣提出法案を否決する誘因をもたないし、むしろ逆に与党のトップリーダーである首相が党組織を通して議会多数派をコントロールしようとする。それが可能なのは、議員の再選が一般に党組織と党執行部に左右されるからである。また、閣僚などの執政府の役職者はふつう議員からリクルートされるので、議員は昇進するためには党執行部に従順でなければならない。これが先に述べた、「議院内閣制における政党組織の発達とそれにともなう党規律の強化による権力の党首・党執行部＝執政府への集中」の意味である。ここでは内閣提出の法案も成立しやすいのは当然である。さらに内閣提出法案の否決は議会解散につながりやすいので、総選挙を回避したい議員はこれを否決しにくいのである。また法案や政策の形成はもっぱら執政府・行政官僚組織においてなされるため議会の政策影響力や議員の専門化は抑制されやすい。

> 議院内閣制における執政府－議会関係の多様性

上に述べた、議院内閣制における執政府－議会関係は、大統領制との対比でみた理念型であり、実際には、議院内閣制における執政府－議会関係は国ごとに多様である。その多様性を生み出すおもな要因は政党である。

まず、執政府が議会与党をコントロールできるかどうかは、党規律の強さに依存する。党規律が強ければ、一般に党首である首相は党組織を通して、議会与党をコントロールすることができる。そして、党規律が強いかどうかは、与党議員の公認や再選がどれだけ党組織や党執行部に左右されるのかによる。すなわち、議員の公認や再選が党組織に依存し、党執行部によって左右されるほど、議員は党執行部あるいはそれと重複する執政府のコントロールに服する。これに対して、

議員が,自前の組織(個人後援会など)やリソース(知名度や政治資金など)によって再選することができるほど,党執行部や執政府からの議員の自律性は強まり,執政府が議会をコントロールするのが困難になるのである。

つぎに,政党要因としては,党規律に加えて,政党制(2党制,多党制,1党優位制),政権交代の有無,政権構成(単独政権,連立政権),政党間イデオロギーの距離の5つが重要である(Lee and Shaw, 1979;政党要因については,第8章「政党」を参照)。

これらの政党要因に着目すると,一般的に,党規律が強い,2党制,政権交代が期待できる,単独政権,イデオロギー的距離が近い,という条件のもとでは,議会は従順ないし弱くなる傾向がある。すなわち,すでにみたように,党規律が強ければ,執政府が議会をコントロールすることが容易である。政権交代のある2党制では,両党のリーダーは政権の座にあるときに都合のいいように,議会を強くしないという考えで合意しやすい。また自分たちの政策は,政権をとったときに実現すればよいから,野党の地位にいるときには議会で法案に影響を及ぼそうとする誘因をあまりもたない。単独政権は,執政府内の結合力があるので,議会をコントロールしやすい。最後に,おもな政党間のイデオロギー的距離が近いと,野党が議会で強い抵抗を示すことが少ない,と考えられるからである。

これに対して,党規律が弱い,多党制,政権交代が期待できない,連立政権,イデオロギー的距離が遠いという条件のもとでは,一般に,執政府が議会をコントロールするのが難しく,それだけ議会は強くなる傾向がある。まず,党規律が弱ければ,執政府による議会のコントロールが困難になる。また,多党制では連立政権になる可能性が高く,そこでは執政府の結合力が相対的に弱いので,議会に対して強い態度をとりにくくなる。政権交代が期待できなければ,野党はかえって執政府に強く抵抗したり,法案に影響を及ぼそうとする。最後に,おもな政党間のイデオロギー的距離が遠いと,野党が議会で強い抵抗を示

表9-1 ポルズビーの議会類型

変換能力			
低い			高い
アリーナ型	穏健なアリーナ型	穏健な変換型	高度な変換型
イギリス ベルギー フランス (第5共和制)	西ドイツ イタリア フランス (第4共和制)	オランダ スウェーデン	アメリカ

出所:Polsby, 1975, p. 296.

すことが多い，と考えられるからである。

変換議会とアリーナ議会

ポルズビー (Polsby, N.) は上述の幾つかの要因に着目しながら高度産業民主主義国の議会を大きく2つのタイプに類型化した（表9-1）。1つは，おもに社会の様々な要求を実質的に法律（政策）に変換する機能を果たす **変換型議会** であり，もう1つは与野党が争点を明らかにし議論を戦わせ，次回の選挙を有利に戦うために各々の政策を有権者に訴えるアリーナ（闘技場）として機能するにすぎない **アリーナ型議会** である（Polsby, 1975）。前者の典型はアメリカ議会で強い議会とされ，後者の典型がイギリス議会で弱い議会とされる。イギリスは，「議会政治の母国」といわれるが，このように今日ではイギリス議会は，弱い議会の典型であるといわれることに注意する必要がある。

また，別の論者は，先進主要国の議会を，とくに委員会制と党規律に着目して，委員会制が発達し党規律が欠如しているアメリカ大統領制型，委員会制の発達が弱く党規律の強いコモンウェルス型（イギリス，カナダなど），委員会制が発達し党規律が強い大陸型（ドイツ，イタリアなど）に分類している（Lee and Shaw, 1979）。

先に触れたように，政策影響力の点で委員会に劣らず重要なのが，議会政党内の議員集団や政策委員会である。議会委員会と議会政党内

集団に注目しながら各国の議会における政策過程と政策影響力を概観してみよう。

2 各国の立法過程

アメリカ議会　アメリカでは形式的にはすべて議員立法であるが、大統領や各省が法案提出を望む場合は、各省が立案した法案を支持する議員の名によって議会に提出されるのであり、重要法案の多くは実質的には執政府によって立案されたものである。

　アメリカ連邦議会における法案審議過程をみると、法案は、まず小委員会と委員会で審議され、ついで、本会議で討議され両院で可決された後、両院協議会で両院法案の調整が行われる。そして、両院で再議決された後に大統領の署名によって法律となる。この過程では、各議員は、利益団体、各省庁、大統領府・ホワイトハウスからのロビイングや、選挙区からの陳情の標的となる。そして各議員は、通常再選への効果を第1の基準に態度を決定する。政党による拘束があまり働かないので、議員相互間で多数派形成のための「丸太転がし（ログ・ローリング）」（法案の相互支持の連携）とか**交差投票**（クロス・ヴォーティング）が行われる。執政府（大統領や省庁）は、執政府が立案した法案を議会で成立させてもらうためには、議会に譲歩し、議員と取引しながら、多数の議員の支持を確保していかなければならない。このように、アメリカ議会は立法権を独占し、専門化されかつ分権化された委員会と大規模で専門的な議会スタッフや議員スタッフを擁し、また党規律が弱く、執政府と別個の昇進経路をもつために、執政府によるコントロールを受けにくく、強い存在となっているのである。

　しかしながら1970年代以降、議会の民主的改革により常任委員会委員長の権限が弱められて、その多くが小委員会に移譲されるという変

Column ⑰ 議会研究の発展

アメリカの議会研究には，4節で述べる合理的選択制度論が登場するまでは，政治学一般と同様，制度論的，過程論的，行動論的，という3つの発展段階がある。制度論的研究は，おもにアメリカ議会やイギリス議会の議会役職者（議長や委員長）の選出方法や権限，立法手続きを記述ないし評価することを課題とした。過程論的研究は，まさに立法過程を課題とし，事例研究の方法で議員，政党，利益団体などの参加者の影響力に焦点を当てて分析した。その意味で政治過程論の典型であった。行動論的研究は，政党や圧力団体といった議会の外部の影響力というよりも，社会学や心理学の影響を受けて，議員自身の議会内の投票行動とか議員の役割意識に焦点を当てた。このうち，議会内投票行動分析では，議員個人のイデオロギーや議席の安全度に関する認知とか個人的・心理的要因が重視された。他方，役割分析では，議員の行動を議会人としての役割，議長や委員長としての役割，議員にとっての顧客（政党，利益団体，行政，選挙区など）に対する役割など，に応じた行動として分析した。

制度論的，過程論的研究は，今日でも意義を失わない。議会内投票行動分析は，政党規律の強い西欧では採用されず，役割分析もクロス・ナショナル分析に成果を発揮したが，議会研究へのインパクトではそれほど持続的ではなかった。西欧では，本章で示した制度要因と政党要因を重視した研究が継続され，アメリカでは合理的選択制度論が勢いをもっているというのが現状である。

化が生じており，また党規律も強まる傾向にある。

イギリス議会　イギリスでは，内閣が法律を必要とするとき，閣僚の地位にある議員が自分の肩書を付して提出するが，事実上の内閣提出法案といってよい。提出される法案は，議員提出法案が内閣提出法案より多いが，成立率は議員提出法案がほぼ20％，閣法は90％を超え，成立する法律のうち閣法（内閣によって提出され成立した法律）はほぼ8割を占める。イギリスにおける立

法過程は典型的な読会制（法案名や法案の内容を読み上げるなど，本会議で法案を審議する制度）をとっており，法案は第1読会，第2読会，委員会審議，第3読会の各段階を経て成立する。第1読会は，法案名を読み上げるという形式的なものにすぎないが，第2読会は最も重要な段階であり，政府と野党の指導的議員（**フロントベンチャー**）が向かい合って法案の基本原則についての討論（debate）を行い，表決が行われる。この論戦のゆえにイギリス議会はアリーナ（闘技場）型議会といわれるのである。委員会は各省庁に対応した恒常的なものではなく，法案ごとに設けられるアドホックなものであり，それだけ専門性は低く，その権限は制約されており，法案の骨格部分を修正することはできない。また第3読会では，用語などの形式的修正のみが可能である（大山，1997）。

イギリスでは，一般に執政府が議会の政策影響力の実質的部分である委員会，野党，与党一般議員（**バックベンチャー**）をコントロールしており，そのために議会は弱い。まず，2大政党制のもとで政権交代があることを前提とした場合，両党のリーダー層は，政権についたときに弱い議会の方がコントロールしやすく，かつそれが望ましいと考える。そのため両党のリーダー層の間には，議会を強める委員会制度を発達させないという暗黙の合意があるという。また，議会では野党が内閣提出法案に影響を及ぼすことが難しいが，野党が議会で手段を尽くして強く抵抗しないのは，近い将来に政権獲得が期待できるからである。第2読会における与野党リーダーたちによる活発な討論も，個々の法案の廃案や修正をめぐるものではなく，次期の総選挙に向けて国民へアピールすることを目的として展開される。

かくして政策形成に関連した議会における実質的な対抗関係は与党のリーダーと一般議員との関係ということになる。しかし，議会内における党規律は強く，ときどき投票における一般議員の造反があるが，内閣提出法案の成立率がきわめて高いことに示されるように，あまり有効ではない。

党規律が強いのは，造反議員は次回選挙での党の公認候補者になれないおそれや，政府の役職の昇進ルートから排除されるおそれがあるからである。多数の与党議員を副大臣などとして政府内に取り込む制度は，議員の昇進志向を通して，執政府による議会コントロールに役立っている。

　このように，弱い議会の国，イギリスが議会制民主主義の国であると呼ばれるのは，議会制度を通した政権交代によって少数派が多数派になれるという確たる経験と期待があるからであろう。

ドイツ議会

　ドイツ議会は，連邦議会（下院）と州の代表からなる連邦参議院より構成される。そして，ドイツ議会は，本会議中心のイギリス型と委員会中心のアメリカ型の中間的特徴をもっている。統一後のドイツは，基本的に旧西ドイツの政治制度や運用方法を引き継いでいるので，西ドイツ議会の例で述べることにする（富崎，1995）。

　法案はまず，連邦議会で審議される。法案には，基本法（憲法）の改正，各州の行政や財政に関するものなど参議院の同意を必要とするものと同意を必要としないものがあり，前者は5割から6割である。参議院の同意を必要とする法案について参議院が同意すれば，大統領の署名によって，法律として成立する。参議院が否決した場合は，連邦議会で一定数以上の議員の賛成により，議会を通過することができる。

　連邦議会における法案の審議過程は，3読会制であるが，形式的な第1読会の後に，実質的な法案審議を行う委員会審議があり，その後の第2読会でアリーナ型の与野党対決型討論が行われる。

　連邦議会の委員会は，ほぼ省庁ごとに設置された常設的なものであり，専門性は高く，しばしば政府提案を修正する。ドイツでは連立政権であるために争点によっては与党内に意見の相違が生じることもあり，委員会は執政府から一定の自律性をもち与野党議員が共同して法案を修正したりするのである。しかし，議会による政府に対する制約

でより重要なのは，多元的な議員集団や政策委員会をおもなアクターとする与党内審議であり，議会委員会の審議は与党内審議と比べると第2義的とされる (Saalfeld, 1990)。与党審議が重要であるという点は，1党優位制下の日本の国会と類似している。こうした委員会審議や与党内審議のあり方のために，ドイツ議会は比較的強いといわれている。

3 日本の国会

国会無能論　長い間，日本の国会は無力だといわれてきた。しかし，1980年前後からの国会の経験的研究の増加とともに「国会機能論」が主張され，やがて国会の一定の機能を認めつつも限定的であるとみなす主張も出てきた。今日においても，政策影響力と行政監視機能の区別および与党内審議と国会審議の関係など，国会をめぐる議論は必ずしも整理されていない。

かつて国会が無力であると考えられた最大の論拠は，内閣提出法案が圧倒的に多く，しかもその成立率が8～9割ときわめて高かったこと，およびそれとウラハラの関係にあることであるが，議員提出法案が少なく，その成立率も低かったことにある。その理由は，既述の行政機能の拡大，政党組織の発達にともなう党規律の強化，利益団体政治の顕著化という先進各国に共通の原因に加えて，わが国に特有の原因として，戦前からの官僚支配の伝統と55年体制における1党優位制が指摘された。

ただし，内閣提出法案の成立率が高いのはイギリスとフランスの議会も同様であり，それだけでは日本の国会がとくに非力であるとはいえない。日本の国会評価は，おもに先進国で唯一の変換型議会であるアメリカ議会のみを比較の基準としてきたという点で一面的であった。

国会機能論とヴィスコシティ

自民党の1党優位時代における国会無能論を実証的かつ理論的に反駁したのはモチヅキ (Mochizuki, M.) であった (1982)。かれは、国会は無力といわれながら、政府・与党が法案や予算案の承認を国会で得るのに苦労したり、野党に少なからず譲歩することに注目した。他方、ブロンデル (Blondel, J.) は、議会の能力を測る基準として、立法能力だけでなく、内閣提出法案の成立を妨害し、場合によっては廃案に追い込む能力に着目し、これを **ヴィスコシティ** (viscosity；粘着力) と名づけていた (1970)。ヴィスコシティは、議会の政策影響力のうち、とくにネガティヴな影響力に注目した概念といえよう。モチヅキは、国会のこのようなヴィスコシティを高める要因として、2院制、会期制、手続きにおける全会一致制、委員会制の4つを指摘している。これらはすべて国会における希少な「時間」に関連している。すなわち、執政府・与党は、国会運営に関して、世論対策上、法案審議に十分に時間をかけたという体裁を整えようとするが、上の4つの要因は執政府・与党から国会運営のために使うことのできる時間、すなわち可処分時間を奪う効果をもっているのである。

第1に、わが国は、2院制を採用し参議院を置いている。首班指名や予算の先議権など衆議院の優越が認められているが、一般の法案の成立については参議院の存在がしばしば大きな影響を及ぼす。すなわち、参議院がある一般法案を否決しても、衆議院が出席議員の3分の2以上の多数をもって再び可決すれば法律として成立するのであるが、与党が衆議院の3分の2以上の多数を占めることはまれである。そのため、一般法案については、実質的には参議院は衆議院と対等に近い重要性をもつことになる。参議院は、一般の低い評価に反して、イギリス、フランス、旧西ドイツの第2院より強いといわれる。参議院がその威信にかけて十分な審議時間を要求する点で、国会のヴィスコシティを高めている。このため、執政府・与党は、しばしば時間切れによっていくつかの法案の成立を断念せざるをえない状況に追い込まれ

るのである。

　第2に，西欧の多くの国が議会通年制を採用しているのに対して，わが国の国会は，原則として，各法案の審議はその会期限りのことで次回の会期に継続しないという「会期不継続の原則」と，国会審議が1年間に数回の会期に寸断されるという「年間複数会期制」を採用している。この2つの制度は，多くの法案に時間切れによる廃案の可能性を与えている。

　第3に，執政府側が審議事項や日程などの議事をコントロールするイギリスやフランスと比べて，国会は執政府からある程度自律性をもっており，与野党間の交渉によって運営される。国会の多くの委員会の議事運営は実際には与野党の委員からなる理事会の合意（全会一致制が慣例）にもとづいてなされており，野党が議事運営に反対する場合は議事が進まない。与党はこの慣例を無視することは可能だが，無視すると野党が「審議拒否」をして他の法案の採決にひびいたり，「多数の横暴」とかの批判を浴びるなど，かえってコストが大きいのでふつうは慣例を守るのである。

　第4に，国会は本会議中心でなく，政策領域ごとに各委員会に分かれて審議をするために，野党に抵抗の機会を多く与えることになる。

　以上のように，執政府・与党は，たえず時間に追われて国会を運営しなければならず，野党は「時間攻め」によって，意外に抵抗力を発揮することがある。

　実際に各党の国会対策で中心的な役割を果たすのは政党の機関である国会対策委員会（国対）である。各党の国会対策委員会は，国会の機関である議会運営委員会の同じ政党所属の委員，および一般委員会の委員と密接に連係しあう。そして，とくに国会が与野党の対立で行き詰まったときなど，各党の国会対策委員長は与野党国会対策委員長会談に臨み，国会運営についての実質的な協議を行っている。しかし，国会対策委員会は国会の正式な機関でないために，協議過程が不透明になりやすく「**国対政治**」としてしばしば批判されたのである。

Column ⑱　国会改革論

わが国では，長い間国会改革の必要性が唱えられてきたが1980年代末頃からその声が一層強まった。一般的には，国対政治，広範な党議拘束，会期制，政府の反論を許さない質疑形式，政府委員制などの慣行が国会審議を形骸化させており，審議の活発化が必要だという主張である。おもに審議の公開化・透明化・争点明示，および政治家の質の向上・淘汰・政治家主導がねらいとされている。全体としては，政権交代をともなうアリーナ型がイメージされている。国対政治や会期制の廃止は，国会のヴィスコシティを弱め，国会運営を効率化し，首相のリーダーシップ強化の主張と適合的である。しかしながら，他方で，党議拘束の穏和と国会審議の実質化は変換型議会の特徴をもち，首相のリーダーシップを制約する。しかも，党議拘束の穏和は，今日の政党政治とくに比例代表制と矛盾する。なかには，重要法案だけに党議をかけ，政党は固い組織化ではなく，ネットワーク化すべきであるという折衷案もある。しかし，国会改革案の多くは，アリーナ型を目指すのか，変換型を目指すのか，あるいは独自の型を目指すのか明確でなく，またそれゆえ日本の国会を規定している諸条件を無視したり，部分的であったり，必ずしも両立しないアリーナ型と変換型の改革案を混在したりしている。それはわが国における比較議会研究が不十分であることに原因があろう。どのような帰結をもたらすか必ずしも明確ではないが，「審議の活発化」が国会改革の第一歩だと，考えられている段階のようである。

与党内審議と族議員

執政府にとってしばしば野党以上に制御が困難なのは与党内審議（自民党では政務調査会や総務会など）である。首相をはじめとする執政府は，多くの場合，政策形成過程において与党を指導するというより，与党議員の参加する多元的な下位政府（族議員，省庁，業界などからなる利益連合体）の協議を前提とせざるをえないのである（図9-1）。この点で，わが国の与党審議は，政府案が形成された後に与党議員が国会の委員会審議なり

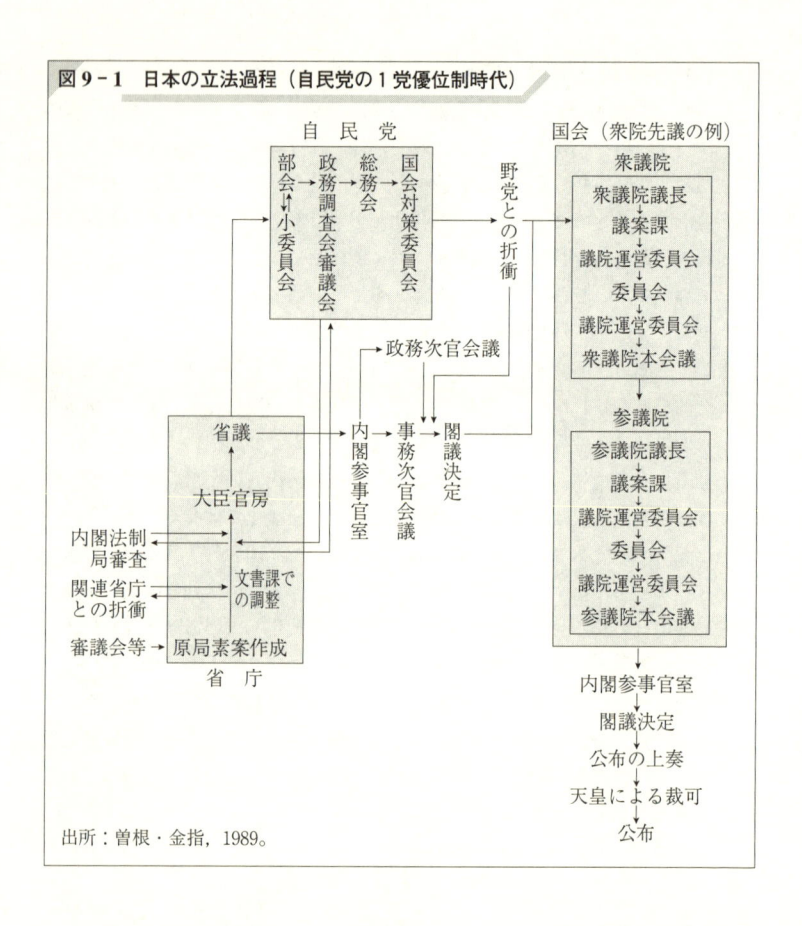

図9-1 日本の立法過程（自民党の1党優位制時代）

```
                          自 民 党                        国会（衆院先議の例）
                 ┌─────────────────────┐              ┌──────────────────┐
                 │ 部  政  総  国       │  野          │    衆議院         │
                 │ 会 →務 →務 →会       │  党          │  ┌────────────┐ │
                 │ ↕  調  会  対       │  と          │  │ 衆議院議長  │ │
                 │ 小  査     策       │  の          │  │    ↓        │ │
                 │ 委  会     委       │  折          │  │  議案課     │ │
                 │ 員  審     員       │  衝          │  │    ↓        │ │
                 │ 会  議     会       │              │  │議院運営委員会│ │
                 │     会              │              │  │    ↓        │ │
                 └─────────────────────┘              │  │  委員会     │ │
                        ↑                             │  │    ↓        │ │
                                     政務次官会議     │  │議院運営委員会│ │
                                        ↓             │  │    ↓        │ │
                 ┌──────────┐     内 事  閣          │  │衆議院本会議 │ │
                 │  省議    │───→ 閣 務  議          │  └────────────┘ │
                 └──────────┘     参 次  決          │                   │
                        ↑         事 官  定          │    参議院         │
                 ┌──────────┐    官 会              │  ┌────────────┐ │
                 │ 大臣官房 │    室 議              │  │ 参議院議長  │ │
                 └──────────┘                        │  │    ↓        │ │
  内閣法制        ↑    ↑                             │  │  議案課     │ │
  局審査 ─────────┤   ┌──────────┐                  │  │    ↓        │ │
                  │   │文書課で  │                   │  │議院運営委員会│ │
  関連省庁 ───────┤   │の調整    │                   │  │    ↓        │ │
  との折衝        │   └──────────┘                   │  │  委員会     │ │
                  │        ↑                          │  │    ↓        │ │
  審議会等 ──→ 原局素案作成                          │  │議院運営委員会│ │
                       省 庁                          │  │    ↓        │ │
                                                      │  │参議院本会議 │ │
                                                      └──────────────────┘
                                                             ↓
                                                        内閣参事官室
                                                             ↓
                                                         閣議決定
                                                             ↓
                                                         公布の上奏
                                                             ↓
                                                       天皇による裁可
                                                             ↓
                                                           公布
```

出所：曽根・金指，1989。

与党審議なりに参加するドイツと比べても，大きな政策影響力をもつと思われる。従来，自民党は強く，国会は弱いといわれたが，比較議会論の視点からは自民党内の政策審議も国会内アリーナの一部としてとらえる見方も成り立つのであり，そうであれば国会は大きな政策影響力をもつことになる。

しかし，1993年に政権交代が起こり，それまでの自民党政権に代わって，非自民連立政権が誕生した。この政権における政策過程には，

次のような変化が現れた。第1に,基本的に自民党,そして族議員が政策・立法過程から排除された。第2に,連立政権では,政治改革の観点から,「国対政治」が抑制された。第3に,各与党の議員からなる課題別,省庁別の会議や各与党の政策責任者からなる与党各派代表者会議,すなわち与党間関係が重要になった。ただし,非自民連立政権の崩壊にともなう自民党の政権復帰によって,族議員の影響が徐々に復活してきたといわれる。

4 議会研究の新しい潮流──合理的選択制度論

　上述のように,これまでの議会研究における基本的な分析単位は,制度および政党であった。これに対して,アメリカ議会研究では,従来から個人議員を分析単位とする研究が盛んであった。近年,議員の目標追求行動とその行動に影響を与える制度に注目する合理的選択制度論による議会研究が重要になってきた。(待鳥,1996)。

　合理的選択制度論では,あらかじめ議員が一定の動機にもとづいて行動することを前提とする。すなわち,議員は再選,影響力の拡大という自己利益の実現,あるいは「よき公共政策」といった自己の選好にもとづいて行動すると考えるのである。しかし,この前提だけでは,議会で必ずしも多数派が形成できるとは限らなくなる。たとえば,A・B・Cという3人の議員がいて,政策案イ・ロ・ハから選択を行うとき,議員Aはイ>ロ>ハ,Bはロ>ハ>イ,Cはハ>イ>ロという順位でそれぞれ好ましい政策を考えていたとしよう。この場合,イ・ロ・ハいずれかの政策を選択しようにも,単純多数決では不可能になってしまうのである。これをコンドルセのパラドクスという。しかし,実際には,議会で多数派が形成されて,法案が可決されている。なぜ多数派形成が可能なのであろうか。

　この手詰まりを解決する一つの方法は,イとロの間で先に多数決を

行い,それで多数を得た案とハの間でもう一度多数決を行うなど,決定手続に工夫を加えることである。いわば,トーナメント方式で「コンドルセのパラドクス」の発生を防ぐことができるのである。このトーナメント方式は,本会議における修正案採決基準に関するルール(ないし制度)によって定められる。このように,合理的選択制度論は,議員行動に関する一定の前提から出発して,たとえば,その前提のもとでは多数派が形成されにくいという帰結を演繹的に導きだし,その演繹的帰結を,実際には多数派が形成されているという現実とつき合わせて,そのずれから重要な議会のルールないし制度の機能を析出するのである。

合理的選択制度論による議会研究は,アメリカ議会の委員会の存在理由や政党の変化などについての興味深い研究も蓄積している。このアプローチは,社会学や歴史学の影響を受けた帰納的なアプローチとは異なる演繹的な視点から,アメリカ連邦議会の特徴を説明する有効な理論を提供しようとしているのであり,今後の発展が注目される。

ただし,これらの研究はまだ分析対象国の議会の全体像を明らかにしているとはいえないし,従来の比較議会論による各国議会の形態や機能についての分析ともつながりを欠いている。今後の議会研究の課題としては,合理的選択制度論のアメリカ以外の国の議会への適用可能性と,比較議会論との相互関係を理論的かつ実証的に追究していくことが必要であろう。

むすび

各国の立法過程と議会のあり方は,共通性をもちながらも多様である。議会機能の相対的な低下という趨勢はあるにしても,民主政治における多様な利益の調整と実効的な意思決定は議会過程なしには考えられない。しかも,議会の機能は法律や政策への影響力に限られず,代表,紛争制御,行政監視,リーダー選抜,システム維持など多様な機能が考えられる。政治過程における議会の位置を明らかにするためには,こうした多様な機能をも検討していく必要があろう。

【設　問】

1. 現代における「議会衰退」とはいかなる現象をさし，それはなぜもたらされたのだろう。
2. 強い議会と弱い議会を分類する指標は何であろう。また両者の差異がなぜ生じるか説明しなさい。
3. 日本の「国会機能論」の主張は成り立つだろうか。
4. 日本の国会には，なぜ，どのような改革が必要だろう。
5. アメリカ議会で，「議員が自己の選好にもとづいて行動していながら，法案賛成の多数派が形成される」ことが，なぜ研究すべき問いになるのだろう。

第9章のキーワード

変換型議会とアリーナ型議会　前者は，社会の様々な要求を実質的に法律（政策）に変換する議会をいい，後者は，与野党が有権者にアピールするために互いに討論を行うアリーナ（闘技場）の機能を果たす議会をいう。

交差投票（クロス・ヴォーティング）　アメリカ連邦議会で，民主党と共和党の議員が，それぞれ相手の党の多数派に同調して投票することをいう。しかし，近年では自党の多数派に同調して投票する割合が増えており，これは議会内会派の結束度の高まりを示す。

フロントベンチャーとバックベンチャー　イギリスの下院議場は，与野党議員が対面する議席の構造になっており，首相をはじめ主要閣僚は与党側の最前列に，影の内閣の主要閣僚は野党側の最前列に陣取る。これらがフロントベンチャーと呼ばれ，論戦を行う。これに対して，一般議員は後列に座るのでバックベンチャーと呼ばれる。

国対政治　日本の国会運営の重要な問題に関して，常任委員会の場ではなく，非公開の与野党国会対策委員長会談によって，妥協・決定がなされることをいう。透明性が低いことと，不合理な妥協がなされやすいことが批判された。

ヴィスコシティ（viscosity）　たんに議員立法の数や成立率だけでなく，内閣提出法案の妨害，廃案，与党の譲歩などをも考慮した議会の能力をいう。それまで軽視されていた議会過程の複雑な側面や機能を明らかにする点で，意義が大きい。

読書ガイド

岩井奉信『立法過程』東京大学出版会，1988年。
　M.モチヅキの研究をはじめ，1980年代までの国会研究の成果を包括的かつコンパクトに整理した研究書。
大山礼子『国会学入門』三省堂，1997年。
　最近の動向をふまえ，各国との比較のなかで，日本の国会の実際とその改革案を検討した有用な研究。
日本政治学会編『年報政治学　政治過程と議会の機能』岩波書店，1987年。
　日本をはじめ，各国の議会について分析した水準の高い論文集。
村松岐夫『戦後日本の官僚制』東洋経済新報社，1981年。
　官僚優位論に対して政党優位論を対置することによって，国会中心の政治が展開していることを実証的に指摘した，チャレンジングな研究書。

●引用文献●

伊藤光利，1982「H.ユーロー：立法システムと代表の分析」白鳥令編『現代政治学の理論　下』早稲田大学出版部。
曽根泰教・金指正雄，1989『ビジュアル・ゼミナール　日本の政治』日本経済新聞社。
谷勝宏，1995『現代日本の立法過程——一党優位制議会の実証研究』信山社。
富崎隆，1995「立法過程の制度と実態の比較」堀江湛・笠原英彦編『国会改革の政治学』PHP研究所。
藤本一美，1998『米国議会と大統領選挙』同文舘出版。
待鳥聡史，1996「アメリカ連邦議会研究における合理的選択制度論」『阪大法学』第46巻第3号。

山口二郎・生活経済政策研究所編, 1997『連立政治 同時代の検証』朝日新聞社。

Blondel, J., 1970, "Legislative Behavior: Some Steps towards a Cross-National Measurement," *Government and Opposition*, Vol. 5.

King, A., 1976, "Mode of Executive-Legislative Relations;Great Britain, France and West Germany," *Legislative Studies Quarterly* 1", February.

Lee, J. and M. Shaw eds., 1979, *Committee in Legislature: A Comparative Analysis*.

Loewenberg, G. and A. Patterson, 1979, *Comparing Legislature*.

Mezey, M., 1979, *Comparative Legislatures*.

Mochizuki, M., 1982, *Managing and Influencing the Japanese Legislative Process; The Role of Parties and the National Diet*.

Norton, P., 1990, "Parliaments: A Framework for Analysis," in Norton, P. ed., *Parliaments in Western Europe*.

Polsby, N., 1975, "Legislature," in F. Greenstein and N. Polsby, *Handbook of Political Science*,vol. 5: *Governmental Institutions and Process*.

Saalfeld, T., 1990, "The West German Bundestag after 40 Years: The Role of Parliament in a Party Democracy," in P. Norton ed., *Parliaments in Western Europe*.

第10章 官僚制と政策過程

本章では政策過程における官僚の行動様式をいくつかの観点から検討する。最初の3つの節では政策決定過程における官僚を扱う。1節は官僚を自己利益の追求者とみる視点からの官僚論を紹介し、2節では、反対に官僚を「公共の利益」の奉仕者としてみる視点からの官僚論を検討する。「本音と建前」という使い古された表現をあえて用いれば、前者は本音に焦点を当て、後者は建前に焦点を当てているといえる。しかし、建前は行動に対して一定の拘束力をもつ重要な要素である。3節のテーマは、官僚と政治家との関係である。最後の4節は政策実施過程における官僚について論じる。

1 政策決定過程における官僚の行動様式

ダウンズの類型化　行政過程における官僚の行動様式を理解する際に出発点を提供してくれるのは、ダウンズ(Downs, A.)による官僚の類型化である。

「各職員は少なくとも部分的に、自己利益のために行動し、職員のなかにはもっぱら自己利益のためにのみ行動する動機をもつものがいる」（ダウンズ, 1975）。ダウンズは、官僚の行動様式を分析する際に

このような前提を立てた。官僚は,「公共の利益」を増進するためにではなく,自分の個人的な利益を最大化させるために行動すると考えたのである。

ただし,官僚が何を自己利益と考えるか,あるいは何が官僚を動かす動機であるかは,個々の官僚によって異なる。ダウンズは官僚の動機を,①権力,②収入,③威信,④便宜(楽をすること),⑤安定,⑥個人的忠誠(組織に対する一体感),⑦特定の政策との同一化,⑧仕事の熟練に対する自負心,⑨公共の利益に奉仕したいという希望,という9項目に整理した。①から⑤までは純然たる自己利益であり,⑥から⑨は利他的な側面もある。しかし,重点はあくまでも自己利益の追求におかれている。

ダウンズは,経済学の手法を用いて官僚制を分析した研究者として一般に知られている。官僚は公共の利益のために働いていると期待されているが,現実には,市場における消費者や生産者と同様に,官僚もまた行政機構のなかで自己利益を追求しているとの前提に立って,官僚制を分析したからである。

ダウンズ以降,官僚個人の動機に焦点を当てることによって官僚制を分析する研究が数多く出されている。それらの研究には少なくとも2つの共通点がある。第1は,官僚個人の動機に焦点を当てて,そこから分析を行う点において,ダウンズの影響を強く受けていることである。そして,第2は,ダウンズよりもさらに単純化することを目指していることである。彼らは,ダウンズでは単純化がまだまだ不十分であると考え,動機を一ないし二に絞ることによって,官僚の行動を説明し,官僚制を理解することができると主張しているのである。

以下では,2つの代表的な考え方を紹介しよう。

予算極大化モデル　第1は,官僚を自分の属する行政機関の予算を可能な限り最大化させようとするものととらえる,予算極大化(budget-maximizing)モデルである。民間企業の経営者たちが利潤を極大化しようとするのと同様に,官僚たちは自分

の属する行政機関の予算を極大化しようとすると考えるのである。

　もちろん，現実の官僚は予算の拡大以外に様々な動機をもっている。官僚個人として，昇進したい，同僚からの尊敬を得たい，より多くの給与を得たいと思っているかもしれない。組織の一員として，自分の属する行政機関の威信を高めたい，政府内での発言力を高めたいと願っているかもしれない。現実は，たった一つの要素で説明しようとするには，複雑すぎる。

　しかし，次のように考えることはできる。自分の属する行政機関の予算が拡大すれば，組織そのものが拡大し，ポストの数が増える可能性があるから，昇進の機会は高まる。予算が増えたからといって，基本給が上がることはないかもしれないが，残業手当が増え，福利厚生施設などのフリンジベネフィットが充実するかもしれない。民間において大企業が中小企業よりも多くの注目を浴び，多くの有能な人材を引きつけ，経済に対して大きな影響をもつのと同様に，規模の大きい行政機関は弱小官庁よりも多くの注目を浴び，多くの有能な人材を引きつけ，政策決定に対して大きな影響をもつかもしれない。この立場を代表するニスカネン（Niskanen, W.M.）の言葉を引用すれば，上にあげたその他の動機は「行政機関の予算総額の正の関数」であり，予算が増えれば満たされる可能性が高いということができるのである（1973）。

　予算極大化モデルは，官僚の動機として，ダウンズのいう権力，収入そして威信を重視する。そして官僚はこれらをより多く得るために予算の極大化を追求すると考えるのである。

　予算極大化モデルは，非常に単純化された官僚像を前提にしているだけに，様々な批判を受けた。批判は，おおむね2つの観点からなされている。

　第1は，官僚は狭い意味での自己利益の増進だけを求めるのではなく，ダウンズの整理でいう，仕事の熟練に対する自負心，あるいは公共の利益に奉仕したいという希望などによっても動かされるという指

摘である。したがってまた，官僚はやみくもに予算の拡大を求めるというよりも，むしろ最適化を求めると考えるべきであるという。

第2は，かりに官僚が自己利益の増進だけを追求するとしても，そのことからただちに官僚は予算の極大化を求めるとはいえないという指摘である。たとえば，政治リーダーが行政改革を行うためにある行政機関の予算の削減を望むとき，当該行政機関の官僚は，政治リーダーの意向にしたがって予算を削減することによって，より高い地位に引き上げられ，権力，収入そして威信を高めるかもしれない。官僚個人の自己利益の追求と行政機関の予算の拡大を一直線に結びつけることは，必ずしも適切ではないというわけである。

組織形整モデル 　予算極大化モデルの対極に位置する考え方を提唱したのは，ダンレヴィである（Dunleavy, 1991）。ダンレヴィは，官僚の行動様式は組織内における地位によって異なるという前提に立つ。その上でそれぞれの地位の官僚が，予算に対してどのような関係にあるか，どのような行動をするかを論じた。

エリート官僚は，予算決定に対して強い影響をもつ。しかし，予算の拡大にそれほど強い関心をもたない可能性がある。エリート官僚は短絡的に経済的収入の拡大を求めることよりも，昇進の可能性が開かれていることから，権力や威信を高めることをより重視する傾向があるからである。権力や威信が高まれば長期的には収入も増加すると考えることができるのである。場合によっては，政治リーダーの意向にしたがって予算を削減する方が，権力や威信を高めることになるかもしれない。したがって，エリート官僚が予算の極大化を熱心に追求するとは必ずしもいえない。

非エリート官僚は，予算の拡大に対して強い関心をもつ。昇進の道が閉ざされていることから，権力や威信を高めるという動機をもちにくいために，予算増額によって生じるであろう収入の増加にもっぱら期待をつながざるをえないからである。しかし，予算に関心があるからといって，非エリート官僚が予算獲得のために努力するということ

にはならない。なぜなら，非エリート官僚は，自分が予算決定に対してほとんど影響力をもたないこと，そして自分と同様に予算増額による収入の増加を求める非エリート官僚が他にも大勢いることを知っているために，**フリーライダー**になろうとするからである。誰もが自分以外の誰かが努力することを期待して，何もしない状況が発生するのである。したがって，非エリート官僚が予算の極大化を熱心に追求するとはいえない。

ダンレヴィはこのように論じて，予算極大化モデルは適切ではないと主張したのである。

それでは，どのようなモデルがこれに代わるべきか。ダンレヴィの関心は，エリート官僚の行動様式に絞られる。

エリート官僚は「地位，威信，パトロネージ，影響，とりわけ仕事のおもしろさや重要性など，金銭以外の効用を強調する」傾向がある。ダウンズの整理にしたがえば，収入よりも権力や威信が，さらには特定の政策との同一化や仕事の熟練に対する自負心が，官僚を動かす動機として重要であるという。このことは，予算規模は大きいが，単純な作業を反復している，あるいは利害関係者とたえず衝突するような業務をしている行政機関よりも，予算規模は小さいが，他の行政機関に対して強い影響力をもつ，あるいは政治権力に近い，あるいは「おもしろい」仕事をさせてくれる行政機関に有能な人材が集まる傾向があることにも現れている。

このように，手足や神経を使うよりも頭脳を使う仕事をしたいという気持ちは，官僚を予算極大化に向かわせるよりも，「組織形整 (bureau-shaping)」に向かわせる。組織形整とは，たとえばルーティン作業を行う部門を切り離して別の組織に実施させる，あるいは波乱含みの仕事をしている部門を切り離して別の組織に処理させるなどして，「組織の形を整える」ことを意味している。組織形整の結果，行政機関の規模は縮小し，予算額も小さくなるかもしれない。しかし，官僚は，そのような犠牲を払っても，雑事に煩わされることの少ない組織

Column ⑲　行政改革の謎

　1997年9月3日に公表された行政改革会議の中間報告は，公共事業を担当する建設省，運輸省，農水省を再編成して，国土開発省と国土保全省にすることを提案した。当初は，これら三省をまとめて公共事業省にする案が有力であった。しかし，中間報告をまとめる直前に，それではあまりに強大な省ができあがってしまい，適当ではないという判断が働き，結局これを二分することとされたのである。農水省全体と建設省の河川局が国土保全省となり，運輸省と河川局を除く建設省の各局が国土開発省となるという構想であった。

　だが，この構想は公表直後から激しい抵抗に直面することになった。河川局を切り離されることになった建設省が，関係する自民党政治家や建設業を巻き込んで，猛烈な反対運動を展開したからである。建設省が河川局の切り離しに反対した理由を理解することは容易である。官僚は予算と組織の削減に対して抵抗するものであると一般に考えられるからである。

　それでは，他方において，河川局を吸収する側の農水省の反応はどのようであったであろうか。河川局を吸収すれば，農水省の予算は30％増額し，人員は10％以上増加する。建設省が構想の実現を阻むために激しく抵抗したのとちょうど反対に，農水省は構想の実現に向けての活動を展開するものと予想される。

　だが，実際はそうではなかった。構想実現に向けての動きはほとんどなかった。農水省の内部では意見は必ずしもまとまらず，河川局の吸収に対して批判的な意見もあったためである。たとえば，農水省のある課長は，匿名のインタビューで次のように語っている。「建設省の河川局とわが省の合併について。あそことウチの土木とは，歴代喧嘩してきた仲だ。それが合併となると，仲がしっくりいくわけはなく，局長をどちらにするかでまた喧嘩が始まる。こうした現実を無視してやれるのかということ」。

　官僚は予算と組織の拡大を求めて行動すると一般にイメージされている。しかし，ここで紹介したエピソードは，必ずしも現実はそうではないことを示している。

で，刺激的な仕事に取り組みたいと考えている。とくに，切り離した組織に対する監督権を何らかのかたちで確保することができれば何よりであると考えるのである。

予算極大化モデルは，官僚の日常的な行動様式を描いているのに対して，組織形整モデルは，政治リーダーが強い決意をもって，「小さな政府」を目指した行政改革を推進しようとしている，非日常的な状況における官僚の行動様式を描いているといえる。

組織形整モデルは，イギリスにおける一連の行政改革をうまく説明している。サッチャー政権は，1980年代半ば以降，行政機関の担っている機能のうち政策形成以外の機能，とくに実施業務（運転免許・自動車登録，気象観測，政府刊行物の印刷・刊行など）を，当該行政機関から切り離し，それを新たに設立するエージェンシーと命名される組織体にゆだね，それに高い自律性を認めると同時に，民間企業と同様の効率的な運営を要求する，エージェンシー化を行った。行政機関を切りきざむ改革であるだけに，当初，官僚の側からの激しい抵抗にあって，途中で挫折するであろうと予測されていた。しかし，意外なことに，1995年までに100を超える部局がエージェンシー化され，公務員の5分の4がエージェンシーに勤務するようになるなど（竹下，1996），かなり高い成果をあげた。その原因の一つに，エリート官僚のなかには，エージェンシー化を支持する者がいたことがあげられる。彼らの行動は，予算極大化モデルでは説明できない。状況によっては自らの組織を縮小させることも厭わない官僚，組織形整モデルが必要であるというわけである。

2 官僚と「公共の利益」

以上の議論は，官僚を市場における企業家と同様に自己利益を追求しているということを前提にしたものである。しかし，この立場を最

初に明確に打ち出したダウンズさえも、官僚は「公共の利益に奉仕したいという希望」によっても動かされることを認めていることは先に述べた通りである。オルセンとマーチの表現を借りれば、官僚に限らず人間は「選好の論理（logic of preference）」だけでなく「義務の論理（logic of obligation）」にしたがって行動するといえるだろう（March and Olsen, 1989）。

ただし、「公共の利益」あるいは「公益」をどのようにとらえるかは様々である。公益の実現することを自らの責務と考えているとしても、何を公益と考えるかが違えば、当然、行動様式も異なってくるだろう。それでは、官僚の公益観にはどのようなものがあるだろうか。

シューバートの3類型　シューバートの議論が参考になる。彼は官僚の「公益観」を合理主義、理想主義、現実主義の3つに分けた（Schubert, 1957）。それぞれ概要を示せば、次のようになるであろう。

合理主義とは、公益の中味は行政の外側にある選挙や議会によって決定され、行政はそれをできるだけ忠実に実現することを通じて公益に奉仕できるという考え方である。行政における意思決定は価値中立的な技術の過程であり、行政官の権威は熟練に由来する権威である。政治によって示された「公共の意思」が歪められることなく実現されるように、意思決定の過程を合理化することによって公益は実現される。したがって、行政の裁量の余地は極小化されなければならない。この立場は行政学でいう「政治行政分断論」の考え方に近い。「政治行政分断論」は公益について明示的な理論を形成することに関心を示さなかったが、それは政治によって与えられた目的を能率的に達成する機構と手続きを開発することによって、公益は実現されるという前提に立っていたからである。行政の公益への関わり方はすぐれて手続き的であるということができる。

理想主義とは、立法機関を公共政策の策定者として不適当な存在とみなし、行政が自律的に公益の中味を決めるべきであるという考え方

である。この考え方によれば，公益は民主的国家の守護者を自認する「行政的哲人王」による事実の想像的操作によってつくられる。公益は，行政官が「利口であれ」「賢明であれ」「善良であれ」という道学者の忠告にしたがって行動したときに，実現されるのである。その意味で理想主義は「高度に道徳的な官吏の世界」を求める。諸々の個別的利益が交錯するなかで行政官は意思決定しなければならないことを理想主義の立場をとる官僚はもちろん承知している。しかし，それらは官僚の自律的な判断によって濾過されてはじめて政策に反映されねばならないと考えるのである。

現実主義は，公益に超越的な価値を認めず，多様な私的利害の総和あるいは利益団体の相互作用の結果を公益であるとみなす考え方である。「公共の意思」や「公益」に実体的内容があるとの考えは，この立場からすれば「子供じみた神話」にすぎない。諸々の利益が政府の決定に影響を与える機会が認められれば認められるほど，公益が実現されると考える傾向にある。また現実主義は諸利益の均衡のなかに公益を見いだそうとするため，急激な政策の変化を好まないところがある。

日本官僚の公益観

官僚の公益観をこのように3つに類型化することができるとすれば，たとえば日本の官僚はどれが当てはまるだろうか。真渕勝は，次のような変遷があったと主張している（真渕，1987，1995）。

1960年代頃までは，日本の官僚は総じて理想主義の考え方に立っていた。明治以来の超越的な官僚制が敗戦後の占領軍による間接統治によって温存・強化されることによって，特権的な官僚の意識もまた戦後に持ち越されたからである（辻，1969）。しかし，1970年代に入って，新たに現実主義者が登場した。自民党政権の長期化によって政治家の側にも政策知識が蓄積され，利益団体の活動も活発化してくることによって，官僚はそれまでのように超然としてはいられなくなる。むしろ，政党や利益団体からわきあがってくる諸要求の間の調整をはかる

ことこそ公益に奉仕することであるという考え方が定着してくるのである。こうして，日本の官僚は理想主義と現実主義の2派に分かれる（村松，1981）。さらに，1980年代には合理主義者がこれに加わった。自民党1党優位体制が定着し，社会が成熟するにつれて，官僚のなかに自分の役割を限定的にとらえるものが現れた。与えられた目的を忠実に実現することこそ公益に奉仕することになるとの考えが芽生えたのである。こうして，日本の官僚は理想主義，現実主義そして合理主義の3派に分かれた。

以上の変遷を一言でいえば，官僚の公益観が多元化したということになるだろう。また，民主主義のもとにおいて官僚はいかにあるべきかという視点に立てば，日本の官僚は次第に健全になってきたともいえるだろう。

公益観の逆機能

しかし，表があれば裏がある。上での公益観の記述，とくに現実主義と合理主義の記述はどちらかといえば肯定的になされている。しかし，現実主義的であるがゆえに生じる不都合，合理主義的であるがゆえに生じる問題もありうる。

以下では，水口憲人の考察（2000）にもとづいて，それぞれの類型の公益観がもたらす逆機能について簡単にのべておく。

まず理想主義が「政治を行政の中に取り込むことによって，参加の可能性を狭める逆機能」をもっていることは，それほど多くの説明を要しないだろう。「国士」たる気概に支えられた官僚は利益団体はもちろん政治家の声をも雑音ととらえる傾向にある。これは民主主義の原則に反する。

現実主義の逆機能は2つある。第1は「一時的にでも関係者の不満が緩和されるよう措置することをもってよしとする」機会主義的な対応に終始することである。政策課題に対する対処の仕方が一貫性を欠いた，場当たり的なものになる。第2は，利害のバランスを適正にとるためには情報の収集とそのための人脈づくりが重要になるが，その

結果として「社会の側の利害に絡めとられる」おそれがあることである。極端な場合には、「官僚への便宜供与が日常化し、官僚自身もそのことを問題だと感じなくなる。それは汚職を典型とする倫理観の麻痺という逆機能を生みやすくなる」。

合理主義の逆機能は手続きあるいは法形式の一貫性を過度に重視することに由来する。水口の表現を引用すれば、合理主義において、「法学的体系の規範が（事業や政策の）合理性や一貫性の根拠になり、この体系に位置づけられない現実は無意味な事実となる。また、体系的一貫性が重視されるがゆえに、問題のある事業や政策も継続されがちになり、その廃止は、間違いの承認につながりやすいがゆえに、責任者は『蛮勇』を振るわないと踏み切れない」傾向がある。合理主義は、極端な場合には、一方において中味のない提案を論理を武器に採択することを是とし、他方において意義のある提案を論理を武器に葬り去ることを是とする態度を官僚にとらせるおそれがあるのである。

日本の官僚のなかにも現実主義および合理主義の公益観をもつ者が現れていることをさして、「健全」になってきたといえるかもしれないと述べた。しかし、ここ数年の官僚の不祥事や不手際は、その逆機能の方が顕著に現れたことを示唆しているように思われる。健全な官僚制は、3つの公益観が官僚制内で共存することによってではなく、一人一人の官僚のなかでバランスよく配合されることによって維持されるのかもしれない。

3 官僚と政治家

政府機能の拡大と深化によって、専門家集団である官僚制が、本来の機能である政策実施を超えて、政策決定の領域にまで足を踏み入れ、場合によっては政治家を圧倒するほど大きな比重を占めている。このような政策決定過程における官僚制の役割の拡大傾向を行政国家化と

呼ぶ。しかし，同時に，第9章の立法過程論で述べた「議会機能論」にみられるように，政治家の役割をあまり軽視するべきではないという主張もある。

いずれにしても，政策決定に対して政治家と官僚のいずれがより強い影響力をもっているかという問いは，政治過程論における重要な論点の一つとなっている。

官僚優位論と政党優位論　とりわけ日本においては，歴史的に官僚制が政策決定において大きな役割を果たしてきたために，戦後の諸改革によっても戦前の官僚優位の仕組みは変わらなかったとする主張が有力であった。

官僚優位論の代表は辻清明である(1969)。辻は，日本の官僚制を特徴づけるものとして「後見性の原理」をあげた。後見性の原理とは，辻によれば，「君主が人民の福祉の最高の理解者であるという啓蒙思想に依拠して一切の統治権をかれの手に独占し，その具体的遂行である警察＝行政の担当者は，その目的を達成するために全能であるという福祉主義の主張」である。そして，この原理は「特権的」官僚制を支える政治理念でもあったという。すなわち，「この政治理念を樹立する官僚機関は……広範な国家領域における人民を『臣民』に転化し，彼らに対する官僚の超越的支配とその地位の身分保障を依然として継承する結果を導いた」と論じる。そして，官僚と政治家の関係を次のようにとらえる。「明治以来のわが国統治機構の中枢は，占領政策の唯一の代行機関となることによって補強され，あたかも利用されたかのごとき外観の下に，逆に一切の政治勢力を利用していたのである。戦前と同じく，戦後の国会と政党も，華々しい衣装は纏っていてもけっきょく精緻な官僚機構の舞台で，踊っていたといえるであろう」。

他方の政党優位論の代表は村松岐夫である(1981)。村松は，辻のいう特権的な官僚すなわち「政治の上に立とうする態度の官僚」の存在を認めつつも，同時に「政治のただなかで自己の任務を遂行すると

いう態度の官僚」すなわち「政治的官僚」が大きな比重を占めていると論じた。少し長くなるが，村松の主張のエッセンスにあたる部分を引用しよう。「日本の社会科学のこれまでの官僚イメージは相当に『偏向』していたように思われる。かつての官僚イメージは，特権を与えられ，政権党を『内面指導』し，圧力団体を抑え，これに行政指導を与え，地方を監督する『古典的官僚制』であった。しかし，調査データや官僚の自己分析によると，官僚は政党に譲りこれを助け，圧力団体と提携して組織の拡大を促進し，組織への縮小圧力に抵抗し，拡大した地方自治と交渉，取引する『政治的官僚制』である。日本の政治社会は多元化し，官僚制もこれに適応してきたのである」。

村松の研究以降，官僚と（与党）政治家のいずれが政策決定において優位に立つかは，政策領域によって異なるという主張が現れた（真渕，1981；山口，1987）。また，官僚優位と政党優位のいずれが正しいかを調べるために，数多くの事例研究もなされた。これらの研究はすべて，第2章で述べたロウイの政策類型論の影響を強く受けている。

プリンシパル・エージェント論　官僚優位か政党優位かという問題を考えるときに，**プリンシパル・エージェント論**が論点の所在を明確にしてくれる。

民主主義のもとでは，選挙権をもつ有権者は政治活動を政治家に依頼する。有権者は「本人（プリンシパル）」であり，政治家は「代理人（エージェント）」である。次に，政治家，とくに与党の政治家は，政策の形成や実施を官僚に依頼する。この関係では，政治家は「本人」であり，官僚は「代理人」である。いずれの関係においても，代理人は本人の意向を実現することが期待されている。

ここでの関心は，第2の段階，つまり政治家を本人，官僚を代理人と位置づける段階である。官僚は政治家に奉仕することが期待されている。しかし，官僚は，上でみたように固有の動機をもっているために，常に本人たる政治家が望むように行動するとは限らない。代理人は本人の意向が明確でないのをいいことに，自分に都合の良い解釈を

するかもしれない。本人が「監視」していない（あるいは，できない）ことを見越して，勝手な活動をするかもしれない。本人の期待と代理人の行動によって生じる結果との間に生じる，このようなギャップは「**エージェンシー・スラック**」と呼ばれる。

上で述べた官僚優位論を，プリンシパル・エージェント分析の用語法で言い直せば，本人である与党政治家は代理人である官僚の行動を効果的に「監視」できないために，「エージェンシー・スラック」は大きいということになるだろう。以下の理由をあげることができる。

第1は情報の非対称性である。官僚が逸脱した行動をしているか否かを「監視」するためには，政策形成の場面では，政策や法律に関する知識や経済実態などの現実に関する情報が必要であり，政策実施の場面では，現場における業務の実態に関する情報が必要である。そのような情報の収集や知識の蓄積は膨大なエネルギーと時間，すなわちコストがかかるために，政治家にはこなすことができない。

第2は政治家の関心の限定性である。政治家は官僚がしていることすべてに関心をもつとは限らない。政治家の「再選」に深くかかわる問題には関心をもち，したがって「監視」しようとするであろうが，そうでない問題には無関心であるか，それとも取引材料として利用するからである。

第3は「本人」の複数性である。代理人たる官僚には多くの場合，複数の「本人」がいることから，代理人はこの状況を利用してフリーハンドをもつことができるかもしれない。本人A（たとえば，首相）の要求と本人B（たとえば，担当大臣）の要求が対立しているような場合，代理人にはどちらの要求にも応えられないことを利用して，自らの判断で行動する余地が生じるのである。ちなみに，この状況を行政責任のジレンマと呼ぶ。

日本における官僚優位論は，「エージェンシー・スラック」の発生原因として，情報の非対称性に由来する監視コストの大きさを重視してきたと考えられる。これに対して，政党優位論は自民党政権の長期

化によって政治家の側にも政策知識が蓄積されてきたことを強調したということができる。

政策知識の蓄積とは別の原因から政党優位論を展開したのは、ラムザイヤーとローゼンブルス（Ramseyer, J. and F. Rosenbluth）である（ラムザイヤー／ローゼンブルス、1995）。彼らによれば、第1に、与党政治家は、行政機関の間の競争関係を利用したり（A省の行動を監視するために、それと競争関係にあるB省から必要な情報を手に入れる）、利益団体や有権者を利用する（C省の活動に不満をもつ人々から、C省のつくった政策の問題点を知る）ことによって、監視のコストを下げることができる。第2に、与党政治家は、官僚が現役の間はその昇進を、退職後は天下りをコントロールすることによって、逸脱した官僚に対して制裁を与えることができる。要するに、本人たる政治家は代理人たる官僚の行動を低いコストで監視し、逸脱行為に対しては制裁を課すことができるので、日本政治は政党優位として特徴づけられるというのである。ちなみに、ラムザイヤーたちは、官僚の動機として「昇進」をきわめて重視していることに注意しておきたい。この点が、1990年代半ば以降に台頭した合理的選択論の大きな特徴になっている。

監視コストを低下させる方法に関しては、マカビンとシュオルツの議論が参考になる。彼らは監視には2通りの方法があるという（McCubbins and Schwartz, 1984）。一つは「パトロール型」である。官僚の行動が自分の期待とは異なる方向に向かっていないかどうか、政治家が絶えず目を光らせて、隅々までみるという監視方法である。いま一つは「火災報知器型」である。国民や利益団体から、官僚が逸脱した行動をしているとの情報を得たときに、それを是正するために出動するという監視方法である。この分類にしたがうならば、ラムザイヤーたちの主張は、政治家は「パトロール型」の監視はしていないが、「火災報知器型」の監視をしているということになる。対抗する官庁や関係利益団体が火災報知器のボタンを押す仕事を引き受けてくれるからである。

この整理を踏まえていえば，政党優位論は次のような主張をすることができるだろう。第1に，火災報知器型監視は監視のコストを低くしてくれるので情報の非対称性はそれ自体は大きな制約にはならないであろう。第2に，政治家は火災報知器のボタンを押した人々の利害に無関心で居続けるわけにはいかないので（再選の可能性が低下するので），関心をあまり狭くとらえることはできないだろう。残る問題は，本人の複数性である。火災報知器型監視がありうるとしても，それによっては本人の複数性に由来する官僚の裁量の余地を狭めることはできないからである。しかし，本人が複数いるために方針が定かでない時に，官僚がどこまで自分の責任で意思を貫くかは微妙な問題である。

いずれにしても，プリンシパル・エージェント論は官僚と政治家の関係を分析する際の指針を与えてくれることは間違いない。

官僚と政治家の収斂？　アバーバック（Aberback, J.）たちは欧米における観察にもとづいて，官僚と政治家の役割の変化を表10-1のように示した。官僚と政治家が担いうる役割を，政策の実施，政策の形成，利害の調整および理念の提示の4つに整理し，どちらがこれらの役割を担うのかに関して4つのイメージを提示した。イメージⅠは政策の実施のみを官僚が行い，その他はすべて政治家の仕事であるとする，最も古典的な政官の関係を描いている。イメージⅡでは，官僚の役割が少し拡大しており，政治家とともに政策形成を行う。イメージⅢでは利害の調整も共有され，最後にイメージⅣでは，理念の提示も共有される。

アバーバックたちは，欧米では官僚の役割が次第に拡大していったために，イメージⅠから順に右側に移動していき，現在はⅢの段階にあり，いずれはⅣの段階に進むかもしれないと述べている。この図もまた政党優位から官僚優位への移行を示している。

それでは，日本においてもこのようにイメージⅠから右側に移行するという変化をたどってきたといえるのだろうか。ここでもう一度，辻と村松の主張を対比させてみよう。それぞれの本の出版年をみれば

表 10-1 政治家と官僚：役割の発展

	イメージⅠ→	イメージⅡ→	イメージⅢ→	イメージⅣ
政策の実施	官　僚	官　僚	官　僚	官　僚
政策の形成	政治家	共　有	共　有	共　有
利害の調整	政治家	政治家	共　有	共　有
理念の提示	政治家	政治家	政治家	共　有

出所：Aberback, J., et al., 1981, p. 239.

わかるように，辻の官僚論は主として1950年代から60年代の観察にもとづいているのに対して，村松の官僚論は70年代の観察にもとづいている。そして辻のいう「特権的官僚」を村松のいう「古典的官僚」とほぼ同じものであると考えると，60年代までの日本の官僚制は大きな役割をもった古典的官僚によって占められていたが，70年代には，古典的官僚もいるが，同時に，役割の限定された政治的官僚もいるというように理解することができる。このようにとらえることができるとすれば，日本においては，欧米とは逆に，イメージⅣから左側に移行してきたということができるかもしれない。

4　政策実施過程における官僚の行動様式

　前節において，官僚と政治家の役割が欧米において収斂する傾向があるという指摘を紹介した。役割の収斂は官僚の役割の拡大として進むものとして描かれている。それと同時に，日本では役割の分化という逆の動きが進んでいる可能性のあることを示唆した。しかし，いずれにしても，唯一，官僚の独壇場として残るのが政策実施の場面である。この節では，政策実施過程における官僚の行動様式について検討しよう。

官僚制の逆機能　　官僚制の概念を社会科学に定着させたのはウェーバー（Weber, M.）である。彼は，官僚制を近代社会に普遍的な組織形態として位置づけ，その構成要件として，明確な権限の配分，職務の階層的構造，役所と私生活の分離，職務の専門的遂行，フルタイムの専念，一般的な規則による職務遂行をあげた。これらの要件はすべて官僚の活動を統制して，彼らの活動の予測可能性を高めるものである。このような統制メカニズムを備えた官僚制は，外部からの期待に応えて設定された目的を最大限に達成するという意味において合理性を最も高い水準で達成する組織形態であるととらえたのである。官僚があたかも機械のように「怒りも興奮もなく」職務を遂行すればするほど，合理性は高まる。

しかし，現実には，官僚もまた人の子であり，「愛や憎しみ」あるいは責任や危険を回避したいという感情に動かされる。その結果，統制のメカニズムは必ずしも「予期された結果」を生むだけではなく，「予期されなかった結果」をもたらすこともある。「人間有機体の特質」を通じて，官僚の行動を官僚制の目的に合致させるためにつくられた統制のメカニズムが，かえって官僚の行動をゆがめる効果をもつことがあるのである。この現象は一般に官僚制の「逆機能」といわれ，主としてアメリカの社会学者に指摘されてきている。

マーチとサイモン（March, J.G. and H. Simon）の整理を参考にして，いくつかの例をあげよう（マーチ／サイモン，1987）。

対国民との関係　　官僚の活動を律するためにつくられた様々な規則は，官僚の行動に関する予測可能性を高める。予測可能性が高まれば，国民の官僚制への信頼感も高まるであろう。しかし，規則の強調は官僚の行動を硬直的にする可能性がある。そして，硬直的な行動は国民に不満を抱かせることになるかもしれない。規則を杓子定規に現実にあてはめようとする姿勢が度を越せば（いわゆる繁文縟礼），かえって官僚制への信頼感は失われることになるかもしれない（マートン，1961）。

官僚制内での下位組織間の関係　官僚の専門性を高め，それを発揮させる分業（業務の一部の委任）は，官僚制全体の効率を高める。比較的限られた分野での経験を増大させ，そこで生じた問題を処理する官僚の能力を向上させるからである。しかし，それと同時に，分業によって，官僚制を構成する下位組織は，官僚制全体の目的よりもむしろ下位組織の目的を強調するようになる。また，下位組織の独自のイデオロギーあるいは「機関哲学」が形成されることもある。その結果，複数の下位組織の間に利害の対立が生まれ，いわゆるセクショナリズムといわれる権限争いが発生することになる（Selznick, 1949）。

官僚制内での官僚間の関係　官僚の行動を律するためにつくられた様々な規則は，官僚の活動を能率化させることを目的としている。したがって，非能率な活動に対して，上位の官僚（上司）は厳格な規則の導入と適用によって対処しようとする。ところが，規則の強化はむしろ下位の官僚（部下）の反発を招く。彼らは，規則に抵触しない範囲で職務遂行を怠ろうとする。その結果，規則はさらに強化され，組織内の緊張はさらに高まると同時に，組織の能率は低下する（ゴウルドナー，1965）。

以上の官僚制の逆機能に関する議論は，一方においてウェーバーのいう官僚制の合理性を経験的分析にもとづいて批判しているが，他方においてウェーバにしたがって官僚制の特徴を明確な権限の配分や職務の階層的構造などに求め，そこから発生する諸問題を明らかにしているといえるだろう（畠山，1989）。

第一線公務員の行動様式

実施過程における官僚の行動様式に注目した別の議論として，第一線公務員論がある。行政サービスの受け手である市民の多様性，資源（予算や人員）の不足という現実の制約によって生じる実施過程での様々な問題を説明することをねらいとしている。

ここで **第一線公務員**（street-level bureaucrats）というのは，個々の市民を相手に，現場でサービスを提供したり（ゴミ収集など），規制した

り（交通違反の取り締まりなど）している公務員のことである。法律が定められ，それを補う政省令がつくられたとしても，それが現実に適用されなければ意味はない。第一線公務員はまさに現場において政策の実施を行っている官僚である。

　第一線公務員は法律などの規則にもとづいて職務を遂行している。ある調査によると，労働基準監督官は37の法令にもとづいて仕事をしている（畠山，1989）。第一線公務員の活動は多数の規則によって拘束されているのである。彼らの主観によれば，規則によって「がんじがらめ」にされているということになるであろうう。しかし，彼らが機械的に規則を適用しているだけかといえば，必ずしもそうではない。文書として示された規則は抽象的であるために，第一線公務員が独自に解釈を加える余地はある。また，多数の規則があるために，かえって第一線公務員の裁量の余地が広がる可能性もある。彼らは「法令のジャングル」のなかから自分にとって都合のよい法令を選びとって，それを最大限に活用することができるからである（足立，1978）。さらに，目の前にいる違反者の様子から，杓子定規に規則を適応するのは長い目でみれば好ましくないと判断して，「違反行為を黙認し放置して制裁措置の発動を差し控えること」もあるだろう（西尾，1992）。

　要するに，第一線公務員は一定の裁量をもっているのである。規則によって第一線公務員の活動を隅々まで縛ることはできないという意味で裁量は不可避であり，隅々まで縛ることは常に好ましい結果を生むわけではないという意味で，裁量は不可欠であるといえる。

　政策が最終的に供給される場面において第一線公務員が一定の裁量をもっていることを重くみれば，彼らは政策を実施しているというよりも，政策を決定しているということができるだろう。国民からの多様な要求に現場レベルで応えるために，その時々で政策の中味を決めているということができるからである。あるいは，個々の第一線公務員の個人的な動機（楽をしたい，面倒を避けたいなどの気持ち）から，政策は，現場において，変形させられるともいえる。こうしたことが積

もり重なれば，第3章で述べた「実施のギャップ」が生じる可能性がある。

むすび

本章では，プリンシパル・エージェント論や組織形整モデルなど，最近多くの研究者が関心をもっている合理的選択論の系譜に属する理論やアプローチに比重をおいて，政策過程における官僚について述べた。単純な前提から複雑な現実を明確に説明する「力 (leverage)」があると考えたからである。しかし，それと同時に公益の観念を手がかりにして，規範的な議論にも一定のスペースを割いた。「利益」だけでなく「理念」もまた官僚を動かしているということも知っておく必要があると考えたからである。

【設　問】

1. 官僚が自己利益を追求することを前提にしたとしても，自己利益には様々なものがある。官僚の属する行政機関の予算の拡大はどの程度まで官僚個人の自己利益を増進するといえるだろうか。
2. 組織形整モデルが妥当すると考えられる状況としてどのような状況があるだろうか。
3. 現実主義の逆機能および合理主義の逆機能が生じている状況を具体的に考えてみよう。
4. 「本人」が複数いるために生じるエージェンシー・スラックは防ぐことはできないのだろうか。
5. 第一線公務員にとって裁量は不可欠であると考えられるのは，具体的にはどのような場面であろうか。

第10章のキーワード

組織形整モデル　官僚は組織の拡大を一方的に求めるというよりも，小

規模であっても民間や他の行政機関に対して影響力をもつように組織の形態を変えることを求めるという考えにもとづく官僚論。

プリンシパル・エージェント論　国民と政治家，政治家と官僚の関係を本人（プリンシパル）と代理人（エージェント）の関係に見立てて，前者の後者に対する統制のメカニズムをみるアプローチ。

エージェンシー・スラック　プリンシパル・エージェント論における本人（プリンシパル）の意向と代理人（エージェント）の活動結果との間のギャップ。

第一線公務員　個々の市民を相手に，現場でサービスを提供したり，規制したりしている公務員のこと。ストリートレベルの官僚ともいう。

読書ガイド

ダウンズ，A．（渡辺保男訳）『官僚制の解剖』サイマル出版会，1975年。
　経済学の手法を取り入れた官僚制研究の古典的代表作。

マーチ，J．／H．サイモン（土屋守章訳）『オーガニゼーションズ』ダイヤモンド社，1987年。
　現代組織論の古典的名著。

西尾勝『行政の活動』日本放送出版協会，1992年。
　様々な政策分野における官僚の行動様式を具体的かつ明快に論じた教科書。

村松岐夫『戦後日本の官僚制』東洋経済新報社，1981年。
　通説であった官僚優位論に対して政党優位論を唱えた論争的な研究書。

● 引用文献 ●

足立忠夫，1978『職業としての公務員』公務職員研修協会。
ゴウルドナー，A．W．，1965『産業社会の官僚制』（塩原勉ほか訳）ダイヤモンド社。
ダウンズ，A．，1975『官僚制の解剖』（渡辺保男訳）サイマル出版会。
竹下譲，1996「行政組織の改革」『行政管理研究』75号。

辻清明, 1969『日本官僚制の研究』東京大学出版会。

西尾勝, 1992『行政の活動』日本放送出版協会。

橋本信之, 1990「ニスカネン・モデルと官僚行動」関西学院法学会『法と政治』41巻4号。

畠山弘文, 1989『官僚制支配の日常構造』三一書房。

牧原出, 1994「官僚制理論」西尾勝・村松岐夫編『講座行政学』第1巻, 有斐閣。

真渕勝, 1981「再分配の政治過程」高坂正堯編『高度産業国家の利益政治過程と政策—日本』トヨタ財団助成研究報告書。

真渕勝, 1987「現代官僚の『公益』観」『季刊行政管理研究』12月号。

真渕勝, 1995「官僚制の後退?」『組織科学』13巻3号。

マーチ, J.G./H.サイモン, 1987『オーガニゼーションズ』(土屋守章訳) ダイヤモンド社。

マートン, R.K., 1961『社会理論と社会構造』(森東吾他訳) みすず書房。

水口憲人, 2000「官僚制とイデオロギー」水口憲人・北原鉄也・真渕勝編『変化をどう説明するか:行政篇』木鐸社。

村松岐夫, 1981『戦後日本の官僚制』東洋経済新報社。

山口二郎, 1987『大蔵官僚支配の終焉』岩波書店。

ラムザイヤー, M/F.ローゼンブルス, 1995『日本政治の経済学』(加藤寛監訳, 川野辺裕幸ほか訳) 弘文堂。

リプスキー, M., 1986『行政サービスのディレンマ』(田尾雅夫訳) 木鐸社。

Aberbach, J. D., R. D. Putnam, and B. A. Rochman, 1981, *Bureaucrats & Politicians in Western Democracies.*

Dunleavy, P., 1991, *Democracy, Bureaucracy and Public Choice.*

March, J. and J. Olsen, 1989, *Rediscovering Institutions.*

McCubbins, M. D. and T. Schwartz, 1984, "Congressional Oversight Overlooked: Police Patrols versus Fire Alarms," *American Journal of Political Science*, vol. 28, No. 1.

Moe, T. M., 1984, "The New Economics of Organization," *American*

Journal of Political Science, vol. 28, No. 4.

Niskanen, W. M., 1973, *Bureaucracy: Servant or Master.*

Schubert, G., 1957, "'Public Interest' in Administrative Decision-Making," *American Political Science Review*, No. 2.

Selznick, P., 1949, *TVA and the Grass Roots: A Study in the Sociological Formal Organization.*

第Ⅴ部　政治過程における統合

第11章 政策ネットワーク

> ネットワークという言葉が近年様々な場面で聞かれるようになった。政治学の分野においても，政策ネットワークという概念が多くの論者によって用いられている。1節と2節では政治体制の特徴づけのために用いられるマクロレベルの政策ネットワークの概念について検討する。3節では政策領域ごとに形成されるメゾレベルの政策ネットワークについて論じ，最後にその一種である中央地方の政策ネットワークに焦点をあてる。

『日本／権力構造の謎』という表題の本がある（ウォルフレン，1990）。著者は日本に30年以上住んでいるオランダのジャーナリスト，ウォルフレン（Wolferen, K.）である。1989年に英語版が出版され，翌年には日本語訳が出された。同氏が「日本には知識人はいない」などの挑発的な指摘を様々な機会にしていたこともあって，論壇にも大きな波紋を投げかけた。

日本全体もまた批判的に描かれている。「日本には責任ある中央政府は存在しない」「日本では公私の境界があいまいである」「日本経済が自由主義経済に属するというのは虚構である」など，彼が日本を特徴づけるために選んだ言葉は，「無責任」「あいまい」「非自由主義的」

など，否定的な言葉であった。同書が出版される以前の日本論の多くが日本の美点を数え上げるのに熱心であったこととは，好対照をなしている。日本の成功物語を10年以上も聞かされてきた多くの日本人は，否定的な評価と挑発的な言辞に満ちたウォルフレンの本を，新鮮な驚きをもって読んだ。

　だが，レトリックを離れて，分析の内容だけを取り出して読めば，ウォルフレンは客観的に日本をとらえているといってよい。たとえば，次の指摘は彼の日本観察の中核をなしている。「日本では，何世紀にもわたり，権力を分け合う半自治的ないくつかのグループのバランスをはかることによって，国政が行われてきた。今日もっとも力のあるグループは，一部の省庁の高官，政治派閥，それに官僚と結びついた財界人の一群である。それに準ずるグループもたくさんあり，たとえば，農協，警察，マスコミ，暴力団などである」(36 - 37ページ)。ここで彼がいわんとしているのは，日本政治が，政治家や官僚などの公的なアクター，そして企業やマスメディアなどの私的なアクター，要するに公私にわたる複数のアクターによって運営されているということであった。このような状況を，副題においては「国家なき国 (stateless country)」という語で表現し，本論においては「国家とは言い難い，あいまいなシステム」などと言い換えて表現したのである。

　現代政治学は，公私の様々なアクターが政策の決定や執行に関与している状況を「政策ネットワーク」という概念で理解しようとする。現代政治を，政府が一方的に企業などの民間組織を統制する関係としてではなく，政府と民間組織とが相互に影響しあう関係として理解するのである。ウォルフレンの日本論もまた，荒々しい言葉遣いをはぎ取ってしまえば，政策ネットワーク論の一つである。ウォルフレンは客観的に日本をとらえていると先に述べたのも，このような意味においてである。

　彼の議論に偏りがあるとすれば，それは，政治を政策ネットワークとしてとらえることができるという観察を，日本だけのことと考えて

しまったことである。「政策ネットワーク」はいまやすべての先進諸国の政治の動態をとらえる概念になっているからである。

政策ネットワークという概念は、一言でいえば、政治を「支配と被支配」という対抗関係からみるのでなく、多くのアクターの協調関係としてみることを求める、発見的な概念である。

1節ではカッツエンシュタインの「半主権国家」論を紹介することを通じて、政策ネットワークのイメージを伝える。2節ではマクロレベルでの政策ネットワーク論を論じる。3節ではメゾレベルでの政策ネットワークの類型化とその変容のプロセスを論じる。4節において、政策ネットワークの概念を中央地方関係に適用する見方を紹介する。

1 行政国家, 多元主義国家, ネットワーク国家

政策ネットワーク論の輪郭を描くために、先駆者の一人、カッツエンシュタインの (Katzenstein, P.)「半主権国家」の概念の紹介から始めよう。

行政国家と多元主義国家

現代国家に対するイメージはおよそ2つある。第1は「行政国家」であり、第2は「多元主義国家」である。「行政国家」は、行政官僚制によって担われた国家が社会を統制するというイメージである。官僚制は、社会のあらゆる場面に登場し、国民の生活に多大な影響を及ぼすが、国民が官僚制を統制することはほとんどないと考えるのである。他方、「多元主義国家」は、官僚制は多様な行政機関の緩やかな連合体にすぎず、その行動は社会に多元的に存在する利益集団の意向を反映しているにすぎないというイメージである。一方の「行政国家」は、国家が社会に一方的に浸透することによって社会を支えている、すなわち社会は国家に依存しているとみるのに対して、他方の「多元主義国家」は、社会が国家に一方的に浸透することによって国

家を動かしている，すなわち国家が社会に依存しているとみるのである。このような2つの対立する国家観とは異なり，カッツエンシュタインは，現代において，国家と社会とは相互に浸透し，相互に依存していると考え，このような状況にある国家を「半主権国家（semi-sovereign state）」と名付けた（Katzenstein, 1989）。

> 半主権国家あるいはネットワーク国家

カッツエンシュタインが「半主権国家」という着想を得たのは，日本の分析を通じてではなく，（旧）西ドイツの分析を通じてであった。西ドイツにおいて，企業集団，労働組合，農業団体，専門家団体などの社会集団が国家機構に多数のアクセスポイントを確保し，政策決定に影響を及ぼしている。国家活動はこれら社会集団の同意と協力を得て初めて効果を発揮している。「半主権」とは，国家権力が制約されている様を表す言葉である。社会は国家に浸透し，国家は社会に依存しているといえる。だが他方で，国家は社会にあまねく存在しており，あらゆる局面でその存在を誇示している。社会保障，マクロ経済運営，労働，教育などの分野における社会生活は，国家活動を得て初めて成立するからである。国家は社会に浸透し，社会は国家に依存しているといえる。

西ドイツを半主権国家と呼ぶことができるとするならば，先進工業諸国はすべて，程度の差はあれ，そのような特性をもっている。すべての先進工業諸国は半主権国家となる契機を内包しているからである。国家機能の拡大がそれである。資本主義の高度化によって，国家による景気調整や再分配の必要が高まる。ケインズ政策の導入や福祉政策の展開という形での国家介入が始まる。しかし，国家介入政策はひとり国家によって策定されるわけではない。政策によって運命を大きく左右される社会集団も，その内容に無関心ではいられず，影響を及ぼそうとするからである。政策が円滑に実施されるためにはこれら集団の協力が不可欠なために，国家は彼らの参画を認めざるをえない。こうして，現代国家はその機能を拡大させるとともに，社会と相互浸

透・相互依存の関係に入る。現代国家は半主権国家となっていくのである。

2 マクロレベルの類型化

　国家と社会とが相互浸透・相互依存にある様相は「緻密に織り合わされた織物」にたとえることができる。行政機関，政党，利益集団など，様々な政治アクターは織り糸の一部であるかのように複雑に絡み合っているからである。この織物こそ政策ネットワークである。公私のあらゆる政治アクターは政策ネットワークに組み込まれており，誰一人として他から自律的ではありえない。

　政策ネットワークは，このように公私の政治アクターが渾然一体となって政策を決定し，実施している現代政治の特性を表している。だが，同じく相互依存しているといい，相互浸透しているといっても，国によって，政策によって，時期によって，微妙な違いを認めることができるだろう。公私の間の関係がどちらかといえば疎遠な，織り目の粗いネットワークもあるかもしれない。特定の社会階層を代表する政治アクターだけが参加している，色合いの偏ったネットワークもあるかもしれない。参加者の数が多い，大きなネットワークもあるかもしれない。こうした程度の違いを認め，それを体系的に整理することから，政策ネットワークの類型化が始まる。

　類型化は，一国全体を単位とするマクロレベルの類型化と政策を単位とするメゾレベルの類型化という2つの次元においてなされる。

政治体制論　政策ネットワークという概念を近年，最初に導入したカッツエンシュタインは，それを一国全体を特徴づけるものとしてとらえた。すなわち，マクロレベルの概念として用いたのである。したがってまた，類型化も，それぞれの国を全体としてとらえることを目的にして，総体としてなされている。

マクロレベルの類型化は政治体制の類型化となっているのである。

彼によれば、国家と社会の相互依存・相互浸透の対称性を基準にして、政治体制は3つに分けることができる（Katzenstein, 1985a）。第1は、国家と社会が均等に相互浸透している政治体制である。彼はこれを民主コーポラティズムと呼び、西ドイツおよびヨーロッパの小国（スイス等）をその典型としてあげている。第2はステーティズムであり、そこでは国家が社会に浸透する程度は社会が国家に浸透する程度よりも高いとされる。代表例は日本である。第3はリベラリズムであり、社会が国家に浸透する程度は国家が社会に浸透する程度よりも高いとされる。代表例はアメリカである。ただし、カッツエンシュタインの日本の位置づけについては異論もありうる。たとえば、ダニエル・沖本の研究を読めば、日本を民主コーポラティズムの一つに加えたくなるかもしれない（沖本, 1989）。

国家と社会の関係という観点から国を類型化する試みはいくつかなされている。たとえば、クラズナー（Krasner, S.）は、国家が(1)特定の集団から自律して政策を形成する能力をもっているか、(2)特定の集団の行動を変える能力をもっているか、(3)社会の構造そのものを変える能力をもっているか、という観点から、(1)だけをもつ「弱い国家」、(1)(2)をもつ「中位（moderate）の国家」、すべての能力をもつ「強い国家」に類型化している（Krasner, 1978）。また、ジョンソン（Johnson, Ch.）の「発展指向国家」と「規制指向国家」という二分論も同様の発想にもとづくものである。いずれの場合も、国家から社会への浸透の程度が強ければ、国家は「強い」ととらえられるからである（ジョンソン, 1982）。

| 国家の強さ：属性と関係 |

国家の「強弱」を問題にするとき、それを測る指標とされるのは、官僚機構の集権性、官僚の数や質、国有産業や規制立法の数、連邦制か単一制かの違いなど、国家そのものの「属性」である。単一制をとり、数多くの優秀な官僚が集権的な機構のもとで、国有産業を運営

し民間企業を規制している国は,国民の生活を大きく左右することができると推測されるがゆえに,「強い国家」と認定される。国家の関与するところが広がれば,国家の影響力もまた強まると推測されるのである。

しかし,政策ネットワーク概念はこのような推測に疑問を投げかける。国家が国民生活に関与し,国家の一挙手一投足が国民生活に影響を及ぼすことになれば,そのような状況は,国家の側に,さもなければ生じなかったであろう責任を生じさせる。その結果,国家は一方的で独り合点な行動をとることを躊躇するようになるかもしれない。社会の側に相談をもちかけ,その意向を確かめて行動しようとするかもしれない。そうであれば,国家が社会に深く関与すればするほど,その反作用として,社会が国家に関与する可能性がある。したがって,「属性」だけをとらえると強い国家も,「関係」を視野に入れると弱い国家となることがある。

逆に,「属性」からみると弱い国家は,「関係」を視野に入れると強い国家になる可能性がある。社会に対して関与する力がもともと少ないために,多くの問題の解決を社会の側に委ねている。そのために,国家は日常的にはその存在をほとんど意識されない。だが,社会内部で紛争が生じた場合,国家は中立的な裁定者として登場し,紛争を処理することが期待され,それを実行するかもしれない。弱い国家は,日常的に介入することができないという弱さのゆえに,いざというときに,強さを発揮するのである。

強い国家は無力化され,弱い国家は強化されることがある(Katzenstein, 1985b)。このパラドクスは,政策ネットワークの概念を得て初めて,認識され説明されうる。とくに,強い国家が無力化されるメカニズムは,機能を拡大させた現代国家が機能不全をしばしば起こす原因を探るうえで,重要な視点を提供している。

3 メゾレベルの類型化

　政策ネットワークをマクロレベルで類型化する試みは，実はそれほど多くはない。一国全体を包括的にとらえようとすると，政策領域ごとに異なる特徴をもつネットワークが築かれていることを見落とすことになると，多くの政策ネットワーク研究者たちが考えているためである。たとえば，ステーティズムに類型化される国においても，ある政策分野においては，公的アクターと私的アクターの相互浸透の程度がほぼ等しいという状況がありうる。マクロレベルの類型化はこうした多様性を識別するには「粗雑」であるとされるのである。

類型化の基準　メゾレベルの類型化を行うために，ネットワーク研究者は実に多様な基準を考案してきている。ネットワーク参加者の関係の粗密，ネットワークの開放性もしくは閉鎖性，ネットワークの規模など，先に示唆した基準はそのリストのほんの一部にすぎない。また，辻中豊はネットワークの類型化の基準として，参加者を接合する「接着剤」に注目して，情報によるネットワーク，資金によるネットワーク，権限によるネットワークという3つのタイプがあることを示唆している（辻中，2000）。

　これら数多くの基準にもとづいてつくられるために，類型もまた数多く提案されている。たとえばワーデンは7つの基準をたて，11のネットワーク類型を提示し（Waarden, 1992），これより控えめではあるがローズは5つの基準をたて，6のネットワーク類型を提示している（Rhodes, 1988）。

　しかしここでは，多様なネットワーク類型を逐一紹介するよりも，2つの両極端なネットワーク類型だけを紹介することにしたい。政策共同体（policy community）とイシュー・ネットワーク（issue network）がそれである。

第11章　政策ネットワーク

2つの類型を区別する第1の基準はネットワークの開放性である。一方の政策共同体は，共同体という語からわかるように，閉鎖的であり，他方のイシュー・ネットワークは開放的である。第2の基準は，官僚の関与の程度である。政策共同体では関与は深く，イシュー・ネットワークでは関与は浅い。

> **政策共同体**

政策共同体では，参加者の数は少なく，構成も安定している。望ましい政策について，コンセンサスもある。頻繁に情報交換をしながら政策決定を行い，いったん決められたことには参加者全員が従うものと期待されている。特定の人々は，たとえばイデオロギーの違いを理由に，ネットワークに参加することを拒否される。政策共同体は，特定の利益を政策に反映させるために組織される審議会など，公式のつながりとして存在することもあれば，官僚と利益集団代表との日常的な接触など，非公式のつながりとして存在することもある。

> **イシュー・ネットワーク**

イシュー・ネットワークでは，参加者の数は多く，構成は常に変化している。政策に対する見方にもバラツキがある。情報交換もそれほど密ではなく，特定の人々を排除することもほとんどない。イシュー・ネットワークが生まれるのは，多くの場合，重要ではあるが見通しのつかない問題，あるいは官僚が特定集団と協力体制を築いて対処する必要があるとまでは考えない重要度の低い分野においてである。したがって，利益集団と官僚との間には公的なつながりはほとんどない。

以上が2つの両極端のネットワークの中味である。

2つの基準を立て（ネットワークの開放性と官僚の関与の程度），それぞれに2つの値を与えれば（閉鎖的―開放的，深い関与―浅い関与），ネットワークには少なくとも4類型あることが予想される。ここで取り上げたのはそのうちの2類型だけである。理論的には，開放的で官僚の関与が深いネットワーク，閉鎖的で官僚の関与が浅いネットワーク

を考えることができるだろう。だが，経験的には，開放的なネットワークでは官僚の関与は浅く，閉鎖的なネットワークでは官僚の関与が深いことが，多いようである。

> **メゾレベルのネットワークの変容**

おそらくその理由の一つは，官僚があるネットワークに目をつけ，それに深くコミットし始めると，その時点から民間からの新規参入がしにくくなり，ネットワークが閉鎖的になってしまうという傾向があるからであろう。そして逆に，官僚が主体になってつくった閉鎖的なネットワークであっても，何らかの理由で官僚が手を引き始めると，民間からの新規参入が増え，開放的になる傾向があるためであろう。この考えをもう一歩進めると，ネットワークは時間とともに変化するという着想を得ることができる。

政策ネットワークの概念が日本においてもっとも頻繁に用いられるのは，通産省による産業政策の形成実施過程を記述するときである。通産省と特定の産業界が公式・非公式の場を利用して話し合いながら，政策をつくり，実施している状況が描かれるのである。産業政策の政策過程を例に，政策ネットワークの変化を松井隆幸の研究によりながら示すと，次のようになるだろう（松井，1997）。

> **創発的ネットワーク**

一定の技術が開発されてはいるが，それをどのように製品として売り出すか不明確な段階にあるとき，製品化の可能性を探るために，企業の研究者や技術者や大学や公的研究機関の研究者たちは情報交換をし始める。彼らは××研究会や〇〇勉強会などをつくり，そこで自由に議論を戦わせるのである。交換される情報はアイディアである。このようにしてつくられるネットワークは非公式であり自然発生的である。通産省が，早い時期からこれらの創発的ネットワークに目をつけ，研究会を省内で開かせるなどして，ネットワークに加わることもある。しかし，通産省が特定の政策目的のために自覚的につくるということはほとんどない。むしろ，散在する無数のネットワークのどれかを通産省が有望である

ととらえ、それに後から加わるというべきであろう。

創造的ネットワーク　産業としての方向性、すなわち何を生産して企業活動を行うかが明らかになるにつれ、いわゆる「業界」が形成されてくる。業界は通産省に対して様々な育成策を講じるように期待し、通産省は業界を一定の方向に導き、業界に対して一定の発言権をもつことを期待する。こうしてネットワークは官民協調の色合いを強めていく。交換される情報は主として、当該産業が発展するのを妨げる障害とその打開策である。既存の規制立法が障害となっているのであれば、それを改正する可能性を検討するのである。育成のための産業政策を形成実施するこのネットワークの中心には、通産省の担当部局と業界の主要企業がいる。

閉鎖的ネットワーク　産業が首尾よく成長軌道に乗った後、産業政策が再び重要になるのは、産業が一時的に不況に陥ったときや構造的に衰退局面を迎えたときである。このような場合、生産調整や設備の廃棄などを、業界全体として行う必要が出てくる。さもなければ、共倒れになってしまうおそれがあるからである。しかし、個々の企業には、他の企業が生産調整をすれば自分はしなくてもよいとの計算が働くために、抜け駆けをする誘因が働く。そして、すべての企業が同様に考えれば生産調整は実現できない。このような事態を避けるためには、政府の力を借りて、お互いに抜け駆けができないようにする必要がある。こうして、政策ネットワークは、生産調整の実効性を確保するために、強制力をもつようになる。また、ネットワークの参加者の間の利害は対立的になるだろう。

以上をさらに単純化すれば、ネットワークが創発的→創造的→閉鎖的と変化していくにつれて、閉鎖性が増し、政府の発言力が高まり、企業間の利害対立が強まっていくということができる。

4 中央地方の政策ネットワーク

 上で述べたメゾレベルの政策ネットワークは,おもに政府と民間団体との関係を念頭においたものであるが,同様の見方は,中央政府と地方政府との関係(政府間関係)についてもあてはめることができる(第2章4節「政府間関係論」を参照)。

 中央地方関係論には対立する2つの見方がある。ローヅ(Rhodes, R.A.W.)にならって,これを「通説」と「通説批判」と呼んでおこう。「通説」は,中央政府は地方政府に対して財政的および法的な統制を行使していることから,地方自治の実態がないとみる。「通説批判」は,地方政府が中央政府に財政的に依存しているとしても,地方政府はその使用にあたって一定の裁量をもっていることなどを指摘して,「通説」には実証的な裏付けが不足していることを指摘する(Rhodes, 1981)。

 「通説」と「通説批判」の関係は,日本における中央地方関係論においても成立する。一方において,「通説」は,機関委任事務,補助金,天下りを通じた中央政府の地方政府に対する統制を強調する。機関委任事務は中央政府から地方政府に実施を委任された仕事のうち,地方の側の長(おもに,都道府県知事と市町村長)が中央政府の「出先機関」として,大臣の指示命令にしたがって処理すべきものとされている仕事のことである。したがって,地方政府が機関委任事務を処理している限りにおいて,地方政府は中央政府の厳しい統制のもとにおかれることになる。補助金は,中央政府が地方政府に与える資金のうち,その使い方が定められている資金である。地方政府はある補助金を受け取るためには,中央政府の定める目的,要件を満たさなければならないから,そこに中央による地方の統制が生じる。天下りは,中央政府がその職員を地方政府に幹部として派遣することである。天下

りした職員は，中央政府の意向を日常的に地方政府に伝え，地方政府がそれに背くことがないように監視しているとされる。

これに対して，「通説批判」は次のように述べる。地方政府は，機関委任事務を処理する際にもその地域の実情を反映させることができ，中央政府は実施を地方に委ねているためにそれをある程度認めざるをえないので，中央政府による統制は不完全にならざるをえない。中央政府の提供する補助金は非常に多様であるから，地方政府はそれらのなかから自分が必要とするものを選択することができる。したがって，補助金による政策誘導は不完全にならざるをえない（村松，1988）。天下りについても，少なくとも1980年代中頃から，むしろ地方政府がその時々に必要な人材を確保するために中央政府から選択的に招き入れるようになっていることから，中央政府が地方政府を人的に支配しているとはいいにくくなっている（稲継，1998）。

「中央地方の政策ネットワーク論」は，基本的には「通説批判」の立場にたちながらも，「通説批判」はなお批判にとどまっているだけであり，中央地方関係についての新たな理論を提示していないとの不満から，中央地方関係に関する新たな理論を展開しようとする。その主張の眼目は，政策領域ごとに多様な政策ネットワークが存在することを明らかにすること，すなわち政策ネットワークの類型化におかれる。

中央地方関係の政策ネットワーク論は，おもに，中央官庁とそれに対応する地方関係部局の関係に焦点をあて，関係の類型化を行う。そのバリエーションは，上で述べたメゾレベルの類型化と同一のものであるといってよい。すなわち，ネットワーク参加者の関係の粗密，ネットワークの開放性もしくは閉鎖性，ネットワークの規模などである。

最後に，政策ネットワーク論を応用した事例研究を一つ紹介しておこう。

広本政幸は，中央から地方への補助金の削減（補助率の引き下げ）を中央政府全体として決定しようとしたとき，建設省と厚生省とでは対

応が異なったことに注目して，その理由をネットワークの質の違いに求めている。まず，地方政府の建設担当部局と厚生担当部局はいずれも補助率の引き下げに反対していた。ところが，一方の建設省は補助率引き下げに対して消極的であり，他方の厚生省は積極的であるとの違いが観察された。この違いは次のように説明される。建設省が消極的であったのは，同省が地方の建設担当部局と「密」なネットワークを形成したために，地方の反対姿勢に理解を示したことに原因があり，厚生省が積極的であったのは，同省が地方の厚生担当部局と「粗」なネットワークしか形成していなかったために，地方の反対姿勢に理解をもたなかったことに原因がある。そして，ネットワークの「粗密」の程度は，それぞれの政策領域におけるプロフェションの確立の程度によって決められる。建設行政担当者は，中央と地方を通じて，大学などで修得される専門知識および業務を通じて培われる専門的判断力を共有している。このことが，建設行政におけるネットワークを，厚生行政のそれに比べて，密にしていると思われる（広本，1996-97）。

この研究は，政策ネットワークの類型化から一歩進んで，その多様性から，中央における政策決定に際しての各中央省庁の態度の違いを説明しようとしている。

むすび

政策ネットワークは，政治過程の参加者の間の関係の安定性と連続性を強調する概念である。政策ネットワークが形成されていることのメリットは，政策決定が迅速に行われ，政策実施が円滑に行われることにある。あることを決めるとき，そのたびごとに関係者の範囲を確定し，参加を呼びかけ，議題となっていることを説明し，態度を決めさせ，そして全体としての決定を下すよりも，参加者の範囲をあらかじめ確定しておくことによって，それぞれの考え方をお互いにある程度理解しあうようにさせておいたうえで，全体としての決定を下した方が，手間がかからなくてすむからである。経済学の用語を用いれば，政策ネットワークは政策の決定と実施にかかる「取引費用」を減少させるということになる。

Column ⑳ 取引費用——一般競争入札と指名競争入札

　役所が公共事業工事などを建設業者に委託するとき，一般に入札が行われる。複数の業者に価格を提示させ，一番安い価格を提示した業者に仕事をさせるわけである。ただし，最低価格が一定額（予定価格）以下でないと，再度入札が行われる。入札には，大きくわけて2つの方式がある。一つは，指名競争入札方式である。発注者である役所が一定の基準をもとに指名した業者だけが入札に参加できる方式のことである。もう一つは，一般競争入札である。発注者は工事概要等を公示し，その工事に関心のある業者はだれでも自由に入札に参加できる方式である。

　日本では，指名競争入札がとられることが多く，これが談合（業者があらかじめ入札価格や利益配分を決めておくこと）を生み出しているといわれる。そのメカニズムは以下の通りである。どの業者もできるだけ高い価格で仕事を引き受けたいと思うから，競争は避けたいという動機がある。しかし，一般競争入札では，誰が入札してくるか事前にはわからないので，話し合い（談合）をすることは難しい。これに対して，指名競争入札の場合，限られた数の業者が繰り返し入札することになるから，談合の機会は容易にもてる。しかも，長くつきあっている間に業者と役所の関係も緊密になっていることから，予定価格もおおよそのところが業者に伝わるので，一回の入札で済むことが多い。さらに，指名される業者の数は多くはないので，仕事を回り持ちでしても一定の利益を上げることができる。その結果，公共事業などは特定の業者が排他的に，相対的に高い価格で請け負うことになる。

　ここから，談合の慣習をなくすためには，指名競争入札をやめ一般競争入札に切り替えるべきであると主張されることになる。

　たしかに，一般競争入札では，決定は透明かつ公平に行われる。しかし，競争は価格をめぐってだけ行われるので，信用力や技術力で必ずしも十分でない業者が落札することがある。一定の価格以下でないと落札できないことになっているので，請負業者を決めるのにも時間がかかる。これに対して，指名競争入札では，入札のプロセスが不透明かつ不公平になる可能性があるが，他方で信用力や技術力等を事前に審査して入札希望者を決めることができるので，的確な施工が期待できる。

>　指名競争入札が業者の間にネットワークをつくりだすとすれば，ネットワークは一回の入札で一定能力をもつ業者を選定するのを助けているといえる。これは，ネットワークが取引費用を下げるといわれる例の一つである。

　だが，他方で，政策ネットワークは，ウォルフレンが強調したように，決定のプロセスを不透明にする傾向がある。顔見知りの者たちだけが集まって，物事を決めるのであるから，そこで話し合われたことは外部には伝わりにくい。また，政策ネットワークは，関係者の間の日常的で非公式な接触によって支えられることから，持ちつ持たれつの関係が生じて，決定が無責任になることもある。

　はたして，政策ネットワークには良いネットワークと悪いネットワークがあるのだろうか。それともすべての政策ネットワークには良いところと悪いところがともにあるのだろうか。議論の分かれるところである。

【設　問】

1. カッツエンシュタインのいう「半主権国家」は，現代国家をどのようにとらえているのだろうか。国家の強さを測る基準を念頭に考えてみよう。
2. 政策共同体とイシュー・ネットワークの違いを説明せよ。
3. 政策ネットワークのタイプの違いを独立変数としたときに，どのような従属変数を立てれば，類型化が生きてくるのか，考えてみよう。
4. 政策ネットワーク概念が現状分析に使われる例として，通産省の産業政策があげられるが，その理由はどこにあるのだろうか。
5. 政策ネットワークに占める行政の役割はどのようなものであるか，考えてみよう。

> 第11章のキーワード

行政国家 一般に，19世紀の立法国家に対して，行政部の優位が確立された20世紀の国家のことをいう。肥大化した国家機能を行政官僚制が担っている状況をいう。

コーポラティズム 巨大な労働組合や経営者団体が経済政策の決定や実施に参加している政治体制。

政策共同体 政策ネットワークの一つ。イシュー・ネットワークに比べて，参加者の数は少なく，構成も安定している。

イシュー・ネットワーク 政策ネットワークの一つ。政策共同体に比べて，参加者の数は多く，構成は流動的である。

政府間関係 一国における中央政府，地方自治体の間の関係。地方自治体間の関係も含むが，中央地方関係をさすことが多い。

読書ガイド

ダニエル・沖本『通産省とハイテク産業』サイマル出版会，1989年。
日本の産業政策を通産省と産業界との間に張り巡らされた政策ネットワークの作動としてとらえた研究書。

村松岐夫『地方自治』東京大学出版会，1988年。
国と地方の関係を相互依存を鍵概念にして論じた論争的な研究書。

●引用文献●

稲継裕明，1998「『出向官僚』再考──中央政府から都道府県への人的供給の変容」『姫路法学』23・24合併号。

ウォルフレン，K.，1990『日本／権力構造の謎 上・下』（篠原勝訳）早川書房。

沖本，D.，1989『通産省とハイテク産業』サイマル出版会。

ジョンソン，Ch.，1982『通産省と日本の奇跡』（矢野俊比古訳）TBSブリタニカ。

新川敏光, 1992「政策ネットワーク論の射程」『行政管理研究』59号。

辻中豊, 2000「官僚制ネットワークの構造と変容」水口憲人・北原鉄也・真渕勝編『変化をどう説明するか：行政篇』木鐸社。

広本政幸, 1996-97「厚生行政と建設行政の中央地方関係」『法学雑誌』43巻1,2,3号。

松井隆幸, 1997『戦後日本産業政策の政策過程』九州大学出版会。

真渕勝, 1987「アメリカ政治学における『制度論』の復活」『思想』11月号, 岩波書店。

真渕勝, 1991「カッツエンシュタインの行政理論」『阪大法学』41巻2・3合併号。

村松岐夫, 1988『地方自治』東京大学出版会。

Katzenstein, P., 1985a, *Small States in World Market*.

Katzenstein, P., 1985b, "Small Nations in an Open International Economy," in P. Evans et al. eds., *Bringing the State Back In*.

Katzenstein, P., 1989, "Industry in a Changing West Germany," in P. Katzenstein ed., *Industry and Politics in West Germany*.

Krasner, S. D, 1978, *Defending the National Interest*.

Rhodes, R. A. W., 1981, *Control and Power in Central-Local Government Relationships*.

Rhodes, R. A. W., 1988, *Beyond Westminster and Whitehall*.

Smith, M. J., 1993, *Pressure, Power and Policy*.

Waarden, F., 1992, "Dimensions and Types of Policy Networks," *European Journal of Political Research* 21.

第12章 執政集団とリーダーシップ

> 首相や大統領のリーダーシップは政治においてきわめて重要であり、その決定によって国民生活は大きく左右される。しかし政治的リーダーシップがおもにリーダーの個人的特性によるのか、それともそれを条件づける環境（制度や状況）によるのかは、しばしば論争の的になる。そこで、リーダーシップにおける個人的特質と環境の内容および両者の相互関係をさぐることが重要である。

　1994年6月29日夜、村山富市社会党委員長は、本会議で自民党が一致して自分に投票すると決めていたこと、その結果、首班に指名されることをまったく知らなかった。それで「びっくりし」「そのまま官邸に連れていかれ」、準備もなく、その日からすべてが「始まった」。しかし、「ある程度の人なら総理大臣をだれでもできる仕組みが少なくともある」のではないかという問いに、村山は「できるでしょう」「だから、内閣がどう変わろうと、日本の政治の、行政の姿は変わらない。それでまあ安定しているわけだ」と答えている（村山富市, 1998）。他方、「首相が時間、エネルギー、その他の政治的資源をふる

って指導力を発揮すれば、……政策の総合調整はうまく行われるのである」とか、政策遂行には「その人の見識、政治上、行政上の手腕に因るところも大きい」とかいわれる（信田，1994）。前者はどちらかといえば環境重視論で、後者は個人的特性重視論といえよう。

1 組織論におけるリーダーシップ論

こんにち、社会科学においてリーダーシップ論が盛んな研究分野は、ゆるやかにいえば、社会学ないし経営学、より厳密にいえば、社会心理学や組織論の分野である。まず、政治的リーダーシップ論にはいる前に、これらの分野における研究と理論の状況を概観しておこう。政治的リーダーシップ論にとっても示唆するところが多いからである。

集団機能としてのリーダーシップ　おもに田尾雅夫の整理にしたがって述べていくと、リーダーシップとは、対人的な影響力関係をとらえるために不可欠の概念である。リーダーシップの研究は、リーダー個人の資質や特性に焦点を当てる伝統的な視点（資質論、特性研究）から、リーダーシップをリーダーとフォロワーとの関係のなかにみる比較的新しい関係論的視点へと関心を移してきた。こうした関心の移行とととともに、リーダーシップの定義についてほぼ合意を得ていることは、リーダーシップとは特定の個人の能力や資質によるのでなく、対人関係のなかで発揮され、場合によっては、集団の機能そのものである、という考え方である（田尾，1999）。

たとえば、スタジル（Stogdill, R.M.）は、リーダーシップとは、集団のメンバーに受け入れられるような目標を設定し、それを達成するために個々のメンバーの態度や行動を統合的に組み立て、いわゆる組織化を行い、それをさらに、一定の水準に維持しようとするという集

団全体の機能であるとしている (1974)。すなわち，リーダーシップは，その集団が求めている方向や価値などととともになければならないのである。集団機能としてのリーダーシップは，その集団が形成されるとともに，その働きを活性化させるが，同時に，それがどのような集団であるかによって制約される。スタジルによれば，リーダーに必要とされる技能やパーソナリティ特性は，その状況の必要性に応じて変化するものである。したがって，リーダーシップが有効に機能するか否かは集団内外の要因に大きく依存しているのである。

> リーダーシップ・スタイル

リーダーの行動の類型は一般に **リーダーシップ・スタイル** と呼ばれる。ある研究では，リーダーの行動は専制的，民主的，放任的などと類型化されている。後に，リーダーシップは集団機能であるという考えが受け入れられるにつれて，リーダーの行動から逆に集団機能をさぐる研究が生まれた。その一つである1950年代のオハイオ研究では，リーダーシップのおもな機能には，配慮 (consideration) と体制 (構造) づくり (initiating structure) の2次元があることが明らかにされた。配慮とは，メンバー相互間に生じる緊張を和らげ，相互信頼や友好関係をつくる機能であり，体制づくりとは，集団目標を達成するためにメンバーを動員する機能である。三隅二不二も，ほぼ同様に，集団機能として，M (集団維持；maintenance) 機能とP (集団目標達成；performance) 機能を指摘している (三隅，1984)。この2つのカテゴリーのリーダーシップ機能の重視は組織論では共通の了解事項となっているようである。

すると，今度は，どのようなタイプのリーダーの行動が集団の生産性を高めるのかということに関心が向けられた。たとえば，リーダーが，M機能とP機能をそれぞれどれほど果たそうとするか (その程度は高いか低いか) によってリーダーの4つの行動が類型化される。三隅の研究では，M機能とP機能がともに高いリーダーシップが集団の生産性を高めるとされたのである。

しかし，リーダーシップの機能をリーダーの行動次元でとらえることについては問題点も指摘されている（加藤，1987）。行動次元において，維持機能と目標達成機能が必ずしも独立の関係にないこと，また，ある特定の行動がつねに1つの機能だけに効果を発揮するものではないからである。

コンティンジェンシー・モデル

集団機能としてのリーダーシップという概念のなかに，すでにリーダーシップの有効性は状況に応じて異なるというとらえ方が内包されていたが，フィードラー（Fiedler, F. E.）は，この考え方をさらに進めてコンティンジェンシー・モデル（状況適合モデル）として提示した（1970）。フィードラーは，集団状況をより明細化し，集団状況とリーダーシップ・スタイルの組み合せが集団の課題達成度（リーダーシップの効果）にどのような影響を及ぼすかを明らかにしようとしたのである。

ここで集団状況は，(1)リーダーの地位に十分なパワーが与えられているか（地位パワー），(2)メンバーの仕事（課題）がルーティン化（構造化）されているか（仕事の構造），(3)リーダーとメンバーの間に信頼関係があるか（リーダー・メンバー関係）の3つの次元からとらえられる。これらの3つの条件が満たされている場合が，リーダーにとって有利な状況であり，満たされていない場合が不利な状況であり，その間に中間的状況がある。フィードラーの研究では，リーダーにとって有利な状況においても不利な状況においても，先の体制づくり型（目標達成型）のリーダーシップが有効であり，他方，中間的状況でのみ配慮型（維持型）のリーダーシップが有効であるという，興味深い結果が得られたのである。

> パス・ゴール・モデル
> (通路-目標モデル)

もうひとつパス・ゴール・モデルと呼ばれるものがある。このモデルも，集団としてのリーダーシップという考えを深めたものである。パス・ゴール・モデルによれば，リーダーの行動の基本はフォロワーを動機づけることであり，そのためにリーダーは目標の達成が可能であること，そして目標達成にいたる道筋（通路；path）を明確に示さなければならないとされる（House and Dessler, 1974）。ただし，このモデルにおけるリーダーシップの有効なスタイル，つまり通路の有効な示し方は，フォロワーの特徴や仕事の内容などの状況要因によって異なる。

パス・ゴール・モデルにおけるリーダーシップ・スタイルは，規則を押しつける指示型，フォロワーの意向に配慮する支持型，フォロワーに相談する参加型，フォロワーを信頼し，さらに動機づけを強める達成指向型の4つに区分される。たとえば，指示型リーダーシップは，仕事の状況があいまいである場合には受け入れられやすいが，フォロワーが仕事に習熟している場合，かえって逆効果になりやすい。また，仕事の構造が明確な場合，参加型リーダーシップは権威主義的でなく自立心の強いフォロワーによって受け入れられやすいが，逆の指向をもつフォロワーは受け入れない，という仮説が提示されている。

> 特性論の再評価

かつて，有能なリーダーになるにはそれにふさわしい特性が必要であるという**特性論**が有力であった。特性として，年齢や身長とかの身体的特性，学歴や出身階層とかの社会的背景，それに知的能力やパーソナリティ，社交性などがリストアップされた。しかし，その後の研究で，これらの特性が有能なリーダーに一貫してみられるとは必ずしもいえず，また，リーダーがこれらの特性を備えていれば，好ましい成果を生むともいえないことが示され，理論としては否定された。

とはいえ，対人関係が不得手な人がおり，他の人を説得するだけの知識や技能をもっていない人もいることを否定するのが難しい。リー

ダーシップ訓練のコストを考えると，少ないコストで有能なリーダーになれる人と，そうでない人もいる。近年においても，リーダーシップの状況要因の重要性を認めつつも，リーダーの特性を重視する新しい特性論ともいうべきものが現れている（Mahoney et al., 1960）。たとえば，知的能力，自己主張の強さ，監督能力などが多くのリーダーに共通する特性であるという研究，状況に応じてリーダーシップ・スタイルを柔軟に変更できることが重要であり，この柔軟性は状況よりも個人差によるという研究，パーソナリティとリーダーシップとの間に，これまで考えられていたよりも強い一貫した関係があるとする研究，フォロワーのニーズや価値観を変えようとする変革的リーダーシップは，習得できる技能よりも個人的な資質によるところが大きいとする研究などは，特性論の流れをくむ研究といえよう。

以上のように，組織論におけるリーダーシップ論は，第1に，リーダーとフォロワーないし集団の関係をどう考えるかということが中心的な論点であった。しかしながら，第2に，リーダーシップを集団機能としてとらえる立場と，リーダーの特性を重視する立場の対立は解消されているとはいえない。これらの論点は，たんに組織論というより，リーダーシップ論一般に共通するものであろうし，政治学に対しても示唆するところが多い。

また，組織論においてリーダーシップ論が比較的盛んであった理由は，おもに研究対象が現場の作業集団であったり，小集団における実験的研究が容易であるために，「他の条件が同じであれば」（あるいは他の変数をコントロールする）という経験的研究の条件が得られやすかったことにある。しかしながら，政治学のリーダーシップ論にはそれ固有の困難さと論点があるのである。

2 政治的リーダーシップ

チーフ・エグゼクティヴのリーダーシップ

リーダーシップは，政治における集団，政党，議会，内閣などあらゆる組織に多かれ少なかれみられる現象である。そこで重要な役割を演じるのが執政集団（political executive）である。政治的執政集団とは，ここでは国政の重要な政治的決定に比較的直接的に影響を及ぼすアクターの集団をさす。具体的にいえば，大統領制における大統領や有力閣僚，議院内閣制における首相，閣僚，与党のトップクラスの幹部などが含まれる。執政集団は，政治の中心的部分であり，小規模で，可視性が高く，その意思と行動は広く伝達され，かつ内外から注目を浴びやすい。それは他の政治機関やアクターより社会に大きなインパクトを与える可能性が高いからである。本章では，そのなかでもとくに重要な執政集団の長（chief-executive）たる大統領と首相のリーダーシップに焦点を当てる。

Column ㉑ 執政集団と日本における政治的リーダーシップ研究

わが国の政治学は，政府のリーダー集団である political executive にあたる日本語を考案してこなかった。本章ではこれを「執政集団」と表現している。執政集団は，おもに官僚集団によって担われるたんなる行政（administration）部門を超えたものであり，また他のところで決定されたことの実施（implementation）を担うというニュアンスをもつ執行部という語も必ずしも適切ではない。同様に，執政集団の長を意味するポリティカル・チーフ・エグゼクティヴにあたる適語も考案されておらず，首相とか大統領といった具体的職名が使用されるか，（政治的）トップ・リーダーといったごく通俗的呼称が使用されるにすぎない。

また，わが国の政治学におけるリーダーシップ論は，政治史研究者の個

別的研究のうちに暗黙に示されるか，ジャーナリストの評論に委ねられるか，組織論的研究のたんなる応用にとどまるか，内閣制度の記述的ないし規範的研究にとどまるか，そのいずれかであることが多かった。一般性と個別性，理論と経験の望ましい関係を内包した視点から必ずしもアプローチされてこなかったのである。もとより政治的リーダーシップ論は，本章でみるように，わが国にかぎらず理論と経験のリンクが難しい研究分野であるが，この理論と経験のリンクという点でわが国の政治的リーダーシップ研究はとくに弱かった。理論的一般性をもつ「執政集団」のようなタームを考案してこなかった理由の一端もわが国におけるこうした研究状況から理解できる。政治的リーダーシップ研究がこうした困難を克服できるのか，また有望な研究分野でありうるのかについては，未決の部分が多い。

政治的リーダーシップ研究の困難さ　政治学におけるリーダーシップ研究が困難なことの，基本的な理由は「リーダーシップ環境」の大規模性と複雑性にある（本章以下では，組織論における小集団の不定形の状況要因のみでなく，国の内外のより広範な状況要因，さらに定型的な制度的要因を含むものとしてリーダーシップ環境という用語を使用する）。首相や大統領のリーダーシップが問われる集団とは，側近集団，内閣，政党，議会，官僚，国民，国際社会など重層的であり，規模の点でもさまざまな集団を対象にしなければならない。それゆえ，集団ごとに有効なリーダーシップ・スタイルは異なるのがふつうである。

ブロンデル（Blondel, J.）によれば，リーダーシップ環境の大規模性と複雑性の帰結は，何よりもリーダーシップが社会にどれだけインパクトを与えたかを確定（あるいは測定）することが困難なことである（1987）。たとえば，経済が停滞から好況に向かったとしても，それは，国際経済環境の好転によるのか，たんなる経済的景気循環によるのか，あるいは政府の不況対策がある程度効果をもったのか，そうだとしてもその不況対策は首相のイニシアティブによるものなのかあ

るいは官僚のイニシアティブによるものなのか，社会の側に景気刺激策に応える用意があったためなのか，これらの要因の貢献度を測定するのは難しいのである。

組織論における研究は，比較的閉鎖的な（つまり他の変数を考慮しなくてもよい）小集団を対象としたために，リーダーシップの効果（ふつう生産性で測定される）や状況要因を確定することが容易であった。リーダーシップ研究では，通常，リーダーの行動や状況要因を独立変数とし，リーダーシップ効果を従属変数とするが，政治においてはリーダーシップ環境が大規模で複雑なために，他の変数をコントロールすることが困難なのである。

変数コントロールの問題に関連するが，政治的リーダーシップの効果を確定することの困難さの理由として，政策効果が現れるまでにはしばしばタイム・ラグがある（時間がかかる）ことを指摘しなければならない。たとえばA政権の時期になってはじめて以前のB政権やC政権の政策（あるいは失政）の効果が現れ，事態が好転（あるいは悪化）することがある。政治は結果責任であるから，幸運も不運も含めて結果の責任は首相や大統領が負わなければならないという論理は責任論としては正しいが，リーダーシップ研究に直接当てはめることはできない。リーダーシップ研究には，経験的な因果関係の分析のための理論仮説の構築が求められるのである。

政治的リーダーシップの過去と現在

政治的リーダーシップの研究は従来と比べて停滞している。その１つの理由はかつてほどリーダーシップの機能が顕著でなくなったことにある。第２次世界大戦後，とくに1960年代頃から世界は途上国も含めて戦争と革命の時代ではなくなった。多くの人は，偉大なリーダーといえば，レーニンや毛沢東といった革命家，あるいはチャーチルやド・ゴールなどの戦時における救国者を想起し，そうした人物のみが真のリーダーであるとみなし，今日のリーダーには物足りなさや凡庸さしか感じなくなっている。

戦争や革命の時代には，リーダー個人の能力や決断が事態の帰結に劇的な影響を及ぼすと考えられる。しかしながら，その後先進国において，政治的に自由民主主義が確立してリーダーシップへの制度的拘束が強く働き，さらに経済が比較的安定してくると，リーダーの能力や決断がかつてほど社会に劇的な影響を及ぼす可能性は少なくなったと考えられる。また，社会経済政策の重要性が増すにつれて，リーダーシップとその帰結の因果関係が複雑になり，このこともリーダーシップ研究を停滞させていることの背景にある。その意味で，今日の先進民主主義国における政治的リーダーシップ研究のあり方が問われているのである。本章のおもな課題はこうしたリーダーシップ研究のあり方を検討することである。

相互作用アプローチ　リーダーシップ研究において，組織論で特性論と状況論の対抗があるように，政治学でも同様の対抗がある。19世紀に，歴史をつくるものは偉大な人物か，それとも時代あるいは社会的状況かという，歴史における個人の役割をめぐって論争が行われた。前者の代表である歴史家カーライル（Carlyle, T.）は，生まれつき偉大な人々が存在し，その偉大さは神の賜（たまもの）であり，その偉大さゆえに歴史の方向を変えることができるという「偉大な人物」理論を展開した。これに対して，社会的決定論者のスペンサー（Spencer, H.）は，歴史の方向に対する個人の意味のあるインパクトを否定し，歴史は，個人のコントロールすることのできない社会的および文化的諸力によって決定されるのであり，個々のリーダーは時代の産物にすぎないと主張した。

　今日の政治的リーダーシップの研究者の多くが同意していることは，「偉大な人物」学派は個人の役割を誇張しすぎており，社会的決定論者は社会状況を重視しすぎており，歴史はむしろ個人とその環境の相互作用としてよく説明できるというものである。すなわち，一方で，リーダーはなんらかの野心をもち，特徴的な行動をし，リーダーシップ環境を変革するヴィジョンをもち，制度や国民の政治的態度の変革

表12-1 政治的リーダーシップの相互作用アプローチの諸要因

リーダーの個人的要素
1 野心
　目標の焦点
　目標の範囲
2 スタイル
　非妥協的あるいは柔軟，自己主張的あるいは応答的

リーダーシップ環境
1 制度的構造
(i) 中央政府の執政部門の制度構造
　　就任と辞職の規程
　　憲法上および手続き上の権限
　　スタッフ・リソースおよび官僚制との関係など
　　国の国際的地位など
(ii) 執政部門と他の部門および地方政府との間の制度構造
　　執政集団と議会の関係
　　最高裁の役割など
(iii) 政党内および政党間の制度構造
　　政党リーダーシップ
　　政党の組織構造
　　議会における政党の支持など
2 社会状況的要因
(i) 歴史的遺産
(ii) 社会の態度
　　有権者の党支持
(iii) 国民の欲求

出所：Elgie, 1995, p. 192 を一部修正。

に成功するかもしれない。これがリーダーシップ機能のうち個人に帰属せしめることのできる部分である。他方で，リーダーシップ環境は，比較的固定化した制度，長期的な歴史的および社会的条件，そして短期的な社会的，経済的，政治的要求からなり，リーダーはこの環境のなかで行動するのである。そして環境はリーダーのリソースになると同時に，リーダーの行動の制約となる。このようにリーダーは歴史の方向を変えるかもしれないが，それは環境がゆるす範囲内において変えることができるにすぎない。こうした政治的リーダーシップに関する **相互作用アプローチ** の諸要因をまとめたのが表12-1である。

以下においては，相互作用アプローチのうち，3節で政治的リー

ダーシップ環境を，4節でリーダー個人の能力に帰属せしめることができると思われる部分をそれぞれ検討する。

3 政治的リーダーシップの環境

制度要因

エルジー（Elgie, R.）によると，政治的リーダーシップの環境要因は，制度要因と社会的要因に2分される（1995）。制度とは政治アクターの行為を制約したり，アクターに権限などのリソースを提供するルールを意味する。具体的には憲法や法律などの明文化された規定のことである。ただし，ここでは選挙制度をはじめとするフォーマルな制度に密接に関連して根付いたインフォーマルだが長期的で安定した慣行やそれにもとづく組織も制度要因に含められる。たとえば安定的な政党構造や政権構成（単独政権か連合政権かなど）のことである。

こうした制度要因が政治的帰結（ここでは政治的リーダーシップの強弱）に強い影響を及ぼすという見方は，いわゆる構造的（あるいは歴史的）新制度論の系譜に属している。実際，組織論にも，組織や制度そのものが個人的リーダーに代わってリーダーシップ機能を果たすことがあるという「代替仮説」がある。政治学の新制度論的リーダーシップ論と組織論の代替仮説は，その考え方において類似している。そしてこのような制度重視の見方は，上述の自由民主主義制度が確立し，経済的に比較的安定した今日の先進民主主義国における政治的リーダーシップ研究の1つの方向を示しているのである。

リーダーシップ環境としての制度要因は，おもに執政部門のリソース，執政部門と他部門および地方政府との間のリソース分布，そして政党内・政党間のリソース分布から構成される（表12-1）。逆からいえば，首相や大統領のリーダーシップは，本書でこれまで述べてきた国民，政党，利益団体，議会，官僚，地方政府などの各アクターや制

第12章　執政集団とリーダーシップ　307

> **表 12-2 各国の政治的リーダーシップのパターン**
>
> **イギリス：首相型リーダーシップ**
> 単一主権的かつ中央集権国家における強力な首相権力。司法の違憲立法審査権はなく、議会も弱い。内閣連帯制、省庁所轄主義、政党のみが首相権力の制約要因となりうる。
>
> **フランス：大統領型リーダーシップ**
> 単一主権的かつ中央集権国家における大統領制化の深化。憲法院の役割は限定的で議会は失墜しており、首相の役割のみが大統領を制約しうる。
>
> **ドイツ：分散型リーダーシップ**
> 首相は強いが、大臣原則、内閣原則、連合政治、影響力をもつ議会、積極的な憲法裁判所、強い準公共機関、連邦制度が首相の権力の制約となりうる。
>
> **アメリカ：分割型リーダーシップ**
> 大統領の権力は、強力な議会、弱い政党、潜在的だが積極的な最高裁判所、連邦制度などの要因によって制約される。
>
> **日本：反作用型リーダーシップ**
> 首相の権力は弱い。首相の権力は高度に派閥化した政権党、クライエンテリズムを生む選挙制度、重要な役割を演じる国会、影響力をもつ官僚制によって制約される。
>
> **イタリア：無中枢型リーダーシップ**
> 首相の権力は弱い。首相の権力は高度に派閥化した政権党、クライエンテリズムを生む選挙制度、反体制政党を抱える多党連合政府、準公共機関によって制約される。
>
> 出所：Elgie, R., 1995, p. 197より。

度との関係に規定され、さらにこれらの環境のなかで利害を調整ないし統合し、政策帰結を一定の方向へ導くことが期待される。

制度の効果　これらの制度要因の効果を簡単にいえば、単一主権制、司法の違憲立法審査権の欠如、単独政党政権、凝集力の強い政党、弱い議会、結束力の強い内閣などの諸要因は大統領や首相にリソースを集中させ強いリーダーシップを可能にするように働き、他方で連邦制、違憲立法審査権の存在、連合政権、断片化した政党、強い議会の諸要因はリソースを分散させ弱いリーダーシップを生むように働くのである。（第9章1節の「政策影響力と執政府-議会関係」を参照）この制度論の立場から先進6ヵ国のリーダーシップのあり方を要約的に比較したのが表12-2である。これによると、制度要因からみて最も強いリーダーシップを発揮できる

のがイギリスとフランス，リーダーシップの行使が制約されているのが日本とイタリア，そしてその中間にドイツとアメリカが位置する。ここで注意を促したいことは，強いリーダーシップをもっていると思われるアメリカ大統領のリーダーシップがイギリス首相よりも制度的に制約されていること，そして日本の首相のリーダーシップが弱いとすれば，首相の個人的特性の問題以前に制度的要因にかなりその理由がありそうだということである。以下においてはおもにイギリス，アメリカ，日本における制度とリーダーシップの関係を少し詳しくみてみよう。

　第1に，リーダーの選ばれ方（就任）と地位の安定性の点でみると，一般に，大統領制では大統領の地位が安定しているために政策的リーダーシップが発揮しやすく，他方，議院内閣制における首相の地位は相対的に不安定であるために，リーダーシップが制約される。すなわち，大統領は，国民の直接選挙によって選ばれるためにその地位を脅かされにくく，また任期が確定しているために政策実現にエネルギーを集中しやすい。これに対して議院内閣制の首相は，一般に支持基盤が国民にあるというより政党にあるために，しばしば辞任の脅威にさらされ，それだけ政策課題にエネルギーを割くことが難しい。近年の日本の首相の任期が大体2年前後であるのはその1例といえる。しかし，イギリスでは総選挙が事実上首相を選ぶ機能をもつために，そのリーダーシップは議院内閣制であるにもかかわらず，しばしば大統領以上に強いものとなる。

　第2に重要なのが首相と内閣の関係である。同じ議院内閣制でも，首相が他の閣僚の意思にかなり制約される場合と，逆に，首相が閣僚を強くコントロールする場合がある。日本の自民党政権のように内閣が派閥均衡によって構成される場合には，首相はリーダーシップを行使しにくい。他方，イギリスの首相はこうした制約を乗り越えて強いリーダーシップを発揮するために，閣議をあまり開かず，代わりに課題別に少数の者のみが参加する内閣委員会を数多く設置して重要な決

定をしている。他方，アメリカの大統領は補佐官をはじめとする大統領スタッフ，有力閣僚によってインナーサークルをつくるため，そこから排除された閣僚のなかには，個人的野心を満たすために，行政官僚，議会委員会，利益団体への応答を重視する者が現れることがある。これが大統領のリーダーシップの制約となりやすいのである。

　第3に，首相や大統領のリーダーシップは補佐機構との関係によっても影響を受ける。補佐機構がなければ首相や大統領はその任務を遂行することができないが，補佐機構の存在や規模が直接的にチーフ・エグゼクティヴのリーダーシップ能力をどれほど高めるか必ずしも自明でない。

　たとえば，アメリカ大統領にはこれを補佐する機構として補佐官集団とその他の大統領スタッフの2つがある。補佐官集団は一般に大統領への忠誠心が強く，大統領の手足となって働く。しかし補佐官以外の大統領府の組織は，しばしば大統領がコントロールするのが困難な存在，すなわちそれ自体もう一つの官僚制（カウンター・ビューロークラシー）になってしまうことがある。

　イギリス首相の補佐機構としては内閣府と首相官邸があるが，そのスタッフの多くは各省庁からの出向であるため多元的であり，必ずしも首相の忠実な腹心であるとはいえないのである。日本の首相を直接補佐しているのは内閣官房であり，これは内閣官房長官，3人の副官房長官，5人の秘書官，それに情報収集や政策の準備をする内政審議室と外政審議室などの5つの室からなる。しかし，秘書官や内政審議室のスタッフはいずれも各省庁から派遣された官僚であり，首相への強い忠誠心は期待できない。そこで首相は，しばしば私的な助言者や諮問機関を利用してあまり官僚依存にならないようにしようとするのである。

　第4に，首相や大統領と官僚制との関係を国別でみると，アメリカでは，官僚は，大統領よりも関係議員と結びついている。ワシントンで永続的に相互に結びついている官僚と議員からすれば，大統領は一

時的存在の部外者にすぎないからである。こうして，アメリカでは大統領が官僚制をコントロールするのが困難になる。これに対してイギリスの官僚は，議員との関係は薄く，むしろ執政集団に協力的ではある。

55年体制下の日本では官僚制が自民党政権に協力的ではあったが，省庁，族議員，関連団体の3者からなる下位政府の利益を損なう場合には，首相の意向に対してしばしば族議員や利益団体と連携して抵抗を行う。このように，程度の差はあれ，首相や大統領が官僚制をコントロールするのは容易なことではないのである。

第5に，これまで述べてきた制度的要素の首相や大統領のリーダーシップに対するインパクトは，多かれ少なかれ政党の統一性によって規定され，この要素が最重要であるという論者もいる。フランスの大統領やイギリス，ドイツの首相は与党党首であり，そこでは比較的派閥などが弱く政党内に統一性があるので，首相や大統領に党の権力が集中し，ある程度彼ら（彼女ら）のリーダーシップが保証される。他方，かつてのイタリアや日本のように政権政党が派閥化して有力幹部が並立している場合には，首相への党の権力の集中は生じないし，またそれ以上にアメリカのように党首としての役割が弱い場合には，大統領は政党をリーダーシップ・リソースとして利用できないのである。

制度論の特徴

制度要因を重視するリーダーシップ論は，フランスでは「大統領による統治」の傾向があり，アメリカでは大統領が議会との取引過程にコミットしなければならず，イタリアでは首相のリーダーシップが確立しにくいといった，各政治システムの安定的特徴とその多様性を説明するのに強みを発揮する。しかしながら，他方で，分析が静的になりやすく，変化を適切に説明することが難しい。実際は政治リーダーの行動によってしばしば変化がもたらされるのである。また各国の特殊性を強調しすぎると例外主義に陥りやすく，さらに環境の制約を重視するあまりリーダーの責任をあいまいにする危険がある。制度要因はきわめて重要である

がすべてを決定するわけではなく、首相や大統領の行動や決断によって政治的帰結が大いに左右される余地が残されている。

社会状況的要因　政治的リーダーシップの環境のもう一つの要因は社会状況的要因である。おもな社会的状況的には歴史的遺産、国民の社会的態度、国民の要求の3つがあり、ともにリーダーシップの制約要因にもリソースにもなりうる。

歴史的遺産とは、過去の歴史的経験が後の行動や思考に影響を及ぼすことをいう。たとえば、アメリカやイギリスのように継続的に安定した民主政治の経験をもつ社会は、強い政治的リーダーシップの発揮に対してあまり懸念をいだかない。これに対して、日本やイタリアのように近い過去に権威主義的な経験をもつ社会は、強い政治的リーダーシップの発揮に懸念をいだき、これを抑制する傾向があるといわれる。

社会的態度もリーダーシップに影響を及ぼす。ここでいう社会的態度とは、政治に対する一般国民の態度のことであり、とくに重要なのは政党支持態度である。政党支持が国民を2分している場合は、政権交代のある2大政党制とそれにもとづく首相（あるいは大統領）の強いリーダーシップを生み出しやすい。これに対して、かつてのイタリアのように、政党支持が分裂している場合は多党制とそれにもとづくコンセンサス型の意思決定を生み、それゆえリーダーシップは発揮されにくい。

その時々の国民の欲求もリーダーシップに影響を及ぼす。たとえば、外国からの侵略の危機が共通に感じられるときは、首相や大統領が強いリーダーシップを発揮することが期待され、脅威に対応するための大きな政策革新の機会も生じやすい。他方、経済不振や社会不安のあるときは、国民は生活防衛的になり、改革を進めようとするリーダーシップには懸念を示すのがふつうである。

Column ㉒　危機管理

　予測が全く不可能で，人命や社会の存続にかかわるような重大事件や事故がときに起こる。近年では1995年1月17日未明に起きた阪神・淡路大震災や同年3月20日に起きた地下鉄サリン事件などがその例である。大震災が起きた最初の3日間は，倒壊家屋に下敷きになっていた数百人の人命救助，火災の消化，逃げ場を失っていた被災者の避難誘導，負傷者の緊急治療，救援部隊や援助物資の緊急輸送のための交通規制などのため，とくに強力なリーダーシップによる指揮命令が必要であった。国会でも，首相が指揮する最高レベルの対応である「緊急災害対策本部」の設置を野党が要求したが，政府は関係閣僚の連絡調整会議にすぎない「緊急対策本部」を設置するにとどめた。政府が強制力をともなう「緊急災害対策本部」を設置しなかったのは，私権の制限などの「強権発動」に対する批判を懸念したからだといわれる。最初の3日間に適切な危機管理が行われれば，あれほど大きな被害の発生をくい止めることができたのではないか，あるいは「首相がだれであっても同じだった」のか。わが国では民主主義国家における危機管理のあり方についてまだ十分なコンセンサスが形成されていない。

4 リーダーシップの個人的要素

リーダーシップにおける野心とスタイル

　エルジーによれば，リーダーシップの個人的（パーソナル）な要素はおもに野心とスタイルからなる。リーダーの野心は，リーダーの目標の範囲と焦点を内容とする。まず，特定のエリアにのみ関心を集中させるリーダーもいれば，国内の政治システム全体とか国際システム全体にインパクトを与えようとするリーダーまで目標の範囲は様々である。目標の焦点，すなわちリーダーが関心を集中させる側面も多様である。政策遂行を重視するリーダーもいれば，決定が正当な手続き

にもとづくことに関心を集中させるリーダーもいる。

リーダーシップ・スタイル,つまりリーダーの意思決定とその実施の方法もリーダーによって多様である。イギリスでは非妥協型・動員型(ヒース,サッチャー)vs. 従順型・管理型(ウィルソン,メージャー),フランスではカリスマ型(ド・ゴール)vs. 保護者型(ポンピドー,ミッテラン)vs. テクノクラート型(ディスカール・デスタン)などと対比され,アメリカではF. ルーズベルト大統領のアジェンダセッティング型がモデルとされてきた。日本の自民党では,ひきい型 vs. まとめ型,陣頭指揮型 vs. 調整能力型,ワンマン型 vs.「和」のリーダー型などが対比され,それぞれ後者が一般に適合的とされてきた。既述のように,組織論では,民主型・専制型・自由放任型の3分法や,目標達成型や組織配慮型の2分法などが提示された。これらの類型論のうち2分法は,組織論においても政治学においても,ほぼ類似の対比をしているといってよい。ちなみに,目標達成機能と組織配慮機能の両機能が十全に遂行されれば組織は効率的に作動するが,通常は1人のリーダーがこの両機能を同時に遂行することが困難なので,しばしば2人に分担される。こうした理由から,政治においてトップ・リーダーが目標達成機能を,ナンバー2あるいは側近が組織配慮機能を分担する(あるいはその逆)ことがしばしばみられるのである。

ブロンデルは,世界の政治指導者を,リーダーシップのインパクトの範囲が特定のエリアに限定されるのかそれともシステム全体に及ぶのかという次元と,社会の現状維持を目指すのかあるいは大きな変化を目指すのかといった次元の2つの軸によって分類している(表12-3)。この2つの次元は,大雑把にいって,リーダーの野心(とくに目標)とリーダーシップ・スタイルにそれぞれ対応している。ブロンデルによる政治指導者の2次元的分類についての詳細な説明は割愛するが,1次元的分類より複雑な分析をするのに有用である。ただし,リーダーの野心やスタイルも,その経験と状況に応じて変化することに留意しなければならない。また,この表から示唆されることは,シ

表 12 - 3　リーダーシップの 2 次元的類型

2次元＼1次元	現状維持	穏やかな変化	大変化
広範囲	救国者 （モーゼ， チャーチル， ド・ゴール）	パターナリスト／ ポピュリスト （ビスマルク， スターリン， シャー， 第3世界）	イデオローグ （毛，レーニン， ヒットラー）
中範囲	慰撫者 （アイゼンハウアー）	再定義者 （ケネディ， レーガン， サッチャー）	改革者 （F.ルーズベルト）
特殊的範囲	管理者 （日常的問題を管理 する大臣）	調整者／修理者 （ある政策のある側 面を修正する大臣）	革新者 （新しい政策：土地 改革などの）

出所：Blondel, 1987, p. 97 より，一部修正。

ステム全体に及ぶようなインパクトを与えるのは，戦争と革命の時代のリーダーたちであり，今日ではリーダーシップ環境が大きく変化したということである。

<u>野心とスタイルの源</u>　リーダーの野心とスタイルの源は何であろうか。制度要因や社会状況的要因が野心とスタイルを多かれ少なかれ規定すると考えられる。他方，野心とスタイルの源を，環境や状況から相対的に独立した個人的背景のなかにも見いだすことができるであろうか。こうした検討は自叙伝や伝記の研究のテーマであった。伝記では，洞察力とか勇気とかいった一定の特性が重要視されてストーリーを導き，精神分析学を政治学に適用したラスウェル（Lasswell, H.）も，政治エリートの一定のパーソナリティを幼児期の経験に求めたりしている。また社会学もエリートの出身階層，教育，職業などのデモグラフィックな要因のリーダーシップに対する役割を示唆している。しかしこれらの個人的背景がリーダーの野心と

スタイルにどのように結びついているのかについては必ずしも明確にされていない。リーダーの野心とスタイルの源を個人的背景に見いだそうとする試みは，多かれ少なかれ特性論を前提としている。リーダーの野心とスタイルの源を個人的背景に求める研究が十分に発展していないのは，特性論の根拠が不確かであることに理由の一端があると思われる（第4章1節の「政治的指導者の心理分析」，第4章 *Column* ⑦「個別的事象の説明 vs. 一般的パターンの説明」を参照）。

政策過程におけるリーダーシップ

政治的リーダーシップは，一般に政策過程において検討され，評価される。以下においてはこの点を検討し，つぎに実際にこの分析枠組で中曽根首相のリーダーシップの事例をみてみよう。

リーダーにとって政策過程は，①アジェンダ設定を含む問題の分析と政策（解決策）の検討，②政策の決定，③政策の「売り込み」，の3段階からなる（Blondel, 1987）。各段階で，リーダーは諸制度やアクターをたんに制約としてでなく，目標達成のためのリソースとして，協力を確保しあるいは動員していかなければならない。まず，第1段階の問題の分析と政策の検討について，助言者が不可欠であるが，その適任者を選ばなければならない。しかし，政策に内在する価値やバイアスを問う際に助言者にすべてを依存することはできないのであって，リーダー自身知性（理解力）を必要とする。

第2段階で，多くの問題に取り組む順序や，特定の政策の決定の時期を決めるために一定の知性が必要であるが，決定そのものには，知性というより，意思力，すなわち議論を終結し特定の立場をとる決断力（determination）を必要とする。その場合，知性への過剰なコミットは非生産的となりやすく，また決断力の基礎には成果を得ようとする強い欲求（成果への動機づけ）が必要である。

第3段階で，リーダーは決定を多くの集団に「売り込む」，すなわち説得やアピールによって受容させる必要がある。まず，ブレーン，補佐官，閣僚，与党幹部といったいわゆるインナーサークルに受容さ

せなければならない。ついで，リーダーによってなされた決定が，官僚制によってどの程度またどのように実施されるかが重要であり，それはリーダーによる行政過程，とくに行政のルーティン的手続きの理解に依存する。しかしながら，ルーティン的手続きにとらわれると，新しい問題発見や政策選択に必要な知性や決定に必要な決断力をしばしば鈍らせ，また手続きへの理解は他の問題に捧げるべき時間を費消するというコストをともなう。さらに国のリーダーは，国民に対しては，社交性（sociability）ないし親しみがなければならない。それらは人気あるいはある種のカリスマ性といってもよい。しかしこの社交性とルーティン的手続きへの関心を同時にもつことはまれであるし，また時間的にもトレード・オフになりやすい。

インナーサークルの各アクター，官僚集団，国民に政策を売り込み，政策実現に向けて動機づけるためには，通路‐目標モデルが示すように，リーダーはその政策に意味があり，かつ実現可能であること，そして政策実現までの道筋を明示しなければならない。重要な諸政策とそれらの政策の実現の道筋が多かれ少なかれ体系的に描かれたものがリーダーの政策ヴィジョンである。リーダーシップにとって政策ヴィジョンが重要である理由はここにある。そして，実は政策ヴィジョンは，政策過程の第1および第2段階においても考慮されるべきものなのである。

こうして国のリーダーには，（ヴィジョンの提示を含めた）知性，決断力（およびその基礎にある成果への動機づけ），ルーティン的手続きへの理解，社交性といった多様な能力が必要である。こうした多様な能力を発揮するためには，リーダーは，普通の人以上に，はるかにエネルギッシュ（精力的）でなければならず，そうしてはじめて，諸問題に敏感であると同時に，目前の問題の解決にエネルギーを注ぐことができるのである。しかし，こうした能力は必ずしも一定ではなく，経験や時間とともにより高度になったりあるいは年齢とともに衰弱するというように変化することにも留意しなければならない。

中曽根首相のリーダーシップ

70年代以降の日本のほとんどのリーダーシップ・スタイルが多かれ少なかれ調整型（組織配慮型）であり，その任期が2年前後であったのに対して，中曽根首相は革新型（目標達成型）であり，ほぼ5年間政権の座にあった。政策実績が長期政権を可能にしたといえよう。こうした中曽根のリーダーシップを本章の分析枠組に照らして検討すると，彼は，国内政策では経済成長を前提とした戦後政治の総決算をヴィジョンの基本とし，行政改革において3公社の民営化をはじめとして広範な実績を残した。財政が極度に悪化し，大平政権時に一般消費税の導入が国民に拒否された後にあって，行政改革の機が熟していたという状況的説明にもある程度の根拠がある。しかしながら，中曽根の行革の戦略と実施の管理過程をたどれば，かれのリーダーシップのインパクトの大きさは否定できない。

かれは代議士初当選時から首相に上り詰めることを目指し，絶えず日本の政治の課題とリーダーとしての首相のあり方をノートに書きとめ，その30数冊のノートをもとに首相になる直前に「新政権政策メモ」を作成した。その時点ではすでに日本政治のヴィジョンと自己のリーダーシップ・スタイルを脳裏に刻んでいたはずである。かれは強い「成果への動機づけ」をもっており，まず行政をよく知り広い情報網をもつ後藤田正晴を内閣官房長官に据え，また優秀な人材を官邸に送るように各省庁に要請して官邸を強化し，閣僚の任命にあたっては各閣僚候補者に行革推進への協力を約束させた。こうして中曽根はインナーサークルの協力を確実なものにした。さらに党内では最大派閥の田中派の幹部を行政改革関連の要職につけて田中派の支持を確保することによって族議員の抵抗をコントロールしたのである。

また経済界と大蔵省の協力も取りつけ，民間労組の支持も加えて広範な行革連合をつくり上げた。さらに官僚依存を回避するために審議会を設置し，学者などからなるブレーングループを中心に行革の基本方針と実施戦略のシナリオを作成させ，それをトップダウン的に官僚

組織に実施させていった。同時に、国民から行革支持を得るための様々な工夫がなされた。全国各地で「一日行革会議」を開催し、ブレーンたちが新聞や雑誌で行革の必要性を説き、マスコミの多くを味方につけることに成功し、また世論が冷めないように臨調から改革答申がでるたびに実施に移していった。さらに中曽根は、先進国首脳会議（サミット）において、各国首脳の列の端ではなく中央にいるレーガン・アメリカ大統領の隣で記念撮影におさまり、レーガンを山荘でもてなす姿がテレビで全国に映し出されるように演出し、そうしたパフォーマンスも支持率の高さに寄与した。

　もとより、行革といっても政権党の既得権に大きく切り込んだのでもなく、むしろ社会党の支持基盤や政治的抵抗の弱い部分で実績をあげたともいえる。また、中曽根首相が打ち出したすべての政策が成功したわけではないし、教育改革は中途半端でおわり、売上税導入は失敗した。しかし中曽根行革のインパクトは決して小さなものではなく、またその行革過程には上で検討した政策過程におけるリーダーシップに必要とされる能力がよくみられたのである。

むすび

本章では、まず、組織論におけるリーダーシップ研究を概観し、ついで環境をコントロールすることの難しさをはじめとする政治的リーダーシップ研究の困難さと、有望な研究視点と思われる「環境とリーダーシップ」の相互作用アプローチを検討した。環境重視のアプローチとリーダーシップの個人的要素を吟味した後に、その枠組によってわが国でめずらしく革新型である中曽根首相のリーダーシップを分析した。本章でみたように、政治的リーダーシップ研究には様々な困難がともなうが、切り開いていかなければならない分野であることは確かである。

> 【設　問】
>
> 1. 集団機能としてのリーダーシップとは何を意味するだろうか。
> 2. 政治的リーダーシップ研究が困難な理由は何だろう。
> 3. 国内政治において，イギリス首相がアメリカ大統領より強いリーダーシップを発揮できるとすれば，その理由は何だろう。
> 4. 政策過程においてリーダーに求められる能力とは何だろう。
> 5. 首相や大統領にはヴィジョンが必要だといわれるが，それはなぜだろうか。
> 6. 政治的リーダーの研究において，政治史的アプローチと政治過程論的アプローチには，差異があるだろうか。

第12章のキーワード

特性論　リーダーは他の人々とは異なる特性を備えているという見方。社会科学の分野では否定的評価しか与えられてこなかったが，近年，新特性論として再評価する動きもある。

状況論（状況適合論）　特定の人物がリーダーとしていかなる働きをするかは，かなりの部分でリーダーを取りまく状況によるという見方。広く受け入れられ，洗練された研究が蓄積されている。

相互作用アプローチ　政治的リーダーシップ機能を，環境（状況）やリーダーの個人的要素のいずれかに還元するのではなく，両者の相互作用のなかにその働きをさぐるアプローチ。

リーダーシップ・スタイル　リーダーの意思決定やその実施の方法のこと。たとえば，目標達成型と組織配慮型，トップダウン型とボトムアップ型などと類型化される。

読書ガイド

五百旗頭真『占領期―首相たちの新日本』読売新聞社，1997年。

占領期における 5 人の首相の権力基盤の構築と挫折，決断と優柔不断，個性と状況の連関を実証的にかつ興味深く分析する。政治史研究者による水準の高いリーダーシップ研究。

信田智人『総理大臣の権力と指導力』東洋経済新報社，1994年。

首相の権限，内閣官房，政党コントロールなどの広い意味の制度的環境，および世論，ブレーンなど広範なリソースとの関連でリーダーシップのスタイルを分析する。

三隅二不二『リーダーシップ行動の科学』（改訂版）有斐閣，1984年。

組織論の分野におけるリーダーシップ研究の定評ある研究書。目標達成機能と組織配慮機能の 2 つの機能からリーダーシップを分析するアプローチは広く受け入れられた。

御厨貴・渡邉昭夫（インタビュー・構成）『首相官邸の決断―内閣官房副長官石原信雄の2600日』中央公論社，1997年。

7 代の首相に仕え，官邸の決定を観察し，またその決定に参加した内閣官房副長官への歴史再現的インタビュー記録。首相官邸と内閣官房のシステムと実態をヴィヴィッドに伝える。

●引用文献●

五十嵐仁，1989「中曽根元首相におけるリーダーシップの研究」『レヴァイアサン』5 号，木鐸社。

加藤義明編，1987『社会心理学』有斐閣。

桑田耕太郎・田尾雅夫，1998『組織論』有斐閣。

田尾雅夫，1999『組織の心理学（新版）』有斐閣。

フィードラー，F. E., 1970『新しい管理者像の探求』（山田雄一訳）産業能率短大出版部。

村松岐夫，1987「中曽根政権の政策と政治」『レヴァイアサン』1 号，木鐸社。

村山富市，1998『そうじゃのう……』第三書館。

Blondel, J., 1987, *Political Leadership, Towards a General Analysis.*

Blondel, J., 1992, "Executive," in Mary-Hawkesworthe, M. and M.

Kogen eds., *Encyclopedia of Government and Politics*.

Cambell, C. S. J., 1993, "Political Executives and Their Officials," in A. W. Finifter ed., *Political Science: The State of the Discipline II*.

Elgie, R., 1995, *Political Leadership in Liberal Democracies*.

Hayao, K., 1993, *The Japanese Prime Minister and Public Policy*.

House, R. J. and G. Dessler, 1974, "The path-goal theory of leadership: Some post hoc and a priori tests," in Hunt, J. G. and L. L. Lavson eds., *Contingency Approachs to Leadership*.

Mahoney, T. A., T. H. Jerdee, and A. N. Nash, 1960 "Predicting managerial effectiveness," *Personnel Psychology*, 13.

Stogdill, R. M., 1974, *Handbook of Leadership: A Survey of Theory and Research*.

第13章 国際化における政治過程

> 今日，経済の国際化や国家間の相互依存の進展により，国際政治経済と各国の国内政治は，互いに切り離してはそのいずれをも適切に理解することが困難になった。本章では，こうした視点から，国際政治経済と国内政治の連関，およびその分析方法を検討しよう。

1981年に大詰めを迎えた日米自動車摩擦では，アメリカ政府が日本からの自動車輸入に対してどう対応するか，決定をせまられていた。対外経済閣僚会議では閣僚間の合意は得られず，商務省，運輸省など国内産業に強い結びつきをもつ行政機関は，輸入制限を強く主張した。しかし，当時のレーガン政権の大きな政治課題はインフレの抑制であり，行政管理予算局，大統領経済諮問委員会，財務省は，自動車の輸入規制によるインフレ促進効果をおそれて，輸入制限に強硬に反対した。また，国務省は，輸入規制によるインフレ効果とともに，それによって日米関係がそこなわれることをおそれた。アメリカは最終的な

決定をすることができないでいた。(山本, 1989)。

　他方, 日本では, 自動車の対米輸出が増大するにつれて, アメリカ政府・業界から日本に対する貿易不均衡是正の要求が強まった。こうした状況のなかで, 日本の鉄鋼や繊維など他の輸出産業は, 日本からの対米輸出全体に対する批判が高まるのを懸念して, 自動車の輸出拡大を批判していた。日本政府も, アメリカ議会で保護主義の強い法案の通過をおそれ, 好調輸出業種であり先端産業であった自動車の輸出を抑制して対米関係の悪化を回避しようとした。自動車業界は, 当然ながら対米自動車輸出の自主規制に反対であったが, やむなく受け入れることにし, 1981年に自主規制を実施する協定が締結された (樋渡, 1997)。

　本書ではこれまで政治過程を一国内で完結したものとして扱ってきたが, 経済の国際化や国家間の相互依存の進展により, 今日, 多くの政策は国際的な文脈を離れては理解することができなくなった。同時に, 国際レベルの政治 (対外政策や外交交渉) も各国の国内政治と切り離して理解することがしばしば困難になった。国内政治と国際レベルの政治の連動性が高まったのである。2つのレベルの政治の連動性が高まるにつれて, 国内政治を対象としてきた政治過程論と国際レベルの政治研究 (国際政治学や国際関係論) が相互浸透してきたのである。

　さらに注意しなければならないことは, 国際関係において, 安全保障問題 (ハイ・ポリティクス) に劣らず, 経済問題 (ロー・ポリティクス) の重要性が増してきたことである。この傾向は, 国際関係における政治と経済の相互関係の研究の重要性を増大させ, 国際政治経済学と呼ばれる研究分野を生み出すにいたっている。

　国内政治と国際レベルの政治の相互作用の高まりは政治過程論にとって次のことを意味する。(1)まず, 国内政治過程の理解に必要なかぎり, 研究対象をしばしば国際レベルの政治経済に広げなければならない。(2)その際, 本書で示した政治過程分析のための方法論, 理論, 概

念が有効である範囲で分析することが政治過程論の役割である。(3)ただし、国際レベルの政治経済には固有の組織やルールがあると同時に、またこの分野の研究は固有のモデルや概念を蓄積してきた。政治過程論が、政治経済学の分野で蓄積されてきたこれらのモデルや概念を利用することが有用である。(4)国際化における政治過程論をこのように位置づけることによって、国内政治過程のより的確な理解が可能になると同時に、国際政治経済学をはじめとする隣接諸科学に対して大きく貢献することが期待できよう。

以上のような視点から、本章では、まず1節で、経済摩擦を事例として国内政治と国際レベルの政治の相互作用の実際をみる。2節では、国際政治経済システムの発展と、国内政治と国際レベルの政治の連動性を高めた原因ともいえる経済の国際化・グローバル化を検討する。3節では、国際政治経済についてのいくつかのアプローチと諸概念を検討し、4節で、対外政策の形成過程のモデルを検討するとともに、本章で得られた分析枠組みに照らして、実際の経済摩擦の政治過程を吟味する。

1 日米経済摩擦

国家間の経済摩擦問題では、国内政治と対外政策が連動する。経済摩擦は、農産物、自動車、鉄鋼などの個別品目での対立、市場開放問題、経常収支の黒字削減問題、為替レートの調整問題、国際経済取引ルールをめぐる問題など内容が多様である。ここでは、まず、日米コメ交渉の事例をみて、ついで、日米経済摩擦の内容の変化を概観しておく。

日米コメ交渉　　冒頭の自動車産業の輸出自主規制は、アメリカ製品の国際競争力が弱く、アメリカが保護主義的態度をとった事例であるが、日米コメ交渉は、アメリカ産のコ

メの国際競争力が強く、日本にコメ市場の開放を要求した事例である。

1993年12月、自由貿易の原則を維持するために各国の利害を調整するためのGATTウルグアイ・ラウンド（多角的貿易交渉）で、日本のコメが自由化されるかどうかが決定される最終局面にあった。

アメリカでは、RAM（全米精米業者協会）が、毎年、大会を開き、農務長官、上下院の農業委員会委員長、農業議員に、コメ関連産業に理解を示すよう働きかけていた。86年と88年には、日本のコメ市場開放を求めて、通商法301条（不公正貿易慣行に対する交渉・制裁条項）にもとづく対日提訴に踏み切ったことがある。301条は、外国製品に対する市場開放に日本が応じない場合には日本製品の対米輸入に対して制裁を課す、というものである。ウルグアイ・ラウンド交渉の過程でも、アメリカ農務省はRAMと何度も会合をもち、日本のコメ市場開放への方法を探っていた。

日本では、アメリカをはじめとする諸外国からコメ自由化の圧力を受けるなか、コメ農家が米輸入自由化に反対し、すべての党がそれに同調していた。日本の国会は、80年から88年の間、「外国のコメを一粒たりとも入れるな」という趣旨の決議を3回にわたり採択している。このような国会決議は、農水省や外務省が交渉に臨む際の柔軟性を大きく制約した。他方、「安いコメが手に入るなら消費者の利益になる」という意見が表明されており、全国紙も外国からのコメ市場開放の圧力に批判的な論調をとっていなかった。政府首脳および農水省官僚は、国際的には自由貿易の原則を維持しなければならず、他方では、農業利益を保護しなければ、農業議員の批判を浴び、農業団体の政治的支持を危うくするという、ジレンマにあった。

水面下では、93年6月から10月にかけての日米秘密交渉で、コメ開放問題の基本線が決められていた。日本政府は、コメの自由化を受け入れることはできないが、ウルグアイ・ラウンド交渉の不成功の責任を負わされたくない、と考えていた。アメリカ政府も交渉を成功させたいと考えており、最終的には、日本の国内事情を考慮して、日本に

対して要求する条件を緩めることが必要であると判断した。そこで，秘密交渉で国内全消費量の何％かの輸入を求める「ミニマムアクセス」（最低量輸入）が提示された。細川首相は，この部分開放はぎりぎりの案であり，自由貿易体制の恩恵を受けている日本は応分の負担を負わざるをえないとして，事実上の受け入れを表明したのである（軽部，1997）。ウルグアイ・ラウンド合意に対する農家の反発を和らげるために，農家への補償として，後の村山政権時に，政府・与党は6年間の農業対策の総事業額として6兆1000億円の支出を決定した。

自動車輸出自主規制と日米コメ交渉の事例から，経済摩擦には次のような特徴があることが推測できる。(1)国内政治と対外政策は緊密に結びついている，(2)国内に対立があり，何が国益であるかは必ずしも明確でない，(3)政府のなかには，自国の利益団体やその後援者の政党や議員の主張にしたがうというよりも，自由貿易の原則を守ろうとしたり，相手国との友好関係を重視するアクターが存在する，そして，(4)日米経済摩擦では，輸出自主規制であれ，コメの部分開放であれ，基本的に日本がアメリカに譲歩する傾向がある，ことなどである。

日米経済摩擦の変遷 1960年代から1970年中期までの時期においては，日米間の貿易交渉は，繊維紛争にみられるように，おもに日本の対米輸出を規制するという問題に焦点が当てられ，日本側が輸出自主規制に合意する形で問題の解決がはかられてきた。

70年代後半には，農産物問題に代表されるように，アメリカは輸入規制から輸出拡大へと貿易政策への焦点を移行してきている。外国の市場開放を求めるいわゆる「市場開放戦略」である。アメリカの主張の背景には，対日貿易不均衡（アメリカの大幅赤字）是正があった。しかしながら，貿易不均衡は，むしろ投資と貯蓄のバランスによるものであり，貿易相手国の輸入障壁を撤廃することとは必ずしも同じことではなかった。しかし，アメリカ政府関係者のなかには，「最終的に問題となるのは，2国間貿易不均衡の大幅な是正という形での結果で

表 13-1　日米構造協議の指摘事項（1990.2 現在）

	米国の対日指摘		日本の対米指摘
貯蓄・投資パターン	過剰貯蓄は社会保障制度や社会資本の不備が原因。下水や公園、住宅などの充実のため中期的に公共事業費の増加を。労働時間を短縮すべきだ。	貯蓄・投資パターン	巨額の財政赤字の削減が必要。民間の貯蓄が少なすぎる。役員報酬が過大で内部留保が少ない。
土地利用	土地の高価格が、高い貯蓄率、消費の抑制、外国企業への参入障壁になっている。市街化地域の農地の宅地化を進めてはどうか。	企業の投資活動と生産力	製造業の設備投資が不十分では。生産能力の増・投資に助成を。企業買収の行きすぎで経営がマネーゲーム化。
		企業行動	四半期ごとの業績報告が企業経営者を短期指向にしている。
流通機構	複雑な流通機構が外国企業の参入を妨げている。大店法などの規制の緩和が必要。商慣行のため独禁法の運用強化を。	政府規制	共産圏への政府の輸出規制が過剰。自動車の対米輸出自主規制も米企業の競争力強化に役立っていない。
価格メカニズム	内外価格差が存在する。円高差益が十分還元されていないのでは。	研究開発	商品化につながる研究開発が不足。企業の共同生産への独禁法運用を緩和してはどうか。
系列関係	企業系列が排他的取引につながり、参入障壁になっている。株式市場を通じた企業の合併・買収（M&A）が難しい。	輸出振興	輸出努力が不十分で、輸出意欲がない。
排他的取引慣行	長期的取引慣行が、外国企業、輸入品の参入を妨げている。談合のようなカルテル行為が多いのでは。	労働者の訓練・教育	労働者の訓練・教育が不十分。理数系教育、外国語教育の重視を。

出所：『朝日新聞』（1990.2.16）

ある」とする結果志向の主張が強まっていった（佐藤，1997）。

構造問題協議と日米包括協議

個別品目ごとの交渉を続けても貿易不均衡は是正されなかった。そこで、ブッシュ政権は、1989年に、2国間貿易を基本的に阻害している構造的な要因について交渉するというSII（構造問題協議）を提案した。アメリカは、日本が自由貿易を阻害する構造をもっている「異質な国」であるというリビジョニストの考えの影響も受けて、日本の構造

を変えるための協議をしようとしたのである。これに対して，日本は，貿易不均衡が問題であるなら，その最大の要因であるアメリカの財政赤字削減に取り組むべきだと考えていた。しかしブッシュの提案は，スーパー301条を広範な品目に適用すべきであるというアメリカ国内の強硬な保護主義を抑えるための苦心の提案であった。そこで日本は，日米両方の構造を議題とすることを条件に協議に応じることにした。

両国が相手の国の問題として指摘した事項は表13 - 1 に示すとおりである。日本国内では，一方で，「アメリカの指摘は内政干渉である」という意見と，他方で，「アメリカは日本自身が改革すべき問題を指摘してくれている」という意見の，異なる受けとめ方がみられた。

SII 終了後も，アメリカは，結果志向の立場から，スーパー301条適用の脅しをかけつつ，繰り返し半導体，自動車，自動車部品，板ガラス，医療機器などの輸入拡大を日本に求めてきた。このような状況のなかで，1993年 7 月に，これらの問題を包括的に協議していくという「日米包括協議」の枠組みを決定したのである (佐藤，1997)。

アメリカは，80年代，90年代に入り次第に日本に寛容でなくなってきた。その理由は，第 1 に，アメリカの貿易赤字が増大し，その経済的地位を低下させ，第 2 に，冷戦終結後は，ロー・ポリティクス (経済問題) が重要になったことにある。しかし，より基本的には「経済の国際化」の進展が，国家間の経済摩擦を生む芽を内包していたのである。

2 経済の国際化と経済摩擦

市場経済では，「何を」「どれだけ」「どのように」生産あるいは消費するかは，企業や家計といった個々の経済主体が「価格」というシグナルをとおして決定する。この仕組みは，国境という壁をたやすく乗り越えるダイナミズムを内に秘めている。企業は利潤を求めて，国境を越えて取引し，また外国に投資し，工場を建設したりするからで

Column ㉓　世界金融不安と日本

　1997年のアジアの通貨・金融危機が98年にはロシア，中南米に伝染し，アメリカの株式市場を揺さぶった。世界にデフレーション懸念が広がるなかで10月初旬に開かれたＧ７蔵相・中央銀行総裁会議は，日本の金融システム問題に関心が集中し，共同声明で世界第２の経済大国である「日本の景気回復が世界にとって決定的に重要」と指摘し，金融再生にむけて「存続可能な銀行への公的支援」を求めた。経済の国際化・グローバリゼーションの一つの表現である資本流動化の増大が各国経済の連動性を強めていたのである。

　他方で，日本の金融機関はバブル経済の崩壊で多額の不良債権を抱え，それが経済に重荷になっていた。国会では，参院で与野党勢力が逆転した状況で，遅々として進まない審議の後にようやく破綻前の金融機関に公的資金を投入する金融再生法案が衆院を通過し，ついで金融機関の破綻を未然に防ぐ「早期健全化スキーム」をめぐる与野党協議が国際社会の注視の下ではじめられた。この状況は日本の国内政治過程と世界の政治経済とがかつてないほど深く相互浸透したことを物語っていた。

ある。各国の経済は，トランスナショナルな（国境を越えた）モノの交流（貿易），さらにはカネ（資本），サービス（金融，航空など），情報（電気通信など），ヒト（労働力）の交流を通して強く結びつくようになった。いまや各国経済は，相互依存を強め，世界市場という巨大なネットワークに深く組み込まれ，「統合化」に向かいつつあるようにみえる。これを端的に示す言葉が「経済の国際化（グローバル化）」である（野林ほか，1996）。

　他方で，経済が国際化するとはいえ，国境で仕切られた国家が存在している。国家の存在理由の一つは，国家が国民の生活・福祉の向上を目的とすることである。国際的相互依存が深化するなかで，国家は，この相互依存が自国に不利益を及ぼさないかどうかに強い関心を寄せる。国境を越えようとする経済と国境を仕切にして独自の利益を守ろ

うとする政治（国家）の論理の違いに，国家間の経済摩擦が発生する原因がある。

経済の国際化は，同時に，国家が自由貿易の原則の前に，関税や為替管理などの国境調整措置を緩和するか廃止していく過程であった。たとえば，「モノ」についての関税が GATT の交渉によって先進諸国では低くなり，重要性を失っていった。「カネ」については為替が固定相場制から変動相場制へと移行し，資本，金融の自由化が世界的趨勢となっていった。国家が，国境を低くする対象，範囲，時期などをめぐって，摩擦が生じる。

IMF‑GATT 体制：国際経済のルール

しかしながら，各国は経済的利益をめぐって無秩序に競争するわけではなく，国際政治経済にはルールがある。各国の保護主義が第2次世界大戦の遠因になったという反省から，第2次大戦後につくられた国際経済のルールが IMF‑GATT 体制であった。

まず，金＝ドル兌換制（金為替本位制）を基底とする固定相場制と多角的な自由貿易の原則を維持するために，IMF（国際通貨基金）を中心として通貨・金融の基礎となるブレトンウッズ体制が誕生した。また，関税及び貿易の面で戦後の国際経済の一翼を担ったのは1947年に調印された，自由・無差別・多角の自由主義貿易原則を基本理念としたGATT（関税及び貿易に関する一般協定）であった。

ただし，IMF‑GATT 体制は経済成長や雇用の安定のための国家の市場介入を排除するものではなく，むしろ自由貿易の原則と国家介入の考えとの妥協の産物であった。ガットは条件付きの輸入制限や補助金の容認といった例外規定を設けていたのである。こうして，戦後の国際政治経済体制は，自由貿易の原則と各国の自律性や利益とがせめぎあう力学を内包させていた。

国際公共財と相互依存の管理

グループのメンバーが自由にそれを使え（非排他性），またあるメンバーがそれを使っても，他のメンバーのその財に対する利用価値

を低下させるものではない(非競争性),という2つの条件をみたすものを「公共財」という。自由貿易体制や国際経済の安定を通じて各国が豊かになるとすれば,自由貿易体制や国際経済の安定は **国際公共財** である。しかしながら,公共財の供給あるいは維持にはコストがかかる。

経済的相互依存は,国家間の自由な経済交流が各国の利益になるというポジティヴ・サム・ゲームになることを前提としているが,各国の利害が必ずしも調和的であることを意味しない。自由貿易という公共財を支えるコストの分担について絶えず調整をする必要,すなわち相互依存を管理する必要がある。相互依存の管理には,覇権,GATTのような国際的なレジーム,相互主義,政策協調,の4つがあり,前2者から後2者による管理に重点が移行してきた(山本,1989)。

覇権による管理

覇権による相互依存管理とは,他と比べ,圧倒的な軍事力・経済力を有する「覇権国」が,国際的な諸制度の枠組み・ルールを決定するパワーをもつとともに,このような国際秩序を維持するためにコストを負担するシステムである。

実際,IMF‐GATT体制維持のコストを引き受けたのは,当初世界のGNPの40%,工業生産の50%,金準備の70%以上をもつアメリカであった。アメリカは西ヨーロッパ諸国や日本の差別的措置を許しただけでなく,自国の市場を開放した。アメリカがこのような負担を引き受けた大きな理由の一つは東西冷戦の深刻化であった。アメリカはソ連共産主義に対抗するために,西側陣営の経済発展と政治的安定を支えようとした。しかしながら,アメリカがいつまでそのコストを引き受けることができるかという問題が最初から潜在していたのである(野林ほか,1996)。

ガットの強化

他方で,ガット主導の多角的貿易交渉(5回以降は「ラウンド」と呼ばれた)でも,関税について調整不可能な場合も少なくなった。1980年代に入ると,ガット

が正式な国際機関でなく、暫定的な色彩が強くきわめて脆弱であったことや、貿易の形態もモノの流通だけでなくサービスなどに拡大したことなどから、ガットの役割の限界がたびたび指摘されるようになっていった。そこで、1995年に、自由貿易体制の新しい秩序を与えるものとして、ガットより大幅に機能が強化された「世界貿易機関」（WTO）が設立された。

管理貿易と相互主義

1960年代に西側各国が高度経済成長を果たすと、その結果としてアメリカの競争力が相対的に低下した。貿易黒字幅も縮小し、ドルへの信認が失われて、アメリカから金の流出が続き、ニクソン・ショックを経て1973年2～3月には主要通貨は一斉に変動相場制に移行し、戦後の固定相場制を柱とする国際通貨体制は名実ともに崩壊した。

変動相場制がとられたおよそ半年後、石油危機が生じ、先進工業国にスタグフレーション（不況のなかの物価高）が引き起こされた。この間にアメリカの貿易赤字と日本・西ドイツの貿易黒字が続き、国際不均衡は深化した。

こうした状況に対して、アメリカでは「原則自由の取引メカニズムに、政府介入によって人為的な制御を加える」管理貿易的な方向が強まり、各国間の経済摩擦が深刻化した。1988年のアメリカの包括的通商法は、貿易を直接統制しようとする動きであった。その特徴は、貿易相手国の企業の自国への市場参入を制限するという報復手段によって、相手国の市場をアメリカと同水準までに開放させるための**相互主義**を原則としており、一方的な威嚇による戦略的な通商政策であった。また、包括的通商法には、不公正貿易慣行をもつ国に対する制裁を規定する「1974年通商法」の発動の容易化や、「不公正」貿易を続ける国を特定し、一方的報復権限をもってその改善、障壁撤廃を求める「スーパー301条」などが盛り込まれている。しかしながら、こうした相互主義は、必ずしも自由貿易の原則と両立するものではなく、安定した国際経済秩序にとっては好ましいものではない。

政策協調

また，他方では，石油危機後の経済混乱に対処すべく，1975年にサミット（主要先進国首脳会議）が開催され，各国のマクロ政策の調整を目指した。サミットは，その後毎年開かれ，経済成長，景気浮揚，通貨，貿易をめぐる政策協調が行われるようになった。たとえば，80年代後半，アメリカの貿易不均衡を解決するために，日本と西ドイツは，自国のインフレを招く可能性もある内需拡大が求められた。両国は国際経済の安定という国際公共財を提供するためのコストの負担を求められたのである。

3 相互依存の政治経済へのアプローチ

国際関係における「政治と経済の相互作用」を理解し，分析するためのいくつかのアプローチが発展してきた。

現実主義的国際政治観

現実主義的（リアリズムの）国際政治観は，国際関係に対する伝統的な見方であり，次のことを基本的な内容とする。第1に，主権国家が国際関係におけるもっとも基本的なアクターである。第2に，主権国家は国益を追求し，この国益のなかで，もっとも核心的なものは「国家生存の確保」である。第3に，国益を実現するための手段として国力を行使するが，国力のなかでもっとも重要なものは軍事力であり，経済力，技術力も，強力な軍事力を支えるものとして重視される（野林ほか，1996）。この基本的内容の論理的帰結として，第4に，国益が明確であり，ハイ・ポリティクス（安全保障）とロー・ポリティクス（経済問題）の間には序列がある。第5に，外交が，対外政策を主管とする行政機関（外務省，国務省など）に一元化されている（山影，1989）。このように，リアリズムは国際社会の対立的性格を強調するのである。

Column ㉔　NGOのトランスナショナルな動き

近年、環境保全や人権擁護などの公共の目的を追求する非政府系組織（NGO）のトランスナショナルな活動が顕著になってきた。1997年の対人地雷の使用禁止などに関する条約（オタワ条約）は国際的なNGOの連合体（ICBL、地雷禁止国際キャンペーン）の活躍なしには考えられない。各国政府は、実状を把握するための情報をしばしばNGOに依存したという。

1997年に京都で開催された地球温暖化防止会議において、情報発信で中心的な役割を果たしたのが世界環境NGO約250団体のネットワーク「気候行動ネットワーク」であった。これらのネットワークの働きにより、京都会議では400以上のNGOがインターネットを駆使して全世界に会議情報を流す一方で、各国政府に影響を行使すべく情報発信を行った。

国際会議や対外交渉に、非政府系組織のトランスナショナルな活動が強く影響を及ぼす場面が増えてきたのである（五百旗頭ほか、1998）。

リベラリズム：複合的相互依存モデル

伝統的な現実主義的国際政治観に対して、国家を一枚岩的にみないで、国家が多数の部分から構成されており、また、以下にみるように、ある国の部分と他の国の部分は複数の糸により相互につながれていることに注目するモデルがある。コヘイン（Keohane, R.）とナイ（Nye, J.）は、このような政府間のみならず社会間の相互交流が進み、両国の相互依存が深まっていく状態を「**複合的相互依存**」と呼んだ（1977；野林ほか、1996）。

具体的にみると、複合的相互依存は、まず多国籍企業が国家の枠を越えて世界的に活動することによって進展した。多国籍企業とは、2ヵ国以上に活動の拠点をもち、世界的な視野でもっとも効率的な経営を試みる企業である。IBMも松下も世界各地に工場をもち、現地の人々を採用し、現地の経営陣を擁し、現地の税金を払う。このような企業は、すでに「国家の枠組みを越えた」トランスナショナルな（transnational）存在である。さらに、多国籍企業だけでなく、世界的

に活動するNGOや国境を越えて直接交流しあう自治体も、相互依存を深化させるアクターであった。

複合的相互依存を前提とするリベラリズムの国際政治観は、以下のような特徴をもっている。第1に、国際関係において国家だけでなく、多国籍企業をはじめとするトランスナショナルなアクターも重要になってきた。第2に、国益があいまいになり、経済問題が安全保障問題に劣らず重要になってきた。半導体問題が国防問題と結びつけられるなど、争点の絡まりもでてくるのである（リンケージ・ポリティクス）。第3に、国力として、軍事力の比重が低下し、国力が多元化してきた。第4に、外交が複雑になり、対外政策を主管とする行政機関以外の官庁の参入によって、多元化してきた。

しかしながら、国際政治観においてリベラリズムがリアリズムに完全にとって代わったわけではなく、リアリズムの国際政治観を支える現実も併存していることに注意しなければならない。

敏感性と脆弱性

複合的相互依存状況における国力を考えるときに示唆的なのが、「敏感性」と「脆弱性」の概念である（Keohane, and Nye, 1977）。

「敏感性」とは、国家間の関係を規定する「枠組み」が変化しない状況のもとで、一方の国家の政策や状況が変化した場合に、他方の国家・社会が受けるマイナスの影響のことである。たとえばアラブ産油国における原油の価格が上昇すれば、日本経済はどのような影響を受けるかということである。

これに対して、**脆弱性**とは、国家間あるいは社会間の「枠組み」そのものが変化した場合に、国家や社会が受けるマイナスの影響のことである。たとえば、アラブ産油国が日本に対して、対イスラエル政策の変更がないかぎり、原油の輸出を断つという政策を出してきた場合、日本はどのような影響を受けるのかということである。もし、日本がアラブ産油国以外から原油を輸入するチャネルをもたず、またアラブ産油国に対して、禁輸措置の撤回を求められるだけの有効な手段

をもたないとすれば,日本は,アラブ産油国に対してきわめて脆弱といえる(野林ほか,1996)。

敏感性と脆弱性の概念は,日米経済摩擦を考えるときに重要である。一方で,日本の製造業は,総じてアメリカの製造業よりも競争力が高い。このため,自由貿易の枠内では,アメリカの敏感性が,日本の敏感性よりも大きい。しかしながら,他方で,日米貿易が混乱したり,保護主義的ムードが台頭してくると,日本は工業製品の代替市場や原料および農産物の代替供給源を確保することが困難になる。保護貿易の枠組みでは,日本の脆弱性はアメリカの脆弱性よりも大きいのである。このように,日米貿易関係では,アメリカは敏感性が大きいのに対して,日本は脆弱性が大きい状態になっている。日本側の対米輸出自主規制や市場開放など,貿易関係でアメリカが日本に対してアメリカに有利な条件を日本に迫ることができた構造的な力をもちえたのは,日米の脆弱性の差が背景にあったからである(佐藤,1997)。

> ツゥーレベル・ゲーム

国家レベルの政治(内政)と国際レベルの政治の相互作用を分析する枠組みとして「**ツゥーレベル・ゲーム**」モデルが提示されている。

渡辺昭夫によると,ツゥーレベル・ゲームでは,外交交渉においてA国の代表者とB国の代表者の背後には,それぞれさまざまな利害関係者が控えている。関係省庁の官僚,その政治的上司(大臣),場合によっては,その背後に利益団体,その後援者の与党・野党の政治家,さらには市民運動,マスメディア等々が交渉を見守り,働きかけてくる。これらのアクターによって展開される国内政治(第2レベルのゲーム)が,外交交渉をするAB両国の代表者の行動(第1レベルのゲーム)を制約する。国内政治のゲームが加熱すればするほど,代表者に許される行動範囲が狭くなる。相手側にも同じような事情があるだろうから,両国間の合意成立が可能な範囲はさらに狭くなる。経済摩擦が激化しないためには,両国の国民の政治的成熟と,巧みなリーダーシップが求められるのである(Putnam, 1988;渡辺,1997)。

図13-1 ツーレベル・ゲーム

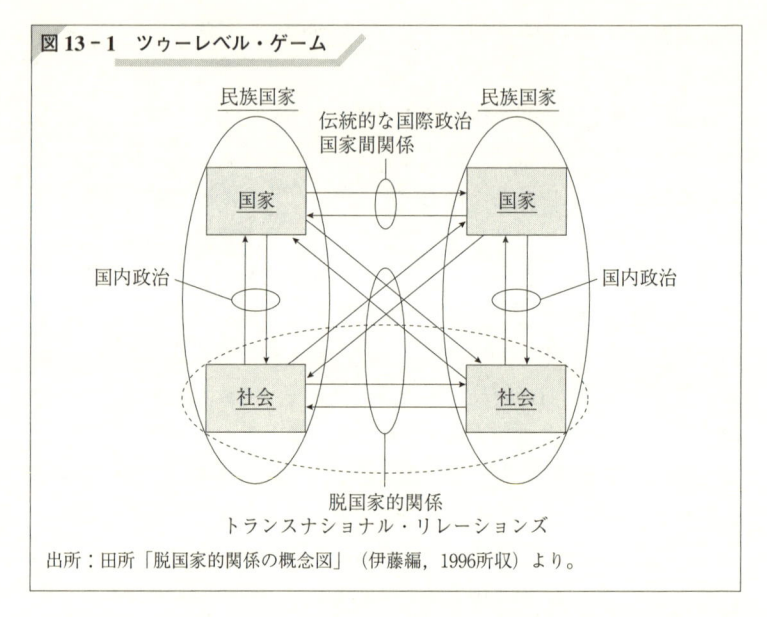

```
     民族国家                           民族国家
              伝統的な国際政治
              国家間関係
        ┌──────┐              ┌──────┐
        │ 国家 │──────────────│ 国家 │
        └──────┘              └──────┘
国内政治                                      国内政治
        ┌──────┐              ┌──────┐
        │ 社会 │              │ 社会 │
        └──────┘              └──────┘
              脱国家的関係
              トランスナショナル・リレーションズ
```

出所：田所「脱国家的関係の概念図」（伊藤編，1996所収）より。

　しかし，2つのレベルのゲームの関係は，国内政治が対外交渉に影響するという一方的なものではない。交渉当事者は，相手側の国内政治のゲームに働きかけて，その合意の範囲を拡大することができる。日米構造協議で，大店法（大規模小売店舗調整法）の改正などの問題について，米国側は意図的に日本の消費者に働きかけ，世論の支持をかなり増やすことができた。

　このように，国際的な影響を無視して国内政策は進められないし，国内的な影響を無視した対外政策も進められなくなってきた。

4　対外政策の国内政治過程

　ツーレベル・ゲームの分析枠組みは，複合的相互依存の政治を分析するのに有効であるが，大きな枠組みにとどまる。より具体的に分

析するためには、いくつかのサブ・モデルが練り上げられる必要がある。

アリソンのモデル　第2章2節「組織による政策決定」では組織一般における決定をアリソン（Allison, G. T.）によりながら検討した。しかし、アリソンのモデルはもともと対外政策の分析モデルとして提示された。本節では、この観点からあらためてアリソンの合理的選択モデル、組織過程モデル、政治過程モデルの3つのモデルを簡単に検討してみよう（佐藤, 1989；第4章1節の「政治的指導者の心理分析」を参照）。

合理的選択モデルは、政策は合理的な計算にもとづいた選択、つまり知的プロセスの産物としてとらえられる。この合理的選択モデルを、対外政策決定過程における単一アクターとしての国家の行動に適用したのがアリソンの合理的行為者モデルである。合理的な国家行動モデルは、外交は内政とははっきり区別されると考える点で、伝統的国際政治観の主流を占めてきた。しかしながら、第1に、個人や国家に対して、状況を正確に判断し、最良の選択肢を選ぶための十分な情報を確保したり、そうした能力をもつことを想定することは非現実的である。第2に、このモデルは、そうしたモデルに内在的な問題だけでなく、国際政治経済における相互依存の進展とともに、現実を説明する力を弱めた。

組織過程モデルにおいては、政策は組織内の標準作業手続にもとづいた機械的または準機械的過程の産物である。たとえば、問題が起こった場合にその分野に直接関係する省庁、部局は、前もって定められた標準作業手続にしたがって自動的に対応するというモデルである。そのために前例重視型になり、決定のパターンとしては漸増主義に陥りやすい。このモデルは、官僚の行動とかルーティンの問題に対する対応を説明するのに有効であるが、前例のない新しい問題や政府内の役割分担が明確にされていない問題についての対応を説明する点ではあまり有効ではない。

政治過程モデルにおいては,実際の政策は,知的過程の産物でもなく,また標準手続きにもとづく機械的過程の産物でもなく,政策決定に関与する個々のプレーヤー間の駆け引きを含む相互作用の産物である。また政策決定に関与するおもなアクターたちは,かれらが属したり代表したりする組織や支持団体の利益にもとづいて行動している。一般に,官僚組織の長が顕在的なプレーヤーとなるために,アリソンの分析枠組みでは官僚政治モデルと呼ばれた。

　対外政策の決定分析のモデルとして,アリソンの3つのモデルに,認識(心理)過程モデルを加える研究者もいる。認識(心理)過程モデルにおいては,政策は人間の認識過程もしくは心理過程の産物である。認識理論では,政策決定者は必ずしも環境が変化したことを認識するとは限らず,たとえ環境を認識したとしても自分の信条体系やイメージというレンズを通じて屈折した形でとらえられる。また複雑な環境変化や危機的状況に直面する場合,複数の選択肢を合理的に比較検討するというより,むしろ信条体系やイメージにもとづき主観的に結論を下したり,希望的観測に依存したりする傾向があることを強調するのである。

諸モデルの相互連関

　実際の決定が1つのモデルですっきり説明できることは少ない。たとえば,政府の指導者が国家の名において決定を下す場合は,一般に合理的決定モデルで説明されるが,指導者の信条体系によって認識と決定にゆがみが生じることがありうるし,また政府内組織の標準作業手続きによっているだけかもしれず,あるいは諸利害の妥協の産物かもしれない。すなわち,各省の立案,国内の調整,国際交渉といった段階に応じて適合的なモデルが異なるかもしれない。このことは,形成過程の説明には,複数のモデルの組み合わせが必要であることを示唆している。

　またモデルの有効性は,国際環境,国内世論の動き,時代的背景,指導者の性格,問題の特質などによっても変わってくる。アメリカの対外政策についていえば,60年代初期頃まではアメリカ世論に共産主

義封じ込め政策についてコンセンサスがあったために合理的モデルによる分析が支配的であったが，ベトナム戦争をめぐって国内世論が激しく分裂するようになると，政治過程モデルが有力になった。同様に政治体制が民主的で，多元的であるほど政治過程モデルが，官僚機構の比重が大きい程度に応じて組織過程モデルが，トップリーダーの指導力が強力であるほど合理的モデルないし認知（心理）過程モデルが，それぞれ有効性を増すと考えられる。さらに危機的状況におけるほど指導者の認知（心理）過程モデルが，また多様な利益に関連する経済問題の場合には政治過程モデルの有効性が増すであろう（佐藤，1989）。

アリソンのモデルは対外政策は政府内の組織や人間が決定するものであるという前提に立っている。しかし，経済問題が対外政策で重要になるにつれて，国益は不明確になり，国内の利益団体が活発に活動するようになった。それに応じて，議会や外務省や国務省以外の利益団体を背後に控える各省庁が対外交渉に参加し，外交は多元化していく。対外政策の形成過程は，本書で展開してきた，政治過程論の視点や概念によって分析されるべき部分が拡大したのである。

アメリカにおける経済摩擦の政治過程

野林健によると，アメリカの特定の産業ないし業種が国際競争力を失い，短期間に競争力を回復させる見込みがないときに，業界は政治に訴える。それを鉄鋼業界の輸入制限運動を例にみてみよう（野林ほか，1996）。業界には4つの方法がある。つまり，(1)通商法提訴（ダンピング提訴，緊急輸入制限措置の発動要請など），(2)議会への働きかけ，(3)大統領・行政府への働きかけ，(4)世論へのアピール，などである。後3者は，ほぼ第7章でみた利益団体の圧力活動そのものである。これに労働組合が加わり，業界・労組連合が結成されると，鉄鋼業界の圧力は一挙に高まる。また，工場閉鎖や大量解雇といった出来事がマスメディアによって取り上げられ，世論の関心が高まると，議会，行政府への影響力は強まる。この動きにもっとも敏感に反応するのが，鉄鋼業界や鉄鋼労組を支持母体とする議員たちである。

議会での保護主義法案への支持が集まり，問題をそれ以上放置すると大統領の政治的立場に影響がでると思われる時点で，ホワイトハウスは具体的な対応策の検討に入る。業界，労組の要求はもとより，輸入制限の影響を受ける鉄鋼ユーザー，そして世論の動向をみきわめたうえで，政府裁量として輸入救済策を決定する。

　この際，大統領は，極端な輸入制限措置はアメリカの国際的指導力に悪影響を及ぼすと考えるから，業界・労組・関係議員が求める要求を全面的に受け入れるようなことはしない。だが，大統領の再選問題が関係している場合や，より重要な問題で議会の支持が必要な場合には，保護主義勢力に譲歩する度合いは高まる。すなわち，大統領は，国内政治的配慮，対外的配慮，経済的効率（競争原理の重視），自己の政治的利害得失などのジレンマのなかで決定する。経済問題についての対外政策の形成過程については，基本的に国内の利害を調整する通常の政治過程の延長として分析できる範囲が拡大したのである。

日本における経済摩擦の政治過程

　日本における経済摩擦の政治過程も，自動車輸出自主規制問題とコメ交渉でみたように業界団体の利益が基本にあり，それに関連する省庁，議員，そして首相がおもなアクターとなる点で，多元的な政治過程として理解できる。その具体的展開をいくつかみてみよう。

　経済の国際化の進展により，わが国の対外政策過程に現れた顕著な変化の一つは，対外政策に関わる省庁が増えてきたことである。かつては国家間交渉は外務省中心の外交チャネルを通して行われていたが，70年代末までには，繊維や自動車輸出で通産省，農産物自由化で農林水産省，武器調達で防衛庁が関わるようになり，80年代以降は，化粧品の許認可で厚生省，知的所有権で文部省，付加価値通信網（VAN）で郵政省，建設市場開放で建設省，外国人弁護士活動で法務省，外国人労働者の不法就労で労働省などと，ほとんどすべての省庁が登場するようになった。対外政策過程が多元化したのである。

　対外問題に多くの各省庁が関わるようになるにつれて，管轄や政策

をめぐり省庁間の対立が激化しただけでなく,イシューによって省庁間の連携・対抗の関係も変わるというように複雑になった。たとえば,草野厚の事例研究によれば（草野,1989),1979年に外務省は対中国借款をアンタイド（ひもつきでない）にし,かつODAの倍増を要求したが,これに対して通産省はタイド・ローンでなければ日本の産業の輸出増大に結びつかないと反対し,大蔵省は財政赤字を理由に倍増に反対した。最終的には大平首相の裁断で,アンタイド・ローンとすることが決まった。

第2の例は,アメリカがVAN（付加価値通信網）事業への参入を求めて強い圧力をかけるなかでの,1984年の電気通信事業法をめぐる郵政省と通産省の対立である。郵政省は電気通信事業を自省の管轄下におこうとした。これに対して,通産省は電気通信事業の最重要部分であるVAN（付加価値通信網）を自省の管轄に入れようとし,郵政省の関与を制限するために,電気通信事業への外資規制を廃止する自由化を主張した。外務省も日米関係重視の視点から,当然自由化支持の立場をとった。結局この問題は,外資の自由化を認める一方,郵政省にこの分野での許認可権を与えることによって妥協がはかられた。

こうした省庁間対立に加えて,同一省内でも対立がみられる。たとえば,農水省内で対外交渉の窓口となる経済局は,国際的な対日批判（「日本の農産物市場は閉鎖的である」といった）に敏感であり,他方,利益団体を背後にかかえる農蚕園芸局や畜産局といった原局は,国内産業の保護という観点から問題をとらえがちなのである。

さらに,わが国の対外政策過程では,族議員が重要な役割を果たすようになってきたことが重要である。経済問題の多くは国内政治と関連し,しばしば省庁間対立や利益団体の強い反対運動を誘発するが,それを官僚レベルで処理できない場合,族議員に解決を委ねざるをえないケースがしばしば生じた。族議員のリーダーは,たんに関連する利益団体や官庁の応援団というだけでなく,政府や与党のエクゼクティヴといったより高い地位を目指すためにも,団体を説得したり,省

庁間の対立を調整するのである。

首相の役割　対外政策については首相の役割が基本的に重要であった。とくに、鳩山政権の日ソ国交回復、岸政権の日米安保改定、佐藤政権の沖縄返還、田中政権の日中国交回復などのように、ハイ・ポリティクスが争点のときには、首相のリーダーシップは決定的であった。しかしながら、通常の対外政策については外務省に依存しており、また対外政策の経済化とともに、各省庁や族議員が参加するなど外交が多元化してきた。

にもかかわらず、首相の役割が相対的に重要なことはすでに述べた通りである。利益団体、行政機関、官僚、議員たちが、一般に自分たちの直接の利益や狭い役割にとらわれるなかで、日本の首相は、アメリカ大統領と同様に、国内政治的配慮、対外配慮、経済的効率（競争原理の重視）、自己の政治的利害得失などのジレンマのなかで決定しなければならない。このジレンマに立つ首相にこそ、ウェーバー（Weber, M.）のいう「責任感」「情熱」「洞察力」が求められるのである。

むすび　経済の国際化が進展するにつれて、政治過程論は、しばしば国際レベルの政治経済まで考慮しなければならなくなった。その際、本書で示した政治過程分析のための方法論、理論、概念などはそのまま有効であり、それに国際政治経済の研究分野が蓄積してきた固有のモデルや概念を組み合わせることができる。政治過程論は、このようにフロンティアを拡大することによって国内政治過程のより的確な理解が可能になると同時に、国際政治経済学をはじめとする隣接諸科学に対して大きく貢献することができるのである。

【設　問】

1. 経済摩擦はなぜ起こるのだろうか。
2. 自由貿易という国際公共財を支えるコストを負担しているのはだれであろう。
3. 経済摩擦を理解するために国内政治過程の分析が必要なのはなぜだろう。
4. 経済摩擦における国益とは何であろう。
5. 大統領や首相が，経済摩擦についての政策を決定するとき，どのようなジレンマに直面するだろう。それはなぜだろう。

第13章のキーワード

国際公共財　メンバーが自由に利用でき，またそれが他のメンバーによる利用価値を低下させない場合，その制度や施設を公共財という。自由貿易体制を通じて各国が豊かになるとすれば，それは国際公共財である。

複合的相互依存　各国間の経済が相互に密接に結びつくにつれて，政府間のみならず社会間の相互交流が進み，両国の相互依存が深まっていく状態をさす。

相 互 主 義　国家間の相互依存関係における利害を調整する管理方法の1つで，相手国の企業の自国への市場参入を制限するという報復手段によって，相手国への市場参入を求めたり，関税の相互引下げなどによって，対等の交易条件をつくり出すこと。

脆 弱 性　国家間あるいは社会間の枠組みが変化した場合に，国家や社会が受けるマイナスの影響のことである。たとえば，アラブ産油国が日本に対して，原油の輸出を断つという政策を出してきた場合，日本がそれに対応する有効な手段をもたない場合，日本はアラブ産油国に対して脆弱であるという。

ツゥーレベル・ゲーム　たとえば，A国とB国の外交交渉（第1のレベルの政治）と両国の国内政治（第2のレベルの政治），およびこの2つの

レベルの相互作用を同時に視野に入れる分析枠組みで，国家間の相互依存の進展を前提にしている。

📖 読書ガイド ●●●

アリソン，G.T.（宮里政玄訳）『決定の本質―キューバ・ミサイル危機の分析』中央公論社，1977年。
　複数のモデルの組み合わせによって1962年のキューバ・ミサイル危機におけるアメリカの対外政策決定過程をあざやかに分析し，伝統的理論を一新した古典的名著。

野林健・大芝亮・納家政嗣・長尾悟『国際政治経済学・入門』有斐閣，1996年。
　国際政治経済学を冷戦後に確立した新しい研究分野とみる観点から，「国際政治の経済化」時代における政治と経済の関係を包括的に理解するのに有用な入門書。

佐藤英夫『対外政策』東京大学出版会，1989年。
　日米貿易交渉について水準の高い研究成果を生み出してきた著者が，国家の対外政策の分析を整理した研究書。実証的に基礎づけられた理論化に説得力がある。

山本吉宣『国際的相互依存』東京大学出版会，1989年。
　国際的相互依存下における政治と経済の関係を的確に分析する。この研究分野の標準的なテキスト。

●引用文献●

アリソン，G.T., 1977『決定の本質―キューバ・ミサイル危機の分析』（宮里政玄訳）中央公論社。

五百旗頭真ほか, 1998『「官」から「民」へのパワー・シフト』TBSブリタニカ。

軽部謙介, 1997『日米コメ交渉』中央公論社（新書）。

草野厚, 1989「対外政策決定の機構と過程」有賀貞ほか編『講座国際政治

4 日本の外交』東京大学出版会。

高坂正堯・公文俊平編,1993『国際政治経済の基礎知識(新版)』有斐閣。

佐藤英夫,1989『対外政策』東京大学出版会。

佐藤英夫,1997「経済摩擦と経済協調」渡辺昭夫編『現代日本の国際政策』有斐閣。

田所昌幸,1996「役に立つ(?)内政干渉」伊藤光利編『ポリティカル・サイエンス事始め』有斐閣。

野林健・大芝亮・納家政嗣・長尾悟,1996『国際政治経済学・入門』有斐閣。

樋渡由美,1997「国際化の国内政治的基盤—日本の自動車産業と輸出自主規制」『レヴァイアサン』21号,木鐸社。

藪中三十二,1991『対米経済交渉—摩擦の実像』サイマル出版会。

山影進,1989「相互依存論—パラダイム化の中の理論群」有賀貞ほか『講座国際政治1 国際政治の理論』東京大学出版会。

山本吉宣,1989『国際的相互依存』東京大学出版会。

渡辺昭夫,1997「外交政策から国際政策へ」渡辺昭夫編『現代日本の国際政策』有斐閣。

Berger, S. and R. Dore eds., 1996, *National Diversity and Global Capitalism.*

Hall, P., 1986, *Governing the Economy: The Politics of State Intervention in Britain and France.*

Keohane R. O. and H. Milner eds., 1996, *Internationalization and Domestic Politics.*

Keohane R. O. and J. S. Nye, 1977, *Power and Interdependence ; World Politics in Transition.*

Putnam R., 1988, "Diplomacy and domestic Politics : The logic of two-level games," *International Organization*, vol. 42.

終章 政治過程論の発展と課題

> この終章では，政治過程論がおかれている状況を理解するために，これまでに述べた各章の記述を前提にしながら，その対象，理論，方法の発展を概観し，今後を展望したい。実際，この3者は，時代状況や現実政治の展開を背景としつつ相互に作用しあって発展してきたのである。

1 政治過程論の発展

政治過程論は，各政治アクター間の相互作用の動態，およびそこにみられるパターンや構造を実証的に明らかにし（記述的推論），説明すること（因果的推論）を目的とする。そして政治過程論の対象，理論，方法は多様化し，拡大し，高度化してきた。

政治過程論の重要な理論や方法は，それらが確立される時点で，一般に現実的有意性と学問的有意性という2つの条件を満たしていた。

現実的有意性とは，政治的理論や方法が，ある国ないし地域の特定の時代の重要な問題の的確な認識を示すうえで貢献したということであり，その意味で，政治学の理論や方法は国籍をもち，かつ時代の産物である。それゆえ，何らかのバイアス，あるいは時代的および文化的に個性をもっていた。他方で，**学問的有意性**とは，理論的ないし方法の点で学問の発展に貢献する内容をもつということ，その意味で，国境を越えたなんらかの普遍的要素をもっていたということである。それゆえ，国境と時代を越えて，発展してきた。今日の政治過程論は，このようにして蓄積されてきた理論および方法に基礎づけられているのである。

行動論的政治学

政治過程論は，第2次世界大戦前のアメリカで胎動し，戦後になって一挙に開花したといえよう。アメリカが政治過程論の母国でありえた1つの理由は，自由民主主義が展開し，かつ政治の観察が容易な開かれた政治システムをもっていたからである。現代政治学の黎明期の対象は議会や執政府（大統領や内閣）のフォーマルな制度であり，その詳細なルールと規範的根拠が吟味された。この段階の理論は立憲主義，自由主義，権力分立論といった規範的理論であり，政治学は公法学から未分化の状態にあった。

次の段階で，政治には制度の吟味だけでは十分に理解されない領域があることが認識され，大衆の政治的態度や行動，さらに利益団体，政党の活動などのインフォーマルな要素に関心が向けはじめられた。本書では，こうした対象の多様性に応じて，政治過程における個人（第4～6章），集団と政党（第7～8章），政府領域における政治過程（第9～10章）が検討された。

めざましい発展をとげた民主主義の基礎にある個人や大衆の政治的態度や投票行動の研究が重要なこと（現実的有意性）は改めて指摘するまでもないだろう。こうした研究は行動論的政治学の中心として，個人の態度や行動に焦点を当て，心理学などの成果を導入して理論や

仮説を形成し，社会調査法によりデータを収集し，コンピュータによりデータを処理し，統計学により解析するというように，自然科学に近い形で経験的な研究を蓄積した。第5章でみたように，政治における個人，また，投票行動に関する様々な仮説と理論を発展させていったのである。今日でも，政治的態度や投票行動の分析結果に対する一般の信頼性は高く，政治学の存在理由を明確に示す研究分野であり続けている。

多元主義

また，利益団体などに関心が拡大するとともに，利益団体の議員，議会，執政府の決定に対する影響力や，これらのアクターの間の相互作用に関心が向けられた。1つの争点を取り上げて，政治的アクターの相互作用を詳細に記述する事例研究は，記述的研究の有力な方法であった。たとえば，関税政策を事例とした国内の政治過程を分析することを通して，「バイアスの動員」や「紛争の拡大」といった重要な概念を提示したシャットシュナイダー（Schattschneider, E. E.）の研究は，事例研究の優れた成功例であった。

地域権力構造論は，アメリカ社会では権力がどのように分布しているか，逆からいえば，どの程度民主的であるか，という現実的有意性をもっていた。地域権力構造論争において，ダール（Dahl, R. A.）は，争点法にもとづいて多元主義的権力構造論を主張した。この多元主義はやがて国レベルの政治にも適用されて，政治過程分析における中心的なマクロ・モデルとして洗練されていった。

また，行動論的政治学と方法論的多元主義（社会中心的アプローチ）は，ともに経験的研究によって政治の未知の分野を開拓し，認識を拡大していくことができるという科学的方法への信頼感をもっていた。しかしながら，その後の歴史展開や政治経験からすると，こうした科学的方法や権力構造としての多元主義への信頼感は，アメリカという国のある恵まれた時代状況の産物であったことが理解されるのである。多元主義はアメリカ民主主義と同一視されていた。1950-60年代はア

メリカ民主主義の黄金時代で、やがて起こるべき深刻な諸矛盾もいまだ顕在化せず、科学への信頼と期待が強くもたれ、民主主義への将来に楽観的でありえた時代であった。

ヨーロッパの政治学　他方で、アメリカ政治学とは一応別個に発展したヨーロッパの現代政治学は、政治過程論に独自の貢献をすることになる。ヨーロッパの政治学の伝統は、政治哲学、立憲的政治制度論、そして政治史にあり、また階級対立の伝統的な強さからマルクス主義的立場からの研究の影響が大きかった。さらに、ウェーバー以来の官僚制の研究、とくにオストロゴルスキー (Ostrogorski, M.)、ミヘルス (Michels, R.) からデュヴェルジェ (Duverger, M.) にいたる政党研究は、ヨーロッパにおける多彩な政党政治の展開をなくしては生まれなかったものであろう。第Ⅱ部「政治過程における個人」でみたように、社会的亀裂と政治統合を課題としたロッカン (Rokkan, S.) らの**政治社会学**の理論も、社会構造がそのまま政党編成（政党制）に変換されるというような静態的な分析であった。また選挙研究も心理学を動員した行動論的なものではなく、階級や地域をおもな要因とした静態的な社会構造的分析で十分に有効であると考えられていた。

このように、政治学、より一般的には学問のあり方は社会、歴史、時代に深く結びついていることが改めて知られるのである。いずれにせよ、ヨーロッパの政治学による現実分析は、歴史記述的アプローチやマルクス主義を別にすれば、社会学における官僚制論、組織論、文化論などを基礎理論とした政治社会学が主流をなしており、それらは類型論としての特徴が強く、必ずしも政治のダイナミックスをとらえようとするものではなかった。それゆえ、ヨーロッパにおける政治のダイナミックスをとらえる視点としては、階級対立や政党政治を対象とした歴史記述的アプローチが優勢であった。

ヨーロッパは、アメリカ民主主義の自己認識としての多元主義モデルに相当するものを生み出していたとはいえなかったが、イギリスに

Column ㉕　政治的近代化論

　中南米諸国，そして第2次世界大戦直後から60年代にかけて列強の植民地から次々と独立した諸国を含めたアジア・アフリカの発展途上国の多くは権威主義的体制下にあり，経済水準の低さや貧富の格差のゆえに政治が不安定であった。当時指導的立場にあったアメリカ政治学の発展途上国に対する関心は，それらの国の近代化，すなわち民主主義を移植し根付かせる条件の研究であった。第4章「政治システムと個人」でみた研究のいくつかはそうした傾向をもっていた。その前提にあったのは，世界の諸国は近代化という一元的尺度の上に位置づけることができ，英米をはじめとする欧米諸国はその尺度の先端部分に位置し，多くの途上国はまだ「遅れた」位置にあり，やがてはその発展段階に応じて欧米諸国に近づくという単線的収斂モデルである。そこにはアメリカ型民主主義は普遍的な価値をもち移植可能であるという，楽観主義があった。こうした近代化論の研究の多くは，冷戦下において，途上国をアメリカの支援によって経済的に発展させ，自由民主主義を根付かせることによって，西側陣営の一員にするというアメリカの世界戦略の一部を構成していたのである。しかしながら，やがて途上国はコーポラティズムなどのモデルを生み出すもととなり，それとの比較によって欧米の民主主義の新たな特徴付けが可能になった（第7章2節「多元主義とネオ・コーポラティズム」を参照）。

おける，ラスキ（Laski, H. J.）などの静態的な多元主義国家モデルや，2大政党による責任政党政治モデルなどの部分モデルが知られていた。しかし，70年代に入ると，リベラル・コーポラティズムやコンソシエショナル（多極共存型）・デモクラシーなどの，西欧各国の自己認識としての民主主義モデルが提示されるようになる。

多元主義への懐疑と政治過程論の革新　戦後，基本的に経済成長を享受してきた欧米各国は，1973年の石油危機を境として，世界同時不況の高波に飲み込まれ，従来の経済学では理論上想定されなかったインフレと失業が同時に起こるというス

タグフレーションに苦しむことになる。この危機ともいうべき社会的現実ないし時代状況が，政治過程論に，その対象，関心，方法，理論にわたってラジカルな数々の修正や革新を引き起こすことになったのである。

まず先進諸国のなかで，すべての国が同程度にスタグフレーションに陥ったわけではなく，スウェーデンや日本など比較的良好な経済パフォーマンスを維持した国の存在が注目された。このような問題意識のなかに，実に多くのコペルニクス的転回ともいえる政治過程論の革新の芽が埋め込まれていたのである。それらは，国家の存在や政治制度の意義の再発見，政治におけるアイディア（思想や理念）や学習の重要性，そして政策帰結（政策の社会へのインパクト），国家と社会の関係，自由民主主義の多様な形態の存在，**政治経済学**，比較の方法などへの関心の強化などをおもな内容とするが，これらは決して別個なものではなく，ワンセットとして理解されるべきなのである。

政策帰結と国家論の復活

まず，政策帰結への関心が強まった。スウェーデンや日本はなぜ良好なパフォーマンスを維持できたのか，それは何らかの政策の帰結であったのだろうかという設問が生じたのである。多元主義モデルを基本とする従来の政治過程論では，国家制度の外部の社会の側に位置する政党，利益団体，世論の影響力に応じて議員や行政機関が相互作用して政策形成がなされ，政府の決定は社会の力関係の反映にすぎないとされた。これは，社会の影響力の「入力」が重視された入力モデルといえよう。これに対して，政策帰結の重視は「出力」モデルということができる。

多元主義モデルでは，「政府」は政策決定に独自の影響を及ぼす存在というより，たんに社会の諸利益の延長物か，紛争調停の中立的レフリーか，あるいは利害が主張されたり調整される競技場（アリーナ）にすぎないものとされた。これに対して，出力モデルは，政府や国家の決定がたんに社会諸勢力の影響力を反映する存在ではなく，第2章

4節「政策過程論の論点」で論じたように、一定の自律性をもち、社会にそれ固有のインパクトを与えていくものととらえる。出力モデルでは政府というタームに代えて、自律性と持続性を強調する意味で「国家」というタームが選好されるのである。これが政治学における「国家論の復権」といわれるものである（真渕, 1987）。国家の政策へのインパクトを重視する視点を「国家中心的アプローチ」と呼ぶのに対して、多元主義、政治社会学、そして社会階級関係を重視するマルクス主義など、社会の側からの政策へのインパクトを重視する視点を「社会中心的アプローチ」と呼ぶことがある（北山, 1988；第1章 *Column* ②「方法論としての多元主義」を参照）。

さて、国家の意思とは、具体的には執政のトップの大統領や首相、あるいは行政官僚制による決定を意味するとされたが、出力過程における国家による影響だけでなく、政策の内容や政策過程への参加者の行動を規定する法律や他の諸制度、そしてルールや慣習までが重要とみなされるようになったのである。何を制度とするかは、明文法規に限定する立場から慣習や文化を含める立場まで、論者によって異なるが、政策内容に対するこうした制度の影響を重視するアプローチが「新制度論」である。

政治の重要性と因果的説明

かつて「政治が重要か」（Does politics matter?）という問いが、政治学者に提示されたことがある。この問いは、たとえば、一国の社会福祉への支出水準は、高齢者人口比率や一人当たりの国民所得額などの社会経済的要因によってほぼ決定されるのであり、政治諸制度の配置や議会の強弱などの政治的要因は、政策帰結にそれほど影響を及ぼさないのではないか、という設問だったのである。しかし、その後の研究では、たとえ福祉支出が同一水準にあっても、福祉費が対象者の一定の資格にもとづき普遍主義的に支出される場合とか、多少とも特殊主義的に政権党の支持集団に有利に支出される場合とかの差異が存在しうるし、その差異は労働者階級の利益が代表されやすい選挙

制度や議会システムなどの政治制度の有無によるなどの指摘がなされたのである。

　本章の関心から重要なことは，国家論の復権は新制度論の登場とともに，何を何によって説明するか（因果的説明），すなわち従属変数と独立変数は何かという方法論的自覚が強まり，分析の論理が明確になったということである。上の文脈でいえば，従属変数としての政策帰結を社会的要因によって説明するのか，政治的要因によって説明するのかということである。第1章「政治過程の理論と方法」で検討したように，この点が従来の政治過程論によくみられた記述的アプローチとの大きな違いである。

> **政治経済学**

　新しい政治過程論は，経済現象の政治学的分析を課題とすることが多くなった。第12章「執政集団とリーダーシップ」や第13章「国際化における政治過程」で示したように，政治において経済政策の重要性が増したことを考えれば当然である。ただ，経済現象の政治学的分析とは，たんに経済政策の形成過程の詳細な記述によって分析することではなく，経済パフォーマンスや経済政策の帰結の差異を従属変数とし，政治・行政制度を独立変数として分析することである。すなわち，各国の政治・行政の諸制度のありかたが経済のありかたを大きく規定することを前提にしているのである。こうしたアプローチによる研究として真渕勝『大蔵省統制の政治経済学』(1994)がある。この研究は，先進各国が福祉国家化の圧力と経済不況といった類似の問題状況に直面しながら，「なぜ」日本の財政赤字が飛び抜けて大きいのかを問い，その独立変数を財政行政と金融行政がともに同一の官庁（大蔵省）の管轄にあり，中央銀行（日銀）の自律性が他の国と比べて弱い，という制度配置に求めたのである。大蔵省内では財政を管轄する主計局が金融を管轄する銀行局より発言力が大きく，銀行局を通して日銀に赤字国債を引き受けさせることが可能であった。しかしそれゆえ皮肉なことに，財政支出に対する制度的歯止めがなくなり，大蔵省は財政支出を求める政

終　章　政治過程論の発展と課題

治からの圧力に抗することができなくなったのである。真渕の研究は，新制度論的アプローチの有望さをわが国の政治学に印象づけた。

国家‐社会関係と自由民主主義の類型

自由民主主義の国では，社会が一方的に国家のあり方を規定するとか，あるいはその逆のことも考えにくく，多かれ少なかれ社会と国家は相互に浸透しあい，影響を及ぼしあっていると考えられる。その程度と形態については第11章「政策ネットワーク」で検討した。国家と社会の関係に一定の安定性と持続性がある場合，その関係は一種の制度とみなされるが，コーポラティズムはその一つである。コーポラティズムの発見は，多数の集団がダイナミックに影響を及ぼしあうというアメリカ型の多元主義が自由民主主義体制の単一のモデルではなく，自由民主主義体制はいくつかの類型化が可能であることを示し，多元主義を相対化した点で重要であった。70年代の経済危機においてコーポラティズムの国は，頂上団体間の協調という形をとって，集団間・階層間の利害調整のコストを軽減する点で効率性を発揮して，良好なパフォーマンスを維持したのである。また社会が，言語，宗教，地域などをきずなとした独立性の強い諸集団からなるベルギーなどヨーロッパの小国は，それらの諸集団のエリート間の協調を制度化して，国民の統合をはかる「多極共存型民主主義」（コンソシエショナル・デモクラシー）を発展させた。

日本はいかなる特徴をもつ自由民主主義であるかについては，必ずしも研究者の間でもコンセンサスがない。ジョンソン（Johnson, C.）は，英米の規制指向国家に対比して，日本を発展指向国家と特徴づけた。規制指向国家では，国家が市場や社会に対する介入をできるかぎり抑制し，ただ独占などによって市場の自由な動きが阻害され消費者の利益が阻害されるおそれのある場合にのみ企業行動を規制するのにすぎない。他方，発展指向国家では，経済成長に高い優先順位を与えて，国家とくに行政官僚制が規制と財政の面から産業を保護・支援するなど，経済や社会に積極的に介入する。こうした「上から」の介入

を重視するほど,その国家は自由民主主義の特徴が弱いことになろう。

これに対して,わが国において政党,利益団体,大衆運動,マスメディアなどの活動が活発になり,重要性を増してきたことを認識して,権力構造が多元主義的な特徴を帯びてきたとする主張が有力になってきた。近年のすぐれたいくつかの実証研究も,新制度論的視点に立つ場合でも,政治過程の多元主義的な特徴を前提としている場合が多い。また,わが国の産業政策における国家介入の側面と企業間の激しい競争が行われている側面の両面をみて,わが国の企業競争を国家が新規参入を規制する「仕切られた競争」ととらえたり(村上,1992),産業政策において国家が主導するというよりも業界の自主的な経済活動から生じるリスクを軽減するという保証人の役割を国家が引き受けているとみる論者もいる(サミュエルズ,1988)。

さらに,企業レベルにおける労使協調,そしてナショナルレベルの政策過程への労組代表の組み込みを重視してコーポラティズムの特徴を強めているとみる視点や,また審議会や研究会,天下りをはじめ,出向などの人事交流など,官民間の密度の高いネットワークに着目して,そこに日本の自由民主主義の特徴をみようとする視点も提示されている(辻中ほか,1998)。

アクター間の相互作用 上に,おもに新制度論が政治過程論に及ぼした多くの革新点を述べてきたが,従来の政治過程論の主たる方法であった諸政治アクター間の相互作用分析の重要性はいささかも減少していないことに注意すべきである。すなわち,一定の政策帰結や政治的帰結は,一定の制度配置があればそこから自動的に導き出されるものではないということである。第12章でも述べたように,制度的アプローチは各国の多様性を説明するのには強みを発揮するが,それだけでは分析が静態的になりやすく,制度配置と政策帰結や政治的帰結の因果関係が不明瞭になりやすい(建林,1995)。政治アクターの意思や行動は制度に導かれつつも,社会状況など他の要因によっても影響を受けるし,参加する個人のパーソナリティや能

力，政党や集団の行動によっても影響を受けるのである。一定の帰結へと結びつけるアクター間の相互作用の分析は依然として必要である。先の真渕勝の研究は，政治的多元主義仮説に依拠しながらも政治制度の重要性を強調し，社会的要求が制度に媒介されて，政策に結実すると考えている。このように，政治的多元主義と新制度論は実証分析では必ずしも対立せず，むしろ相互補完的であるとさえいえるであろう（内山，1998）。さらに，合理的選択制度論は，制度に導かれたミクロな因果関係をより論理的に説明しうると主張している。

こうして政治過程論は，従来よりも高度で豊かな分析装置をもったといえよう。社会が進歩するものであるかどうかについてはコンセンサスが得られていないが，政治過程論の20年の歩みはこの分野の研究が大いに進歩したことを示している。

2 政治過程論の課題と展望

第2の敗戦：挫折した日本

1990年代初頭，日本はバブル経済がはじけ，長期不況に陥った。中高年者の解雇などによる企業のリストラ（建て直し）が進められ，失業率は悪化の一途をたどっていた。他方，クリントン大統領の下，好景気を持続していたアメリカ経済とのコントラストがあまりに顕著であり，日本のこの深刻な長期経済不振を，第2次世界大戦における敗戦に続く「第2の敗戦」と呼んだり，1990年代を「失われた10年」と呼ぶ論者さえ現れた。80年代初めには「経済大国」として注目され，その後半には世界の土地や企業を買収し，国民の間に海外旅行ブームが起こり，高価なブランド品の購入を可能にした日本経済はどこへ行ったのであろうか。

また「政治は三流，経済は一流」と戦後長い間称えられた経済のリーダーである大企業経営陣の無能・無責任が国民の前に露呈してい

Column ㉖ 　信頼性の発見と政治文化論の「再生」

　90年代は政治，行政，経済のエリートへの不信が頂点に達し，その不信が政策やエリートの発言の実効性を著しく減殺し，日本が危機から立ち直れない大きな原因となった。エリートの再三の実状報告や決意表明，さらには実際の巨額な公的資金の投入によっても，外国投資筋は「日本を売り」，日本への融資には「ジャパン・プレミアム」をつけ，日本国民自身も先行き不安のために財布の紐をなかなか緩めようとはしなかったのである。第4章でみたように，パットナム（Putnam, R.）は「ソーシャル・キャピタル（人間関係資本）」概念によって「**信頼性の政治社会学**」を展開した。社会のメンバー間の相互信頼が失われたときに初めて気づくのであるが，社会的信頼性は取引コストやコミュニケーション・コストを軽減し，社会活動を効率化させる「ソーシャル・キャピタル」だというわけである。ソーシャル・キャピタル論には，冷戦後の自由民主主義社会の規範を示す狙いがあるという見方もある（第4章4節の「人間関係資本と政治システムの業績」を参照）。

　パットナムの議論は，ある意味では**政治文化論**の復活であるが，「ソーシャル・キャピタル」はかつての「政治文化」のように決して不可変のものではなく，長期的には構築可能なものとしてとらえられている。政治文化論は，国々の違いをすべて政治文化の違いに帰する傾向があった。政治文化が政治的帰結に何らかの影響を及ぼしているとしても，他の多くの要因が介在しているはずである。しばしば成功も失敗もほとんどリーダーの個人的能力に帰する誤ったリーダーシップ論がそうであるように，政治文化論は何でも説明できる文化という「打ち出の小槌」をもち出すことによって，他の重要な説明要因や因果関係を見逃す傾向をもち，結局は何をも説明していない誤りを犯していた。パットナムが，政治文化に代えて「ソーシャル・キャピタル」という概念でこの分野の研究を再生させようとした意図を，政治過程論は的確に汲み取る必要があろう。

った。バブル経済期に膨張した不動産融資や株式投資が，地価と株価の急激な下落によって「不良」債権と化していったが，日本経済の根幹ともいうべき銀行と証券の経営者は早期に適切な処置をとることなく，決断を先送りし，企業と日本経済に深い痛手を負わせたのである。

さらに国民に衝撃を与えたのは，世界に誇り得た「優秀な」官僚の数々の不祥事や失態が明るみに出たことであった。大蔵省幹部に対する金融機関の接待が常習化し，厚生省が薬害エイズの実態を隠し続けていたことなどが明るみにされるなど，官僚制に対する信頼を失わせる事件が相次いだのである。また，大蔵省は，金融機関による早期における不良債権処理の試みを先送りさせ，金融危機を招来した。もちろん，危機を感知することも，行政を適切に指導することもできなかった政治の責任が行政よりも重いことはいうまでもない。

戦後日本の発展を支えてきたといわれる，行政と経済そのもののあり方と両者の関係が，厳しく問い直されたのである。実際，90年代は地方分権改革，金融行政改革，中央省庁の統合，内閣機能の強化，エージェンシー化などを内容とする行政改革の試みが着手された。

政治も大きな変動を経験した。80年代後半から頻発した政治スキャンダル，汚職，腐敗を契機として，自民党単独政権に代わる非自民連立政権の誕生と選挙制度改革という政界再編と政治改革が進展し，この過程には多くの政治学者が発言し参加した。1998年には自民党単独政権が復活し，1999年には自民・自由・公明3党の連立政権が発足したことを踏まえると，この一連の政界再編と政治改革，およびそこにおける政治学のあり方はどのように評価されるべきであろうか。

やがて日本がこの不振から立ち直るときが来たとしても，1990年代のこの挫折は忘れてはならない。来るべき危機を回避するためにも，なにゆえにわが国はこの危機を回避できなかったのかを探求していく必要があろう。

3 政治学の現実的有意性と学問的有意性

　ところで，社会科学，とくに政治学においては，一方で，研究には，経済摩擦，環境，福祉の問題など，社会が直面している重要な問題の理解という実践的立場があり，他方で，研究には，学問的貢献そのものに価値があるという探求的立場がある。この両者はしばしば矛盾する。というのは，実践的立場からすれば，現在か，近い将来の課題に対して比較的短期間のうちに対応しなければならないのに対して，探求的立場からすれば，多少とも体系的・長期的研究を必要とするからである。しかし，第1章で紹介したKKV（King, Keohane, and Verba）によれば，両者は必ずしも矛盾するものではなく，両立させることが望ましい。すなわち，研究は，**現実的有意性**と**学問的有意性**の両方をあわせもつようにデザインされなければならないのである。

　一方で，眼前の政治的争点に注意を奪われて，政治学が体系的に取り組んできた論点に注意を向けなければ，その研究は現実の深い理解に貢献することはほとんどないであろう。現実世界の理解は，科学的方法を利用した仮説の構築と評価によってはじめて高められるのである。本書は，この点に力点をおいて書かれたのである。すなわち，現実世界の問題から研究を始めるとしても，その研究が社会科学的説明の蓄積への貢献となるためには，現代の科学的方法でどのように研究されるべきなのか，を問わねばならない。

　他方で，現実世界の重要な課題に注意を払うことなく，学問的貢献のみを重視する研究も，あまり意味のない問題に取り組んでしまう可能性がある。行動論的政治学のいくつかの研究は，現実的有意性が乏しい問題に取り組んでいるとして，しばしば瑣末主義と批判されてきた。すなわち，政治学のパズル（疑問）を解くことを動機とするなら，どのようにすればその研究を現実世界の重要な課題に対してより意味

のある（relevant）ものにできるのかを問わなければならないのである。

本章で検討したように，政治過程論の多くの意義深い理論や方法は，一般に現実的有意性と学問的有意性という2つの条件をクリアすることによって，その地位を保ってきた。政治過程論は，こうした理論や方法の蓄積を基礎にして，社会の自己認識を担い，さらに新たな視点，方法，理論を生み出し，知的領域を開拓していくのである。

4 自己認識としての社会科学

さて，70年代の経済危機が研究の飛躍的発展の契機になったことはすでに述べた。

90年代，世界と日本は深刻な金融危機に見舞われ，とくにバブル崩壊後の日本は未曾有の不況から回復するという展望がもちにくい状況にあった。こうした状況は，わが国の社会科学の敗北を意味するというのは言いすぎであるとしても，その脆弱さを示してはいないであろうか。こうした脆弱感は必ずしも社会科学への過大評価や期待過剰の裏返しとはいえない。政治や経済の現実に対する学問の直接的影響を示す証拠は明らかでないし，むしろ直接的関係を否定するほうが学問の制度的自律にとっては好ましいかもしれない。しかしながら，ケインズ（Keynes, J. M.）が示唆するように，学問上の理論，認識，分析結果は，学者が考えている以上に，気づかれぬうちに同時代人の判断の基礎として染み込んでいるものである。そうであるとすれば，社会科学の役割の一つは，少なくともそれぞれの領域において何が起きているのか，その意味は何なのかを明らかに示すこと，言い換えれば，現実の理解あるいは社会の自己認識を的確に示すことにあるのではなかろうか。

こうした視点からすれば，わが国の社会科学は80年代後半に始まる

バブル経済およびバブル崩壊後の金融危機の認識とその意味を学問的に的確に示し得たのであろうか、あるいは示し得るのであろうか。的確な認識が示されていなかったとすればそれはなぜなのか。また示されていたとすれば、はたして危機の認識は公共政策に直接かかわるエリートをはじめ、多くの人びとに浸透したのだろうか。浸透したとすれば、その認識は危機を回避するための公共政策になぜ結びつかなかったのか。危機の認識が浸透しなかったとすれば、それはなぜであろうか、などの疑問が浮かび上がる。こうした疑問は、おもな政治アクターの間で現実に対するいかなる考え方（アイディア）が優勢を占めたか、またそれはなぜかを問う、「アイディアの政治」にもかかわることである。有益なアイディアを抑圧して非決定のエリアに留めておく制度的配置が存在していたのかもしれない。

政治過程論は、このような現実的有意性をもつ重要な課題に取り組むことによって、わが国の政治の新たな特徴を明らかにしたり、政治学の革新を引き起こす可能性を高めていくのではなかろうか。

【設　問】

1. 1970年代以降における多元主義に対する懐疑とはどのようなものであっただろう。
2. 1970年代に、主要先進国のなかで日本の国家財政の赤字が突出したのはなぜだろうか。
3. 政策帰結を説明する際に、「政治は重要か」という問いは何を意味するだろう。
4. 政治過程論で、「現実的に意味のある研究であろうとすれば、学問的にも意味のある研究でなければならない」とする考え方を説明しなさい。

終章のキーワード

政治社会学　選挙，利益団体，政党の活動や政策帰結などの政治現象を，社会心理学，集団論，組織論，役割理論など広い意味での社会学によって説明する研究。社会中心的アプローチと互換可能な用語である。

政治経済学　経済的な成功や失敗，貿易政策，財政赤字などの経済的帰結を，その国の政治的・行政的制度のあり方から説明するアプローチ。経済的帰結を従属変数とする新制度論と考えられる。

現実的有意性　不況，福祉，環境など社会的に重要な問題を研究対象とし，現実の的確な認識を示すこと。

学問的有意性　これまで蓄積されてきた研究上の認識，理論，方法にもとづいて研究を行い，認識，理論，方法の上での新しい発見や革新によって，学問の発展に貢献すること。

読書ガイド

石田徹『自由民主主義体制分析』法律文化社，1992年。

多元主義，コーポラティズム，デュアリズムなど自由民主主義体制の諸形態の比較，および方法としての多元主義，国家論，新制度論の関係をわかりやすく整理している。

大嶽秀夫『現代日本の政治権力経済権力』（増補新版）三一書房，1996年。

日本政治学において厳密な概念と論理に裏づけられた，高水準の事例研究のモデルとなる最初の研究。日本政治の多元主義的理解の端緒となった。

チャールスワース，J．C．『現代政治分析 I・II・III』（田中靖政・武者小路公秀編訳）岩波書店，1971年。

行動論的政治学の基本的な思想と諸々の理論，方法，概念を的確かつコンパクトに説明している。

真渕勝『大蔵省統制の政治経済学』中央公論社，1994年。

各国との比較のなかで，日本の顕著な財政赤字の原因を，新制度論の視点から明快に示し，わが国で新制度論の有効性を印象づけた。

村上泰亮『反古典の政治経済学 上・下』中央公論社，1992年。

日本およびアジアの経済的成功を，経済的自由主義モデルではなく，個別地域の歴史的個性に応じた開発主義モデルによって説明する。歴史哲学的洞察に満ちた名著。

●引用文献●

内山融，1998『現代日本の国家と市場』東京大学出版会。

北山俊哉，1988「中央地方関係と公共政策(1), (2)——新しい制度論的アプローチ」『法学論叢』124巻2号，125巻4号，有斐閣。

サミュエルズ，R.J.，1988「日本における国家のビジネス」（北山俊哉訳）『レヴァイアサン』2号，木鐸社。

ジョンソン，C.，1982『通産省と日本の奇跡』（矢野俊比古監訳）TBSブリタニカ。

建林正彦，1995「合理的選択制度論と日本政治研究」『法学論叢』137巻3号。

辻中豊・石生義人，1998「利益団体ネットワーク構造と政権変動」『レヴァイアサン』臨時増刊号，木鐸社。

デュヴェルジェ，M.，1970『政党社会学』（岡野加穂留訳）潮出版。

真渕勝，1987「アメリカ政治学における『制度論』の復活」『思想』11月号，岩波書店。

真渕勝，1994『大蔵省統制の政治経済学』中央公論社。

ミヘルス，R.，1973-74『現代民主主義における政党の社会学 Ⅰ・Ⅱ』（森博ほか訳）木鐸社。

King, G., R. O. Keohane and S. Verba, *Designing Social Inquiry*.

事項索引

▶あ行

IMF（国際通貨基金） 331
アイディアの政治 363
アウトカム指標 71
アクセス・ポイント 177
アジェンダ・コントロール 25
圧力団体 167
アプローチ
　演繹的―― 205
　経験的―― 5
　数理的―― 128
　政治社会学的―― 88
天下り 289
意思決定論 36
イシュー・ネットワーク 286
偉大な人物理論 305
1か2分の1政党制 213
1党優位政党制 200
一般化 9
ヴィスコシティ 243
影響力 23
　黙示的―― 27
エージェンシー
　――化 258
　――・スラック 265
SII（構造問題協議） 328
エリー調査 111
エリート論 28
穏健な多党制 200

▶か行

仮説 6
課題設定 25, 35, 58
　――過程 55

GATT（関税及び貿易に関する一般協定） 331
　――ウルグアイ・ラウンド（多角的貿易交渉） 326
環境保護団体 183
観察可能な含意 12
監視
　火災報知器型の―― 266
　パトロール型の―― 266
間接政党 209
間接（草の根）ロビイング 177
幹部政党 208
管理貿易 331
官僚制
　――の逆機能 269
　特権的―― 263
官僚優位論 263
議会 231
　アリーナ型―― 237
　変換型―― 237
機関委任事務 289
疑似政権交代 217
規制指向国家 356
規則性 14
帰納法 6
行政改革 360
業績投票理論 123
金融危機 360
クライエンティリズム 208
経済の国際化（グローバル化） 330
経済摩擦 325
決断力 316
権威 27
権威主義
　――的性格 81

柔らかい―― 79
検　証　6
権　力　23
権力構造論　28
権力リソース（資源）　23
権力論
　　3次元的――　25
公益観
　　――の逆機能　261
　　官僚の――　259, 260
公共利益団体　173
交差投票（クロス・ボーティング）　238
行動科学革命　80
行動論的政治学　6, 349
合理的選択制度　247
合理的選択モデル　126, 147, 155, 339
　　――と投票参加　150
合理的選択論　205
合理モデル　36, 40
国際公共財　332
国際政治観
　　現実主義的――　334
　　リベラリズムの――　336
国対政治　244
55年体制　211
個人投票モデル　124
国　家
　　強い――　283, 284
　　弱い――　284
国　会
　　――機能論　242
　　――無能論　243
国家論　48
　　――の復権　354
コーポラティズム　174, 356
　　労働なき――　187
ゴミ缶モデル　66
コンティンジェンシー・モデル（状況適合モデル）　299
コンドルセのパラドクス　247

▶さ行

サミット　334
サンプル　11
資源動員　182
実施のギャップ　61, 62
執政集団　302
自前意識　114
社会的決定論　305
社会的性格　81
集計データ　109
集合財　171
従属変数　16
住民投票　159
小選挙区制　139
小選挙区比例代表併用制　146
小選挙区比例代表並立制　143
事例研究　10, 350
新制度論　26, 47, 354
　　――的リーダーシップ論　307
信頼性（reliability）　12
　　――の政治社会学　359
推　論　9
　　因果的（説明的）――　14
　　記述的――　14
ステーティズム　283
スーパー301条　329
政策ヴィジョン　317
政策過程　34
政策協調　334
政策共同体　286
政策決定　35
　　社会による――　45
政策実施過程　60
政策受益団体　169
政策評価論　71
政策類型論　46

政治過程モデル　340
政治経済学　355
政治参加　156
政治システム　86
政治社会学　351
　信頼性の――　359
政治的官僚　264
政治的機会構造　187
政治的企業家　172
政治的社会化　95
　――研究　97
政治的補充　198
政治的有効性感覚　154
政治文化　90
　――論　101, 359
脆弱性　336
政　党
　――帰属意識　117
　――再編成　203
　――支持態度　117, 118
　――の機能　195
　――優位論　263
政党システム　199
　――と合理的選択論　205
政党スキーマ理論　120
正統性　88
制度論　3
政府間関係　48
政府の形成　197
政務調査会　215
世界貿易機関（WTO）　333
惜敗率　145
セクショナリズム　270
セクター団体　168
選挙経済循環　131
漸増主義モデル　38
選別的誘因　172
相互作用
　――アプローチ　306
　――正統化仮説　186
相互主義　333
操作化　12
増殖仮説　170
争点投票　121
族議員　215
組織化された無秩序　68, 70
組織過程モデル　41, 339
組織形成モデル　258
組織内政治モデル　42
組織誘因　168
ソーシャル・キャピタル　→人間関係資本

▶た行

第一線公務員　270
大　衆　4
　――社会　78, 80
　――政党　209
　――デモクラシー　81
多極共存型民主主義　356
多元主義　26, 28, 280, 350
　――的権力概念　23
　――モデル　353
　方法論としての――　26
多数代表制　141
脱物質主義的価値観　99
多党制　204
妥当性（validity）　12
単記投票制　140
単記非移譲式投票方式（ＳＮＴＶ）　140, 147
地域権力構造論（争）　55, 350
チーフ・エグゼクティヴ　302
中央地方の政策ネットワーク論　290
中選挙区制　140
頂上団体　175
重複立候補　145
ツーレベル・ゲーム　337
丁寧な記述　22

デュアリズム　188
デュヴェルジェの法則　194, 207
凍結仮説　113
統治過程論　3
投票行動の社会学的モデル　111
投票コスト　151, 152
投票率　153, 155
特性論　300
独立変数　16
トップダウン　318
トランスナショナル　329
ドント式　142

▶な行

ナチズム　81
2大政党制　201
日本特殊性論　93
ニュー・ポリティクス　158
人間関係資本（social capital）　100, 359
認識（心理）過程モデル　340
ネオ・マルクス主義　29
農業団体　183

▶は行

バイアスの動員　24
覇権　330
パス・ゴール・モデル　300
パーソナリティ　83
　――研究　85
バックベンチャー　240
発展指向国家　283, 356
パネル調査法　112
派閥　215
半主権国家　281
反証可能性（falsifiability）　6
比較分析　21
非決定権力　24, 57
ビジネス団体　181

比例代表制　142
敏感性　336
複合的相互依存　335
不良債権　360
フリー・ライダー　171
プリンシパル・エージェント論　264
ブレーン　319
フロントベンチャー　240
紛争の拡大　60
文明の衝突　79
変数のコントロール　17
包括政党　210
補佐機構　310
ポジティヴ・サムとしての権力関係　27
保守合同　211
補助金　289
ポリアーキー　87

▶ま行

丸太転がし（ログ・ローリング）　238
満足モデル　37
ミシガン学派　122
ミシガン・モデル　115
緑の党　210
民間大企業労使連合　186
無作為抽出法（random sampling法）　112
無党派層　119

▶や行

有意性
　学問的――　349, 361
　現実的――　349, 361
予算極大化モデル　253
世論調査データ　109

▶ら行

利益集団　5, 167
利益団体　167

──の分類　168
　　日本の──　184
リーダーシップ
　　──・スタイル　298, 314
　　集団機能としての──　297

　　新制度論的──　307
　　中曽根首相の──　318
リーダーの野心　313
連記投票制　140
労働組合　181

人名索引

▶ア行

アドルノ（Adorno, T.W.） 81
アバーバック（Aberback, J.） 267
アーモンド（Almond, G.） 90
アリソン（Allison, G.T.） 39, 83, 339
アーレント（Arendt, H.） 27
五百旗頭真 169, 320
イーストン（Easton, D.） 7, 86, 95, 97
伊藤光利 188, 250
猪口孝 131, 221
イングルハート（Inglehart, R.） 98
ヴァーバ（Verba, S.） 7, 90, 156, 361
ウィルソン（Wilson, J.Q.） 168, 172
ウィルダフスキー（Wildavsky, A.） 61, 65
ウェーバー（Weber, M.） 269
ウォルフレン（Wolferen, K.） 278
内田満 114, 168, 171
エルダー（Elder, C.D.） 58
大嶽秀夫 10, 57, 364
オルソン（Olson, M.） 171

▶カ行

カッツェンシュタイン（Katzenstein, P.） 281
加藤淳子 220
蒲島郁夫 119, 162, 221
川人貞史 148
キング（King, G.） 7, 361
草野厚 343
久米郁男 188
クラズナー（Krasner, S.D.） 283
クレイマー（Kramer, G.H.） 130
コックス（Cox, G.W.） 147

小林良彰 108, 134, 162
コブ（Cobb, R.W.） 58
コヘイン（Keohane, R.O.） 7, 361

▶サ行

サイモン（Simon, H.） 37, 269
佐藤英夫 337, 339
サルトーリ（Sartori, G.） 200
シャットシュナイダー（Schattschneider, E.E.） 55, 59, 180, 350
シューバート（Schubert, G.） 259
シュミッター（Schmitter, Ph.C.） 174
ジョンソン（Johnson, Ch.） 283
新川敏光 188, 294
ソールズベリー（Salisbery, R.H.） 168, 172

▶タ行

ダウンズ（Downs, A.） 128, 205, 252
田中愛治 96, 108, 119
タフティ（Tufte, E.R.） 130
ダール（Dahl, R.A.） 23, 56, 87
ダンレヴィ（Dunleavy, P.） 256
辻清明 260, 263
辻中豊 171, 187, 285
デュヴェルジェ（Duverger, M.） 194, 207
トルーマン（Truman, D.B.） 3, 168, 171

▶ナ行

ナイ（Nie, N.） 156
中野実 53
西尾勝 49, 75
ニスカネン（Niskanen, W.M.） 254

▶ハ行

バクラック（Bachrach, P.） 24, 56
パーソンズ（Parsons, T.） 27
パットナム（Putnam, R.） 100, 359
林知己夫 118
バラッツ（Baratz, M.S.） 24, 56
バルダック（Bardach, E.） 63
ハンチントン（Huntington, S.P.） 79
フィオリーナ（Fiorina, M.） 123
フリードリッヒ（Friedrich, K.） 27
プレスマン（Pressman, J.） 61
フロム（Fromm, E.） 81
ブロンデル（Blondel, J.） 303
ベントレー（Bentley, A.F.） 3, 167

▶マ行

マーチ（March, J.G.） 66, 269
的場敏博 225
真渕勝 260, 354, 355
水口憲人 261
三宅一郎 114, 118, 124, 157
ミルグラム（Milgram, S.） 82
ミルズ（Mills, C.W.） 28
村松岐夫 184, 263, 273

▶ヤ行

山口定 211

▶ラ行

ライカー（Riker, W.） 150
ラスウェル（Lasswell, H.D.） 82
ラムザイヤー（Ramseyer, J.） 266
リプセット（Lipset, S.M.） 88, 113
ルークス（Lukes, S.） 25
ロウイ（Lowi, T.J.） 46, 170, 180
ローゼンブルス（Rosenbluth, F.） 266
ロッカン（Rokkan, S.） 113

▶ワ行

綿貫譲治 114

政治過程論

2000年4月10日　初版第1刷発行
2022年2月5日　初版第21刷発行

著　者	伊藤　光利
	田中　愛治
	真渕　　勝

発行者　江草　貞治

発行所　株式会社　有斐閣
郵便番号 101-0051
東京都千代田区神田神保町2-17
http://www.yuhikaku.co.jp/

印刷・製本　中村印刷株式会社
©2000, 伊藤光利・田中愛治・真渕 勝. Printed in Japan
落丁・乱丁本はお取替えいたします。
★定価はカバーに表示してあります。

ISBN 4-641-12093-5

Ⓡ 本書の全部または一部を無断で複写複製（コピー）することは、著作権法上での例外を除き、禁じられています。本書からの複写を希望される場合は、日本複製権センター（03-3401-2382）にご連絡ください。